Dans la tête des complotistes

William Audureau

Dans la tête des complotistes

ALLARY ÉDITIONS
5, RUE D'HAUTEVILLE, PARIS X^e^

INTRODUCTION

Printemps 2020. Alors que le virus du Covid-19 circule à grande vitesse sur le territoire français, les réseaux sociaux sont submergés par une vague de rumeurs complotistes sur la conjuration des laboratoires contre l'hydroxychloroquine du professeur Raoult, la dangerosité des masques ou encore la mise en place d'une « dictature sanitaire » destinée à contrôler les populations. Chargé de combattre les fausses informations au sein des Décodeurs, la rubrique de factchecking du *Monde*, je vois chaque jour enfler de nouvelles théories délirantes sur Facebook et Twitter. Pour un peu, je regretterais presque d'avoir quitté quelques semaines plus tôt la rubrique Pixels du journal, où je couvrais une actualité bien moins anxiogène, celle du jeu vidéo. Car mes articles et ceux de tous mes confrères et consœurs factcheckeurs, qui s'attachent à rétablir la vérité des faits, s'avèrent bien impuissants à endiguer la propagation des rumeurs même les plus folles.

La marée ne cesse de monter, et, bientôt, les discours conspirationnistes se fraient un chemin jusque dans ma vie privée. Dans sa salle d'attente, ma généraliste se met à afficher les infographies militantes du site covidosceptique France-Soir, elle refuse de porter un masque et arbore une blouse blanche barrée d'un « Non à Big Pharma[1] ». Alors que je l'invite chez moi pour la première fois, un voisin pilote de ligne, auquel, gestes barrières obligent, j'hésite à serrer la main à son arrivée, me lance à brûle-pourpoint que « ce virus, c'est des foutaises, tout le monde le sait ». Une amie proche, fraîchement convertie à la naturopathie, m'explique qu'elle serait prête à lécher le visage d'un malade du Covid-19 pour « doper [s]on système immunitaire ». Un jour, ma mère – ma mère ! – raconte au téléphone à une amie, devant moi, que « les journalistes nous mentent »... Je ne suis pas un cas isolé : lors des fêtes marquant la fin de cette triste année 2020, bien des familles se déchireront parce qu'un voire plusieurs de leurs membres sont devenus complotistes[2].

Cette réalité fait désormais partie de nos vies : qu'on le veuille ou non, il nous faut apprendre à cohabiter avec elle. Mais il nous manque encore un mode d'emploi. Au niveau collectif, les pouvoirs publics comme les médias n'ont toujours pas trouvé le moyen de freiner le développement de ce phénomène. Au niveau individuel, nous sommes nombreux à avoir éprouvé la difficulté à maintenir le fil du dialogue avec des personnes tenant des propos conspirationnistes. Comment se comporter face à elles ? Le premier réflexe consiste à opposer des arguments à leurs théories souvent bancales. Je le sais : j'ai commis cette erreur mille fois, et il m'arrive encore de le faire. J'ai pris de haut des amis antivaccins en méprisant leur manque de maîtrise et de compréhension des études scientifiques, j'ai renvoyé dans leurs cordes des dizaines d'internautes en leur balançant à la figure un lien vers un article de vérification, j'ai comparé une communauté complotiste pro-Trump dont il sera beaucoup question dans ce livre, Les DéQodeurs, à une secte. Et quand mon voisin pilote de ligne s'est installé dans mon canapé, j'ai dû me faire violence pour ne pas postillonner tout mon désaccord sur ce père de famille aussi sympathique qu'égaré. Choisir la voie du rejet est tentant mais contre-productif. En s'opposant frontalement aux convictions des complotistes, ou, pire, en se moquant de leurs idées, on ne fait que creuser un peu plus le fossé entre eux et nous, et les renforcer dans leurs croyances manichéennes.

Pour combattre ce phénomène, il faut commencer par le comprendre. Le complotisme, c'est-à-dire l'explication systématique des événements historiques par l'action consciente, coordonnée et malveillante d'une minorité, n'est pas né avec la crise sanitaire, et il a déjà été largement étudié par le monde académique. Il a ainsi fait l'objet de brillantes analyses de la part du philosophe d'origine autrichienne Karl Popper, qui a popularisé dans les années 1950 l'expression de *conspiracy theory*, en français « théorie du complot » ; la philosophe germano-américaine Hannah Arendt a éclairé le mode de pensée conspirationniste en déconstruisant les mécanismes de l'antisémitisme ; plus récemment, le politologue français Pierre-André Taguieff a notamment montré comment le complotisme contemporain perpétue des stéréotypes apparus au XIXe siècle.

Reste que tout ce savoir ne prépare pas vraiment à la difficile épreuve d'une discussion avec un covidosceptique, un antivaccin ou un obsédé des récits « alternatifs » du 11-Septembre, sans parler d'un « platiste », persuadé que la Terre n'a pas la forme d'une sphère mais d'un disque.

Si l'on veut maintenir un lien avec eux, et retrouver un même socle de réalité, l'important est de comprendre la mécanique de pensée des complotistes. Telle a été ma démarche dans ce livre[3]. *Via* les réseaux sociaux, lors de reportages ou dans mon entourage personnel, j'ai pris contact avec nombre d'entre eux, et je me suis mis à leur écoute. Pour compléter ces témoignages de première main, je me suis également plongé dans la vie et les écrits de grandes figures historiques du complot.

Nombre de complotistes décrivent leur vision du monde en recourant à une métaphore empruntée à la série de films *Matrix*. Quand Neo, le héros de cette saga de science-fiction, découvre que le monde dans lequel il vit n'est qu'un simulacre de réalité, un choix se présente à lui. S'il avale une pilule bleue, il se rendort et accepte le consensus et le mensonge. Pilule rouge, il se réveille et voit la vérité crue : c'est la voie qu'assurent avoir choisie les complotistes. Ce livre se veut un entre-deux, une sorte de pilule violette, qui offrirait un voyage dans l'univers mental et le mode de pensée des complotistes. Sans le promouvoir, ni nier sa dangerosité, bien sûr. Mais sans rejeter celles et ceux qui véhiculent ces théories. Avec l'ambition première de décrire, raconter, comprendre.

Cette position ambivalente, à la fois dehors et dedans, n'a pas été facile à tenir, tant la discussion peut être électrique entre un complotiste et un non-complotiste. Avec ma pancarte de journaliste au *Monde*, qui me donne des airs de cible idéale, il m'est arrivé plus d'une fois de ne recevoir, en guise de réponse à mon invitation au dialogue, que des moqueries, voire des insultes. Mais tous ceux que j'ai contactés n'ont pas été aussi obtus, et certains se sont même montrés très enclins à me parler d'eux.

Je les remercie de m'avoir raconté leur parcours. Entre désir d'être enfin compris et crainte de voir leur parole déformée ou trahie, je sais que témoigner leur coûte. Leur confiance m'oblige d'autant plus que ma double casquette d'enquêteur à l'écoute de leurs motivations en privé, et de factcheckeur distributeur de bons et de mauvais points sur le site du *Monde* et sur mon compte Twitter, a pu générer des tensions. De la suspicion, même, quand l'un de mes interlocuteurs m'a accusé de jouer un double jeu le jour où il a réalisé que je ne croyais pas à l'existence de « Q », l'informateur quasi divin au centre de la mouvance complotiste QAnon, ce dont je ne m'étais pourtant jamais caché.

Certains m'ont demandé de les anonymiser en modifiant leur prénom ou leur lieu de résidence, ce que j'ai accepté. D'autres ont conditionné leur participation à ce livre à un droit de veto sur son titre, ce qui n'était pas négociable. Ce qui les dérangeait, c'était d'être qualifiés de « complotistes » en couverture. À leurs yeux, on le verra, ce mot porte tout le poids de l'ostracisation dont ils expliquent souffrir. Sous ma plume, qu'ils en soient assurés, il ne comporte aucune moquerie. Si je l'utilise, c'est au sens propre : derrière les événements de l'histoire, mes interlocuteurs suspectent une manigance d'un gouvernement de l'ombre, un plan d'asservissement des peuples. Bref, un « complot », une « conspiration » – j'utilise indifféremment les mots de « complotiste » et de « conspirationniste », qui sont parfaitement synonymes. Toutefois, il m'arrivera également d'employer les termes par lesquels eux-mêmes se désignent, comme « éveillés », « résistants » ou « chercheurs de vérité ».

Nourri des analyses des meilleurs spécialistes du complotisme, ce livre raconte l'histoire de mes interlocuteurs, leurs parcours, leurs combats – et, pour quelques-uns d'entre eux, leur sortie du conspirationnisme. Ils s'appellent Stéphane, Karine, Leonardo, Terry, Sabine ou encore Tim. Ils ont entre 23 et 63 ans, sont financier, vidéaste, étudiante en naturopathie, producteur de musique, informaticien, journaliste, mère au foyer… Certains d'entre eux ont traversé des épreuves extrêmement lourdes. D'autres sont des citoyens sans histoires ni soucis apparents. À des degrés divers, tous adhèrent à une explication conspirationniste du monde : il y a ceux qui se méfient des vaccins, et estiment plus généralement qu'« on ne nous dit pas tout » ; les opposants à la «dictature sanitaire», qui voient dans le président Emmanuel Macron le pantin de forces supérieures ; ceux, enfin, qui se livrent à des considérations éthérées sur les réseaux «pédosatanistes», les extraterrestres ou l'«énergie vibratoire universelle». Je me suis efforcé de tous les écouter avec la même bienveillance.

Qui sont les complotistes ? Quelles sont leurs trajectoires ? Quelles dynamiques intimes les ont menés vers ces systèmes de croyance que la rationalité réprouve ? Pourquoi se complaisent-ils dans cet univers ? Pourquoi tant de gens sont-ils si poreux à ces discours ? Pourquoi est-il si difficile d'en sortir ? En s'efforçant de répondre à ces questions, ce livre entend donner des clés de compréhension et des conseils à tous ceux qui ne veulent plus voir dériver certains de leurs proches, et toute une frange de la société, vers un monde parallèle.

PREMIÈRE PARTIE

Le basculement

Chapitre 1
Douter

1. Le virus de l'anxiété

Sur l'écran de mon ordinateur, Stéphane se ronge les ongles. C'est notre première discussion en visioconférence. Ses réponses sont courtes, hésitantes, seulement relevées d'un fort accent marseillais. Le contre-jour créé par la lumière derrière lui m'empêche de discerner clairement son visage, mais ses tics, son front penché en avant et son regard fuyant trahissent l'anxiété de ce jeune homme de 23 ans. Surprenant pour quelqu'un qui jouit d'une petite notoriété sur les réseaux sociaux.

Depuis l'automne 2020, au fil de ma veille sur la désinformation sur Twitter, j'étais tombé à plusieurs reprises sur les publications de cet internaute semblé sorti de nulle part à la faveur de la pandémie de Covid-19. Ses messages étaient farouchement pro-hydroxychloroquine, son ton accusateur, sa posture publique pleine d'assurance. Sur les réseaux sociaux, il donnait l'impression d'un combattant révolté et charismatique. Mais une fois le jeune homme face à moi, fût-ce par écran interposé, on est bien loin de l'e-Che Guevara des temps d'épidémie, capable de soulever des foules virtuelles. Nous sommes alors en février 2021, et, en public comme en privé, le jeune complotiste fend désormais l'armure et accepte de se raconter.

Stéphane n'a jamais connu son père. À 18 ans, il a coupé les ponts avec sa mère, une « femme peu stable », qui l'avait confié dès son plus jeune âge à son grand-père cheminot, qu'il appelle « papa ». L'école a pour lui été un long chemin de croix. Tête baissée, il me raconte avec dépit ses problèmes de surpoids à l'adolescence, les incessantes moqueries de ses camarades de classe, la solitude dont il souffrait. Découragé, il a quitté le lycée avant d'obtenir son bac professionnel, puis s'est lancé dans un CAP d'entretien des locaux, qu'il n'a jamais achevé. Depuis, Stéphane habite seul, vivotant de petits boulots comme la maçonnerie ou la plonge. Jusqu'à l'apparition du Covid-19. Sa vie professionnelle, déjà précaire, est alors mise à l'arrêt. Comme des milliards de personnes, il se met à guetter l'évolution de la pandémie à travers les médias et les réseaux sociaux. En quelques semaines à peine, ce parfait anonyme, solitaire, introverti et dénué du moindre bagage scientifique, va se muer sur Twitter en un militant complotiste influent, suivi par près de 20 000 abonnés. Jusqu'à être cité par France-Soir, l'ancien quotidien national reconverti en site anti-restrictions sanitaires aux accents conspirationnistes, parmi ses personnalités de l'année 2020[1].

Comment expliquer une telle métamorphose ? C'est une histoire faite d'incohérences, d'anxiété et de besoin de sens, qui commence au début de l'année 2020, à un moment où il est difficile de savoir à quel virologue se vouer. En France, le gouvernement évoque un jour le caractère bénin du virus et sa dangerosité le lendemain. L'exécutif assure que le port du masque n'est pas nécessaire, au moment même où les réseaux sociaux charrient des images venues de Chine sur lesquelles des bataillons de désinfecteurs en combinaison intégrale arpentent les rues de Wuhan, l'épicentre de l'épidémie. Stéphane, très soupçonneux de nature, pressent un problème. « Je n'avais pas confiance dans le gouvernement, et ça n'a fait que s'amplifier », concède le jeune homme taciturne, qui estime que le gouvernement d'Édouard Philippe a d'abord minimisé l'ampleur de la crise. « Ils ont eu tort. S'ils ont tort sur ça, ils ont tort sur le reste. »

L'action des autorités ne le rassure pas. Les messages sont brouillés, contradictoires, et le spectacle d'une improvisation permanente au sommet de l'État surprend et inquiète. En coulisses, les raisons de ces bégaiements sont complexes. Elles tiennent notamment à la mise en place par l'exécutif d'un « conseil scientifique » qui court-circuite tous les dispositifs administratifs mis en place depuis une quinzaine d'années pour parer à une éventuelle pandémie[2]. Or ces dysfonctionnements internes de l'appareil d'État sont insoupçonnables pour Stéphane, comme pour la plupart des Français. Le jeune Marseillais a seulement l'impression d'un tohu-bohu gigantesque. Lorsque, à la mi-mars, le président Macron déclare officiellement la guerre à un ennemi d'environ 0,1 µm de diamètre, annonçant un confinement national inédit, plus rien ne semble faire sens.

Pour Stéphane, comme pour nombre de citoyens, ce moment de stupeur et d'incompréhension va se révéler fondateur. Début 2021, une militante conspirationniste très active sur Twitter interroge ses camarades de combat sur l'origine de leur « réveil[3] ». Plus de 700 réponses affluent sur sa page en quelques heures, presque toutes similaires aux explications de Stéphane : la plupart de ses abonnés datent leur dessillement des premiers jours de la crise sanitaire, fustigeant le langage gouvernemental « fait de brume », les « contradictions », la « cacophonie » ou encore l'« incohérence permanente ».

Étrange situation, où le « virus de la peur », ainsi que les opposants au gouvernement s'empressent de surnommer sa politique sanitaire, finit par être plus redouté que le virus lui-même. Ce phénomène a déjà été observé en 2009 lors de la pandémie de grippe H1N1 : une étude anglaise de psychologie médicale a alors montré que, pour convaincre la population d'adapter ses comportements à une menace sanitaire inédite, une communication gouvernementale massive est nécessaire. Mais ses auteurs soulignaient aussi que, en cas de manque de clarté, de cohérence et d'humilité, une telle stratégie peut avoir un effet pervers et braquer la population contre le gouvernement[4]. Dont acte.

L'intolérance à l'ambiguïté

À la décharge des pouvoirs publics, l'apparition d'un nouveau pathogène inconnu se prête par nature à l'incertitude et aux volte-face dans les discours scientifiques. Mais ce qui est une évidence pour l'écrasante majorité des médecins et des chercheurs est plus difficile à entendre pour des millions de citoyens reclus chez eux, suspendus au sinistre décompte quotidien des victimes du Covid-19, et privés de réponses claires à leurs interrogations.

Plus encore qu'un autre, Stéphane tremble. Son CAP inachevé ne l'a pas initié aux subtilités de l'épistémologie, l'étude de la construction des certitudes scientifiques. Pas plus que son enfance cahoteuse ni son tempérament craintif ne l'ont préparé à endurer pareille situation de flou cognitif. « Quand on ne sait pas, qu'il y a des zones d'ombre, je n'aime pas, avoue-t-il. J'ai besoin d'un oui ou d'un non. Quand il n'y a pas de réponse aux questions qu'on se pose, c'est dur. L'incertitude, ça fait peur. »

Ce phénomène a un nom en psychologie : c'est « l'intolérance à l'ambiguïté ». Le concept a été introduit en 1949 par la psychologue polono-autrichienne Elise Frenkel-Brunswik. En proposant à des enfants victimes de préjudices de résoudre un exercice de géométrie admettant plusieurs solutions, cette chercheuse a observé que les sujets les plus traumatisés mettaient plus de temps à répondre que les autres. Mais surtout, une fois qu'ils s'arrêtaient sur une réponse, ils étaient bien moins enclins à en changer après coup, même s'il n'existait aucune solution unique. Elise Frenkel-Brunswik en a déduit que nous ne sommes pas tous égaux face à l'incertitude, et que les plus anxieux s'accrochent de manière durable à leurs récits explicatifs.

Le concept est resté. Il a notamment été formalisé en 1962 par le psychologue américain Stanley Budner :

« L'intolérance à l'ambiguïté peut être définie comme la tendance à percevoir (c'est-à-dire à interpréter) les situations ambiguës comme des sources de menace ; la tolérance à l'ambiguïté [peut être définie] comme la tendance à percevoir les situations ambiguës comme désirables[5]. »

Autrement dit, si certains – poètes, artistes, chercheurs – s'accommodent parfaitement d'une forme d'insaisissabilité du chaos du monde, d'autres ont un besoin intime d'ordre, de stabilité et de clarté, et s'accrochent à des certitudes, fussent-elles erronées. Plus que l'erreur, ils craignent le doute. Celui-ci est pour eux source d'angoisse, de dépense psychique et d'épuisement, explique le psychiatre français Patrick Clervoy, qui relève que « jusqu'à un certain point, le mensonge protège de l'anxiété et de la dépression[6] ». Alors, quitte à prendre le contre-pied radical de son intuition première, Stéphane, notre jeune Marseillais, choisit son parti : « Dans ma tête, je me suis dit que cette maladie n'était pas si grave. Pour avoir moins peur. » Une position dans laquelle il va être conforté par un discours médical dissident.

Le catalyseur Raoult

En période de crise, deux grands types de discours coexistent : celui de la complexité et celui de la simplicité. Dès le début de l'épidémie, le premier a été majoritaire dans les articles scientifiques et sur les plateaux télévisés : une grande partie de la communauté scientifique s'est attachée à rappeler le caractère multifactoriel de toute épidémie, les nombreuses inconnues concernant ce nouveau virus, et la nécessité de rester prudent dans chaque affirmation.

Mais ce discours n'est pas toujours aisément audible, d'autant que la pandémie de Covid-19 représente un sommet historique en matière d'incertitude scientifique. D'abord parce que la maladie est nouvelle et inconnue – ce qui n'était pas le cas, par exemple, des épidémies de peste qui frappaient au XIXe siècle, plusieurs siècles après sa première apparition. Mais surtout parce que le discours scientifique du XXIe siècle mobilise des compétences diverses et pointues, que ce soit en microbiologie, épidémiologie, biostatistique, épistémologie, ingénierie génétique, pharmacologie, épigénétique ou encore en phylodynamique[7]. Ultra-spécialisée et prudente, la science contemporaine refuse à la population tout espoir d'une compréhension simple, rapide et satisfaisante de la pandémie, alors que l'angoisse collective est à son apogée.

Il n'est guère étonnant que des millions de personnes inquiètes, ignorant la nécessaire modestie du discours scientifique dominant, se soient tournées vers le réconfort de prises de position plus affirmées. Au début de la crise sanitaire, l'infectiologue marseillais Didier Raoult, principal ambassadeur d'un discours médical simple et tranché – du moins en apparence[8] –, s'est ainsi imposé comme le phare rassurant des anxieux. Dès février 2020, avant que la France ne soit massivement touchée par la pandémie, il clame que le Covid-19 est « probablement l'infection respiratoire la plus facile à traiter[9] ». Son remède ? La chloroquine, puis, après un léger revirement, sa molécule cousine, l'hydroxychloroquine. Ce médicament peu onéreux, encore inconnu des meilleurs cruciverbistes quelques semaines plus tôt, s'impose rapidement comme le nouvel élixir magique. « Raoult disait qu'il y avait un traitement, ça m'a rassuré », se souvient Stéphane. Le jeune homme, qui avait déjà traversé une intense période d'interrogations à propos des attentats du 11 septembre 2001 au cours de ses années de lycée, se fabrique alors un nouveau schéma mental dans lequel la controverse scientifique n'a pas sa place. Chassant l'ambivalence, l'incertitude et le doute, il érige Didier Raoult en détenteur unique de la vérité, en « résistant », menant la lutte contre l'« ennemi » que constitue l'élite politico-industrielle. Le jeune Marseillais en est désormais persuadé : les géants de l'industrie pharmaceutique voudraient empêcher la prescription du protocole de soins du Dr Raoult afin de protéger leurs intérêts financiers, qui reposent sur l'écoulement de médicaments et de vaccins onéreux.

Comme Stéphane, ils sont des centaines de milliers à vouloir y croire, et le très réputé professeur marseillais devient le point d'accroche de nombreux contre-récits sécurisants. Sur les réseaux sociaux fleurissent de nombreux groupes de soutien à l'infectiologue thaumaturge, inondés de formules rassurantes et manichéennes. On y attribue au Dr Raoult des formules apocryphes, comme : « J'ai besoin de votre soutien français. Mes détracteurs me combattent sans raison. L'argent ne doit pas être au-dessus de l'humain. » Un message devient viral sur Facebook : « Un effet secondaire de la chloroquine vient d'être identifié : c'est la perte financière pour les labos. » Enfin, la crise s'éclaire ! Le politologue Pierre-André Taguieff résume parfaitement l'attrait de ce type de récits : « Les malheurs du peuple sont explicables, ils redeviennent intelligibles, ils échappent au règne du non-sens, et, puisqu'on connaît leurs causes, il devient possible d'agir pour éliminer ces dernières. La fatalité n'a donc pas le dernier mot[10]. » Le covidoscepticisme, théorie du complot visant à nier la gravité du Covid-19 et l'absence de traitement efficace, est né, prêt à toucher une large audience.

Les nouveaux publics du complotisme

De prime abord, Stéphane, notre jeune factotum marseillais, semble confirmer l'image d'Épinal selon laquelle le complotisme prospère principalement chez les classes populaires. Début 2019, un sondage réalisé par l'Ifop auprès de 1506 personnes pour le compte de la Fondation Jean-Jaurès et de Conspiracy Watch, un site web français qui étudie le conspirationnisme contemporain, établissait encore que le profil type du complotiste était un jeune de 18 à 24 ans, peu ou pas diplômé[11].

Or, un an plus tard, les défenseurs de l'hydroxychloroquine sont loin de se résumer à ce portrait-robot. La crise du Covid-19 a ouvert des brèches au sein d'une population jusqu'alors hermétique à ce type de théories, notamment chez les baby-boomers. Sur Internet, Stéphane se découvre des alliés qui sont docteur en économie, comme Xavier Azalbert, le directeur du site France-Soir ; chercheur en sociologie, comme Laurent Mucchielli ; ou généticienne, comme Alexandra Henrion-Claude. Dans les groupes Facebook des pro-Raoult, on trouve aussi des médecins, des entrepreneurs ou des responsables de communication, au niveau d'éducation *a priori* inattaquable. Parmi les militants antimasques, une enquête a dénombré un tiers de cadres et professions intellectuelles supérieures, soit le double de leur poids statistique dans la population française[12].

En projetant des milliards d'individus dans le rôle de victimes impuissantes, le Covid-19 a en effet exposé un public très large aux théories du complot. Privation de libertés et de vie sociale, chômage forcé et gel de l'activité professionnelle, enfermement des seniors, mariages et enterrements escamotés... Face à un confinement national, les catégories populaires ont perdu le monopole des frustrations. Soudain, des milliards d'yeux incrédules se sont ouverts, en demande de réponses, même irrationnelles. Le complotisme est moins une affaire de catégorie socio-professionnelle que de situation de vie. Il est l'arme de ceux qui se retrouvent en position d'impuissance.

L'explication est connue : les situations de stress psychologique intense accentuent le réflexe de la pensée magique, c'est-à-dire le recours à des explications simplistes relevant de l'occulte, du paranormal et du religieux. C'est ce qu'a prouvé, dès 1994, une étude israélienne réalisée auprès de civils exposés aux tirs de missiles irakiens lors de la guerre du Golfe[13]. Ce phénomène est encore plus prononcé en temps d'épidémie, lorsque n'importe qui peut se sentir menacé par la maladie, non pas seulement des civils vivant près d'un front armé. Il s'agit d'ailleurs d'un invariant de l'histoire humaine : les grands épisodes épidémiques ont presque toujours été associés à une résurgence de la pensée magique, comme s'il fallait coûte que coûte obvier l'angoissante incertitude de la situation en identifiant des coupables. Dans l'Europe médiévale, c'est le juif accusé de répandre la lèpre puis la peste noire en empoisonnant les puits. Dans l'Afrique des années 2000, ce sont les laboratoires occidentaux suspectés d'avoir créé le virus Ebola pour enrayer la croissance démographique de l'Afrique. Et dans l'Occident confronté au coronavirus, c'est au choix « Big Pharma », Bill Gates ou la Chine qui sont soupçonnés de vouloir réduire la population mondiale ; ou bien, pour mieux la contrôler, de lui implanter des puces électroniques par le biais de vaccins ; ou encore, *a minima*, de faire fortune sur le dos du peuple qu'on prive de son hydroxychloroquine providentielle.

Au printemps 2020, Stéphane est décidé à partager ses convictions nouvelles sur Twitter. Au moment de choisir son identité en ligne, il s'invente un pseudonyme mystérieux aux résonances antiques, « Stalec » – un mélange de Stéphane et d'un prénom fictif, Alexandre. Au début, c'est un parfait anonyme qui ne compte que 200 abonnés. Six mois plus tard, il en réunira près du centuple.

La pandémie a joué pour lui le rôle inattendu d'ascenseur social : devenu l'une des stars numériques du complotisme covidosceptique, l'un des justiciers masqués de la veuve et de l'hydroxychloroquine, le maçon solitaire, méfiant et taciturne s'est retrouvé en contact avec des entrepreneurs, des professeurs d'université, des chercheurs.

Comme Stéphane, ils sont nombreux à avoir trouvé durant la pandémie un sens à leur vie. Avec en toile de fond, pour beaucoup de ces néo-complotistes, un objectif plus politique : rendre le monde meilleur à leurs yeux.

2. L'idéalisme désenchanté

Son pseudonyme sur les réseaux sociaux est tout un poème : « Un être humain ». Si le profil de cet analyste financier de 32 ans m'a interpellé, c'est parce qu'il dément tous les préjugés sur le complotisme. Terry n'est ni haineux, ni d'extrême droite, ni enfermé dans une vision manichéenne du monde. Il revendique des valeurs humanistes, prône la justice sociale, la solidarité et l'écoute. De tous les conspirationnistes avec lesquels je me suis entretenu, il est de loin le plus mesuré et se montre même ravi d'échanger avec « quelqu'un du camp d'en face », ainsi qu'il me définit. Là où nombre de complotistes tendent à s'engager sur la voie de la radicalisation et de la rupture, Terry, lui, tend la main.

L'ouverture d'esprit de ce lecteur de Schopenhauer, Nietzsche, Hegel ou encore Günther Anders est un pied-de-nez à tous les préjugés sur le versant sectaire du conspirationnisme. « Chacun voit l'histoire avec son prisme et son passé, je suis très déterministe dans ma manière de penser, très spinoziste, expose-t-il. Nous n'avons pas la même manière de voir les choses, mais je respecte la contradiction. » Du reste, Terry ne coche pas une case habituellement incontournable de la pensée complotiste : s'il identifie des ennemis, il ne leur attribue aucune malveillance. Ainsi, il ne voit pas en Bill Gates une figure satanique mais se contente de désapprouver ses positions, notamment son transhumanisme – l'idée que les limites physiques et mentales de l'être humain peuvent être repoussées grâce à la technologie.

Ce qui anime Terry, c'est «la lutte contre les iniquités», explique-t-il d'un regard doux. Aussi, lorsque la crise sanitaire a éclaté, a-t-il d'abord été effrayé par la perspective d'une explosion de la pauvreté: «Je fais partie des privilégiés, des très privilégiés, mais, pour moi, c'est inenvisageable de rester dans mon coin et de dire "Tant pis pour les autres".» À l'été 2020, l'analyste financier décide donc de mettre son énergie au service d'une cause: combattre les restrictions sanitaires aux lourdes conséquences économiques, quitte à entrer dans un univers peuplé de récits complotistes. Il commence par s'opposer au confinement, puis au port du masque. Chemin faisant, il se met à intervenir régulièrement sur Twitter et YouTube pour contester la «dictature sanitaire», un des éléments de langage favoris des covidosceptiques, avant de rejoindre «Réinfo Covid», un collectif anti-restrictions sanitaires fondé en octobre 2020 par un médecin anesthésiste-réanimateur antisystème, le docteur Louis Fouché. Terry devient peu à peu un cadre de cette sorte de *think tank* complotiste, au sein duquel il participe à des réunions hebdomadaires pour définir les actions à mener – débats en ligne, manifestations ou encore distribution de tracts près des écoles – afin de délivrer les Français du «déferlement totalitaire» qui les menacerait.

Le dégoût de la politique et des institutions

L'inquiétude pour autrui sous-tend l'engagement de beaucoup des « chercheurs de vérité » avec lesquels j'ai pu échanger. Chez eux, le complotisme est consubstantiel à un idéalisme vigoureux. Plusieurs revendiquent des sympathies partisanes pour la gauche socialiste, l'écologie politique, ou encore l'extrême gauche, ce qui est le cas de Terry. « Avant le Covid-19, je faisais des maraudes avec l'association d'aide aux sans domicile fixe ActionFroid, j'ai participé à un projet solidaire d'hébergement de SDF dans les anciens locaux de l'hôpital Saint-Vincent-de-Paul, j'ai fait de la distribution de soupe et de sandwichs », énumère celui qui, au sein de la banque dans laquelle il travaille, se décrit comme un « électron libre ».

Pour ces individus pétris d'une éthique très forte, la confrontation violente de leurs exigences morales à la réalité de la société est à l'origine d'un profond dégoût et d'un refus radical du *statu quo*. C'est cet écœurement qui tapisse la voie aux théories du complot : pour un esprit idéaliste, l'inadmissible, l'injustifiable relève de l'inexplicable, sauf à supposer une malveillance volontaire, qu'il s'agit dès lors de révéler. La vigueur de leur combat moral est telle qu'ils comprennent mal que leurs interlocuteurs ne partagent pas, sinon leurs idées, du moins leur indignation.

Or, qu'on l'interprète comme un donquichottisme chatouilleux ou une intégrité morale incorruptible, ce dégoût pour l'iniquité, constitutif de l'émotion complotiste, se nourrit prioritairement de scandales et de dérives authentiques. Mensonges d'État, excès du capitalisme financier, entre-soi des élites bourgeoises… Toutes ces entorses à l'idéal démocratique permettent à la maladie du soupçon de se nourrir au goulot de la réalité. Pour Terry, les réponses coercitives à la crise du Covid-19 sont d'autant plus inacceptables qu'elles occultent la part de responsabilité des gouvernements français successifs, qui ont supprimé 70 000 lits d'hôpital en vingt ans. « Ce sont les citoyens qui doivent faire des sacrifices à cause de décisions politiques absurdes ou iniques qu'ils n'ont jamais demandées », enrage-t-il.

Cette défiance vis-à-vis d'une classe politique accusée de jouer contre les intérêts de la population est profondément répandue en France. Elle a sa blessure originelle, le référendum de 2005 sur le traité établissant une constitution européenne. À la surprise générale, le « non » l'emporte alors par 54,67 % des suffrages exprimés. Mais deux ans plus tard, le texte est finalement ratifié pour l'essentiel par le traité de Lisbonne, signé par les gouvernements européens en dépit du vote du peuple français. L'épisode est régulièrement cité par les complotistes parmi les grands événements fondateurs de leur « éveil » personnel. « Une trahison de la démocratie. Tout est mensonge. Tout. Ingénierie sociale et manipulation de masse », peste ainsi « Déclin mondialiste », un anonyme actif sur Twitter avec lequel j'ai entretenu une longue conversation durant l'été 2020.

Ces dernières années, l'idée que l'élite gouvernante joue contre les intérêts du peuple s'est encore un peu plus ancrée dans les esprits avec le mouvement des Gilets jaunes, et la répression autoritariste et sanglante de plusieurs manifestations par les forces de l'ordre. Les violences policières contre des citoyens exerçant leur droit de manifester, parmi lesquels des pompiers et des infirmières, ont figé dans de nombreuses rétines médusées l'image d'un État dystopique et dangereux, dont il faudrait désormais craindre les actions autant que les intentions. Ainsi que le formule dans une vidéo le fondateur de Réinfo Covid, le docteur Louis Fouché : « L'État, c'est Macron, c'est pas un papa bienveillant. Il en a rien à foutre[14]. » Dès lors, chacune des actions du gouvernement est analysée sous le prisme de la défiance.

Et lorsque les gouvernants commettent une faute morale, la chute de la confiance que leur accorde l'opinion s'accompagne d'une flambée des discours et attitudes complotistes, comme le montre le politologue français Antoine Bristielle[15]. C'est ce que les Britanniques ont nommé « l'effet Cummings », du nom de l'ancien principal conseiller du Premier ministre Boris Johnson, Dominic Cummings, surpris en train d'enfreindre les règles du confinement au cours du printemps 2020. Ce scandale avait directement entamé la confiance des citoyens dans la capacité du gouvernement britannique à gérer l'épidémie de Covid-19, et avait entraîné une chute dans le respect des recommandations scientifiques et des gestes barrières[16].

Le complotisme est directement indexé sur la crédibilité de la parole publique : le rejet que suscitent les personnalités politiques rend la moindre explication alternative plus plausible qu'une parole institutionnelle dévaluée. Au printemps 2020, Terry, l'analyste financier altruiste, cherche comme tant d'autres des raisons occultes à l'action confuse du gouvernement. S'agirait-il d'une manœuvre de diversion visant à faire sortir les Gilets jaunes des gros titres de l'actualité ? « À moins qu'il n'y ait un agenda caché, avance-t-il prudemment. *A minima*, pour moi, c'est instrumentalisé. » Chantre des libertés individuelles, Terry redoute tout particulièrement un virage vers une société du « crédit social » à la chinoise, dans laquelle les droits et libertés de chacun dépendraient désormais d'un système de points actualisé chaque jour *via* son smartphone. Et de citer deux grands classiques de la littérature de science-fiction, *Le Meilleur des mondes* et *1984*, ainsi que la série télévisée britannique *Black Mirror*, trois œuvres d'anticipation agitant le spectre de la dystopie qu'il redoute, la mue totalitaire de l'État qu'annonceraient selon lui les années Macron.

Quatrième pouvoir et fausses informations

Dans cet écosystème bien sombre, la presse occupe une position ambivalente. Qu'elle critique ostensiblement le gouvernement, et on lui sait gré de jouer son rôle de contre-pouvoir. Mais qu'elle donne l'impression d'être un brin obséquieuse, par exemple lors d'une interview jugée trop complaisante du chef de l'État, et voilà que naît l'idée de journalistes aux ordres. Pour le journaliste et historien français Vincent Quivy, « les médias français souffrent, dans leur ensemble, d'une trop grande déférence envers le pouvoir et font naître du coup des besoins de contre-feux, de remises en cause, de refus de la parole officielle[17] ». L'examen critique de l'indépendance des médias par leurs détracteurs est toutefois biaisé. Une célèbre complotiste suisse m'a ainsi longuement expliqué qu'elle ne faisait plus confiance à la presse, et notamment au *Monde*, parce que celui-ci n'avait pas couvert l'affaire Benalla, les violences policières ou encore les tromperies du laboratoire américain Gilead sur le remdésivir, un antiviral vendu à l'été 2020 à l'Union européenne alors que son fabricant connaissait déjà son inefficacité face au Covid-19. Or, non seulement le quotidien du soir a couvert ces sujets, mais c'est lui qui a révélé plusieurs d'entre eux au public[18]. À cet égard, le conspirationnisme se nourrit autant des ratés des médias et de la démocratie que de ses propres préjugés.

La défiance naît d'ailleurs parfois de pures chimères. Le soi-disant réseau pédocriminel du « Pizzagate », une thèse selon laquelle le Parti démocrate américain organiserait des soirées pédophiles dans une pizzeria de Washington, l'assassinat imaginaire de la princesse Diana ou encore le supposé « sénocide » organisé des personnes âgées dans les Ehpad durant la pandémie de

Covid-19 sont autant de théories du complot se basant au mieux sur des documents mal lus ou mal compris, au pire sur d'authentiques affabulations. Elles sont pourtant également citées par les «éveillés» comme décisives dans leur dessillement. Signe que l'idéalisme, la défiance et l'indignation se nourrissent tout aussi bien d'authentiques scandales étatiques que d'affaires controuvées.

De ce point de vue, la noblesse de sentiments du complotiste est à la fois sa force et sa faiblesse, qui peut conduire à dénoncer des injustices attestées comme à se laisser berner par des récits manipulateurs. Paradoxe de la posture romantique des chercheurs de vérité: tout en étant intimement convaincus de défendre les causes les plus justes, ils se laissent souvent séduire par des thèses dangereuses.

Terry en est en partie conscient: «Je suis peut-être dans une bulle cognitive», admet-il pour expliquer que ses informations soient si opposées à celles des articles de médias traditionnels que je lui fais parvenir. Or, au cours de l'année 2021, son discours va peu à peu évoluer. Au fil de nos échanges, celui qui prônait la solidarité et la protection des plus faibles se montre de plus en plus animé par la défense des libertés individuelles, même quand ces dernières vont à l'encontre de l'intérêt commun, à l'image de son rejet farouche des masques. À l'entendre, son combat reste le même: il s'agit toujours de se battre contre le spectre totalitariste d'un État défaillant, et de protéger les citoyens malgré eux. Mais à mesure qu'il s'est engagé dans le collectif anti-restrictions sanitaires Réinfo Covid, Terry s'est en réalité rapproché d'un mouvement profondément individualiste, prônant la « santé naturelle », la reconnexion à une forme de pureté corporelle mythifiée et le rejet des vaccins de « Big Pharma ».

3. Les promesses de la santé naturelle

« Attention, elle a viré complètement complotiste », m'avertit au printemps 2020 une amie commune. Karine, complotiste ? Quelle drôle d'idée. Quinze ans que je la connais, quinze ans de contacts en pointillé, certes, mais ponctués de nuits blanches mémorables à refaire le monde avec notre bande. Karine est une fleur de lune, à la fois nocturne, brillante, indépendante et solitaire. Une jeune femme atypique, certes. Mais complotiste ? Cela me paraît inconcevable. Ce dont j'avais sous-estimé l'importance, c'est que Karine a appris en 2019 qu'elle était atteinte d'une maladie auto-immune. Elle a alors tenté un énième revirement dans sa vie. Elle qui a si longtemps confondu son armoire à pharmacie avec un minibar a décidé de tirer un trait sur les paradis en gélules. Passée d'un type de pilules à un autre, la voici maintenant adepte des remèdes « naturels », chantre de l'immunité spontanée et des forces vitales vibratoires. Désormais ascète (à quelques excès du samedi soir près), elle a décidé de suivre des cours en ligne pour devenir naturopathe, un métier du soin qui ne bénéficie d'aucune formation reconnue.

Porté depuis de nombreuses années par le grand mouvement du retour à la nature, boosté par le marketing du bio, le vaste univers de la naturopathie propose une vision alternative de la santé. En toile de fond, l'imaginaire rousseauiste d'un état de nature dans lequel l'homme vivrait en pleine harmonie avec son environnement. Selon les naturopathes, le corps humain est un simple prolongement de la nature, et tout ce qui le traverse est l'expression d'une harmonie sous-jacente, voire d'une intentionnalité. C'est notamment le cas de la maladie, qu'il ne faut pas combattre mais accepter. Quand je reprends contact avec mon amie Karine, en ce printemps 2020, je la découvre, à ma grande surprise, profondément imprégnée de ces préceptes. « La maladie est là pour nous apporter un message », m'explique-t-elle. En nous parcourant, les microbes ne nous affaibliraient pas, mais, à la croire, ils nous renforceraient, nous permettant de développer une « immunité naturelle ». Fort de cette protection « pure », il serait inutile de recourir à la médecine scientifique, ramenée par les naturopathes à une technique intrusive, vénale et artificieuse, à un « dogme ».

Cette vision de la santé, Karine la doit en grande partie à Thierry Casasnovas, faux expert en santé et vrai entrepreneur. Ce vidéaste autodidacte, dénué de la moindre compétence médicale, est devenu une star de YouTube grâce à un discours manipulateur et une promesse sensationnaliste : il serait selon lui possible de guérir de toutes les maladies, même des plus graves comme le cancer, grâce à un régime alimentaire fondé sur le jeûne et la consommation d'aliments crus ou de jus de légumes – ainsi ses adeptes peuvent-ils acheter sur son site des extracteurs de jus et des formations à l'art du « crudivorisme ». Depuis 2012, Casasnovas, régulièrement qualifié de « gourou » par la presse, a fait l'objet de nombreux signalements de la part de la Miviludes, la mission interministérielle de lutte contre les dérives sectaires. Ce qui ne l'a pas empêché de continuer à convaincre des dizaines de milliers d'internautes en mal de promesses thérapeutiques alternatives[19].

Beaucoup des adeptes de cette forme de rousseauisme médical s'y convertissent par désespoir, alors qu'ils font face à l'épreuve de la maladie et que les médecins peinent à se prononcer sur leur cas avec certitude – typiquement dans le cas d'un cancer. Il y a quelques années, Karine s'était déjà habituée à assimiler santé et privation lorsqu'elle avait appris son allergie au gluten. Après avoir découvert sa maladie auto-immune, elle s'est convaincue qu'en toutes circonstances, en matière de santé, moins, c'est mieux. Mon amie est loin d'être un cas isolé : le déclenchement de la pandémie de Covid-19, génératrice d'anxiété généralisée, a constitué une aubaine inespérée pour les promoteurs de thérapies alternatives de ce type, et un catalyseur pour la diffusion des idées des « antivax ».

La médecine douce contre la seringue de « Big Pharma »

Dans son nouvel univers au confluent de l'idéalisation quasi mythique de la nature et du rejet des excès de la mondialisation, Karine n'a pas tardé à glisser vers des positions antivaccins. Apparus en réaction à l'invention du principe de la vaccination, au XVIIIe siècle, ces discours n'ont depuis jamais cessé d'accompagner la diffusion et les progrès des vaccins, tout particulièrement en France, pays où le niveau de défiance vaccinale est le plus élevé au monde.

Certaines de ces oppositions ont pu être alimentées par de tragiques accidents vaccinaux – ou, à tout le moins, par des événements graves ayant été interprétés comme résultant d'un vaccin. Mais, derrière des critiques aux allures pseudoscientifiques, le rejet des vaccins naît le plus souvent d'enjeux idéologiques. Parmi ceux-ci, la défense de la primauté des libertés individuelles face à la logique collective des politiques de santé publique, et plus particulièrement l'obligation vaccinale[20]. Une vaste étude australienne réalisée durant la pandémie a permis de montrer que les antivaccins manifestaient davantage de préoccupations pour eux-mêmes que pour les autres[21] – un résultat cohérent avec le dogme de la liberté vaccinale, peu compatible avec les problématiques de santé publique. C'est ainsi que, dans ses vidéos et interventions, le médecin anesthésiste-réanimateur Louis Fouché, fondateur de Réinfo Covid, dénonce le « viol » que constitue selon lui une injection non consentie, répétant que chacun est « souverain » sur son corps.

D'autres antivax militent enfin pour la reconnaissance de la sacralité religieuse du vivant : ce qu'il faut protéger, dans leur optique, c'est le corps de la créature de Dieu contre l'irruption de la science impie. Karine, pour sa part, se reconnaît dans un discours plus *new age* mais non moins religieux, qui sacralise la Nature, perçue comme une entité parfaite, pure et bienveillante, presque une divinité immanente que la science mettrait en danger.

Alors que la pandémie fait rage, Karine rejette ainsi le vaccin, l'un des principaux instruments de lutte contre le Covid-19, ce qui peut sembler contradictoire de la part de quelqu'un qui est autant obsédé par sa santé. Cela traduit en réalité le retour de l'opposition philosophique classique entre une nature intrinsèquement bonne et la technique qui la corromprait. Karine m'assure avec le plus grand sérieux qu'elle est prête à lécher une barre de métro ou le visage d'une personne malade du Covid-19 pour s'exposer à la maladie, et ainsi forger sa sacro-sainte « immunité naturelle » ; en revanche, elle grimace de dégoût à la simple idée qu'une seringue lui injecte un produit conçu pour arriver au même objectif : apprendre à l'organisme à se défendre contre le Sars-CoV-2.

Cette opposition binaire n'est pas conspirationniste en soi, mais elle ouvre la porte à des discours qui, eux, le sont. En effet, l'idéalisation des médecines alternatives s'accompagne fréquemment d'une dévaluation de la médecine basée sur la science. Pendant que le docteur Louis Fouché dénonce le « scientisme », Karine disserte sur « toutes ces choses que la science ne sait pas » – même si elle n'a en réalité aucune compétence pour juger des acquis et des limites de la médecine moderne. Ainsi peut se développer l'idée selon laquelle la science ne serait pas seulement moins efficace que l'action naturelle du corps, mais que toute la doxa scientifique reposerait sur un mensonge, un agenda politico-financier consistant à taire l'efficacité des médecines alternatives. C'est la fameuse théorie du complot de « Big Pharma ». Un discours d'autant plus insidieux que les scandales pharmaceutiques existent bel et bien, depuis les publicités mensongères réalisées au début des années 2000 par Pfizer pour plusieurs de ses médicaments[22] jusqu'à celui du Médiator, le coupe-faim commercialisé par les laboratoires Servier jusqu'en 2009 malgré la connaissance depuis 1997 de ses effets secondaires parfois mortels. Mais s'il se fonde en partie sur des événements réels, un tel discours finit par s'empêtrer dans sa propre défiance, au point de refuser de faire confiance à la pneumologue Irène Frachon, la lanceuse d'alerte qui a révélé le scandale Mediator, lorsque celle-ci qualifie les études sur les vaccins anti-Covid-19 de « sérieuses » et appelle à se faire vacciner[23].

Désormais, Karine se berce de l'idée que la guérison vient de soi, de l'intérieur. Ses parents sont polonais, hôteliers à Lourdes. Est-ce en raison de la culture catholique dans laquelle elle a grandi qu'elle adhère à cette vision quasimystique d'une rédemption par l'introspection ? Peut-être. Toujours est-il que c'est désormais sur les réseaux sociaux qu'elle s'informe sur les meilleurs moyens de se « purifier », au contact d'idées de plus en plus éthérées, de messages complotistes de plus en plus échevelés.

Du new age *aux reptiliens*

Au début du premier confinement, au printemps 2020, Karine s'est mise à fréquenter un groupe Facebook d'entraide, de spiritualité et de méditation. Une petite communauté très féminine, portée sur les valeurs du zen, le soin de soi, la bienveillance, mâtinées d'une surcouche de métaphysique de brocante, à base de vibrations intérieures, de connexion au cosmos, de « Gaïa » – la Terre – source de vie, tout ce à quoi adhère désormais Karine. Elle y a trouvé un réconfort quotidien, s'y est plongée comme dans un pot de crème glacée Ben & Jerry's qui aurait troqué sa texture onctueuse pour un discours câlinant et ses pépites de caramel pour des émojis de cœurs et d'arcs-en-ciel.

« On se balançait des petites pensées positives, une énergie dont j'avais besoin à ce moment-là. Et puis certains membres du groupe ont commencé à balancer des liens vers des vidéos de Silvano Trotta, Jean-Jacques Crèvecœur, etc. » Le premier, chef d'entreprise à la ville, spécialiste des ovnis et théoricien de la Lune creuse sur Internet, a été l'une des principales antennes-relais des théories complotistes au cours de l'année 2020. Le second est un de ces gourous du web qui prospèrent sur la promesse d'une médecine alternative et un discours conspirationniste aussi touffu que délirant. En ce début de confinement, Karine, qui a adopté une vision manichéenne du monde, est séduite par leurs discours suspicieux sur la gestion du Covid-19, mélanges de dénonciations indignées du gouvernement, d'approximations scientifiques et d'interprétations illuminées. « Ils soulevaient des interrogations que je partageais. Je ne saurais pas l'expliquer, mais quelque chose sentait mauvais, je m'en rendais compte intuitivement, au plus profond de moi, m'explique-t-elle. Ce qu'ils disaient, ça résonnait. » Dès lors, mon amie dépose les armes de l'esprit critique et adopte leurs théories farfelues.

Elle n'est pas la seule. Sur le mur du groupe Facebook auquel elle appartient, où n'importe quel membre peut écrire un message ou partager une photo ou une vidéo, commencent à apparaître des rumeurs apocalyptiques. Aucune des participantes ne semble choquée. L'imaginaire messianique de ces récits manichéens sur la crise sanitaire colle à la promesse de ce groupe Facebook, celui d'un « nouveau monde, ensemble ». Du reste, tout ce petit monde vit dans une confiance quasi fusionnelle : au sein du groupe, qui constitue leur « famille d'âme », les membres se soutiennent. Entre eux, on ne se juge pas, on s'aime, on communique par les ondes, on « vibre ». Un contexte de bienveillance qui permet aux récits complotistes *hardcore* de pénétrer les discussions sans jamais faire l'objet du moindre rejet. Avec l'aide de Karine, j'ai pu m'inscrire sur ce groupe. Entre deux vidéos de méditation transcendantale y circulent les affabulations les plus extrêmes sur les supposés pédo-satanistes contre lesquels lutterait Donald Trump, les extraterrestres ou encore les «reptiliens», ces hommes-lézards qui contrôleraient nos sociétés. Avec pour seules réactions des smileys de pouce en l'air ou de visage en colère, lorsqu'est postée une théorie complotiste suscitant l'indignation.

Jusqu'alors, Karine n'avait pourtant jamais été attirée par le conspirationnisme. Il y a une quinzaine d'années, alors que, séduite par la réputation festive de l'Espagne, elle s'était installée à Madrid, un de ses colocataires lui avait détaillé par le menu la «vérité cachée» sur les attentats du 11 septembre 2001. «Il me saoulait, ça ne m'intéressait pas, je voulais juste aller boire des bières avec les copains», se souvient-elle. Mais cette fois, elle plonge.

En discutant avec elle, en ce printemps 2020, je ne reconnais plus la jeune noctambule désinvolte et aventureuse d'antan. La voici qui aligne désormais un discours aussi dogmatique que confus sur «les barrières limitantes de la science». Joignant l'action à la parole, elle est aussi devenue une resquilleuse du confinement. Au cours de ses virées sur le *dark web*, les confins infréquentables d'Internet, elle ne commande plus des médicaments à visée festive mais de fausses autorisations de sortie afin de pouvoir fréquenter des bars clandestins, en attendant les faux certificats de vaccin. Et si elle porte un vague intérêt à la politique, c'est pour suivre la campagne pour la réélection de son nouveau poulain, Donald Trump, dont elle a tardivement compris qu'il avait un bon fond, et qu'il œuvrait en fait, en sous-main, pour le bien de la planète Terre et les forces de lumière.

Notre amie commune ne mentait pas : Karine est bel et bien devenue complotiste. Comme Stéphane, comme Terry, la pandémie l'a jetée dans les bras des contre-récits, un monde suspicieux, rebelle et alternatif. Comme eux, à la faveur de la crise sanitaire, des millions de nouveaux adeptes ont rejoint les bataillons de militants qui, depuis des décennies, labouraient patiemment ce terrain hautement inflammable.

Chapitre 2

Explorer

1. Les sirènes de l'érudition

« C'est tout moi, je fais les trucs trop à fond, et je fais des burn out, je manque de mesure », souffle une voix basse au débit pressé. Cela fait déjà trente minutes que Tim[24] disserte de manière érudite sur les ressorts des cryptomonnaies, jonglant avec le jargon du cryptoboursicoteur : *lightcoin*, *bullrun*, *bagholder*, cycle de Gartner... Impossible de le suivre, je n'ai pas révisé le jargon. Notre entretien en visioconférence vire au monologue. Il est pourtant 4 heures du matin en Argentine, où ce jeune Français s'est expatrié, et il n'a déjà pas dormi de la nuit précédente. Qu'importe : hypermnésique, chirurgical et volubile, Tim se montre inépuisable.

Le physique chétif de cet intarissable ermite d'une trentaine d'années cache une véritable machine. Il est capable d'enchaîner des cadences de seize à dix-huit heures de travail quotidien pendant des semaines, avec un seul repas par jour et le cannabis pour principal expédient. « Heureusement, je suis résilient, ça impressionne mon psychologue, je suis plein d'énergie, je récupère vite, j'ai réussi à ne pas trop me détruire.» Tim se classe lui-même comme bipolaire type 2, mais un bipolaire plutôt chanceux, frappé par des phases de dépression courtes et légères, et des phases maniaques d'une longueur et d'une intensité hors normes, qui peuvent durer jusqu'à trois mois. «Ça me rend productif à des niveaux inhumains. J'ai cette chance», concède-t-il, conscient que, dans la même situation, d'autres pourraient décrocher de la réalité.

À la place, cet ancien enfant surdoué est devenu incollable sur les cryptomonnaies. Quand il découvre le bitcoin, en 2011, il perçoit une solution vertigineuse à ce qu'il appelle «la plus grande erreur de l'histoire humaine»: la délégation de la création de richesse à «des organisations semi-publiques et privées» – comme la «Fed», la banque centrale américaine, au sein de laquelle les grandes banques privées jouissent d'une certaine indépendance. Au fil de notre discussion, le jeune expatrié enchaîne sur la future révolution du système monétaire mondial et les bouleversements géopolitiques à venir. Les fulgurances sur des sujets complexes et pointus se succèdent sans répit. Et pourtant, la véritable passion de Tim est ailleurs: c'est l'histoire occulte du monde et de ses complots.

Il y a été sensibilisé durant son adolescence, à la fin des années 1990, par la lecture d'un ouvrage fondateur, *Le Matin des magiciens,* publié en 1960 par les Français Jacques Bergier et Louis Pauwels. Ce grand classique du réalisme fantastique, mélange de posture sérieuse et d'ouverture à ce qui est incompris, évoque avec une fascination contagieuse tous les domaines de la connaissance qui échappent aux catégories classiques de la science et de la raison, des paradoxes de la physique quantique aux mystères des sciences occultes. Sa découverte a fait à Tim l'effet d'une « bombe mentale », du genre à « t'ouvrir l'esprit sans prendre de LSD ». Deux décennies plus tard, le désormais trentenaire admet que, derrière son érudition savante et sa plume capiteuse, cet ouvrage est d'une rigueur inégale. Il en garde néanmoins une fascination pour la physique quantique, son quantum d'étrangeté, ses téléportations de photons, qui, considérés du point de vue de la physique newtonienne, « relèvent un peu de la magie ». Du *Matin des magiciens*, ce cérébral insatiable a aussi retiré une leçon de vie : ne pas s'en tenir au raisonnement cartésien, « lacunaire » selon lui, et admettre que l'occulte peut exister.

Cette résolution, Tim l'a mise en application aussitôt après avoir fait cette lecture décisive. En cette fin de XXe siècle, l'adolescent commence à s'intéresser aux versions alternatives des plus grands événements, à travers la lecture d'ouvrages confidentiels et la fréquentation précoce d'Internet. Jusqu'à ce qui sera pour lui, comme pour beaucoup de personnes flirtant avec le conspirationnisme, le grand séisme confirmatoire : les attentats du 11 septembre 2001.

Le complotisme de la première heure

Selon l'une des plus célèbres théories conspirationnistes de ces dernières décennies, l'attaque contre les tours jumelles du World Trade Center et le Pentagone n'aurait été qu'un coup monté. Aussitôt après l'événement, c'est ce que se sont mis à affirmer une quantité astronomique de sites, vidéos, documentaires et influenceurs soupçonneux, pressés de mettre à bas le récit officiel de la plus grande et spectaculaire tuerie civile ayant eu lieu sur le territoire américain.

Oussama Ben Laden, le commanditaire des attentats, y est tour à tour présenté comme un pion de la CIA et un bouc-émissaire innocent[25]. D'autres dénégations, notamment exprimées par le journaliste français Thierry Meyssan dans son livre accusateur de 2002, *L'Effroyable Imposture*, se teintent d'une tonalité plus conspirationniste encore, en suggérant l'hypothèse d'une attaque menée «en faux drapeau[26]» par le gouvernement américain[27]. Meyssan va jusqu'à affirmer, malgré les nombreux témoins et clichés attestant le contraire, qu'aucun avion ne s'est écrasé sur le Pentagone[28]. Autant de réécritures trompeuses voire négationnistes du 11-Septembre, qui, sous couvert de lutte pour la vérité, ont surtout permis d'alimenter dans le monde un profond sentiment anti-américain, et servi les intérêts de rivaux ou ennemis géopolitiques des États-Unis, comme la Syrie ou la Russie.

Prospérant sur le retentissement planétaire de ces attentats, toutes ces théories sensationnalistes ont permis à la pensée conspirationniste de recruter nombre de nouveaux adeptes au début des années 2000. Mais Tim, lui, n'a pas attendu l'effondrement des tours jumelles pour s'« éveiller ». Il explique ainsi avoir été au courant du 11-Septembre avant le 11-Septembre. L'alerte provenait d'une figure historique de la complosphère anglophone, le Texan Alex Jones, fondateur et animateur de la radio en ligne InfoWars, sur laquelle il explique le moindre événement par des théories conspirationnistes. Tim l'a découvert lors de ses premières explorations de l'Internet alternatif et interlope, à la fin des années 1990, sans accorder de confiance particulière à cet agitateur d'extrême droite coutumier des déclarations à l'emporte-pièce. Alex Jones s'était ainsi décrédibilisé à ses yeux en conseillant à ses auditeurs de fuir les villes pour se protéger du supposé « bug de l'an 2000 », qu'il annonçait apocalyptique. « Pour moi, c'était un charlot, se souvient Tim, mais il a été le premier à dire avant le 11-Septembre qu'il allait y avoir un attentat aux États-Unis, et qu'on allait le mettre sur le dos de Ben Laden. Des mois avant ! » D'autres phares de la pensée conspirationniste de l'époque, comme William Cooper, le mentor d'Alex Jones devenu par la suite son concurrent, annoncent eux aussi l'imminence d'un attentat sous faux drapeau[29]. « Alors, quand le 11-Septembre s'est produit, je me suis dit "*what the fuck*", OK ce n'est pas tout blanc ou tout gris », raconte Tim. Aussi grotesque qu'il lui paraisse, Alex Jones avait peut-être raison, se ravise-t-il.

Avec le recul, l'idée que le 11-Septembre a été anticipé par une partie de la complosphère peut paraître surprenante. Mais l'onde de choc psychologique inédite provoquée par cette attaque a en réalité occulté le fait que les États-Unis étaient déjà la cible d'attentats djihadistes depuis plusieurs années, et ce aux yeux de tous. Les tours du World Trade Center avaient été visées par une tentative d'attentat à la bombe en 1993. Les intérêts américains – ambassades, militaires déployés à l'étranger – avaient été attaqués à plusieurs reprises, que ce soit en 1998 au Kenya et en Tanzanie ou en 2000 au Yémen. Quant à Oussama Ben Laden, il était déjà l'ennemi public numéro 1 outre-Atlantique et ne faisait guère profil bas : il avait publiquement déclaré la guerre sainte aux États-Unis à la télévision américaine en 1997, et réitéré ses menaces à plusieurs reprises[30]. Mais il a suffi que quelques oracles de la complosphère présentent comme une indiscrétion incroyable ce qui était une forte probabilité aux yeux de tous les observateurs du terrorisme international pour que l'idée d'une manigance se diffuse.

Pour Tim, cet épisode s'impose en tout cas comme un « catalyseur », qui l'amène à « réexaminer sa conception de la réalité ». Le 11-Septembre est pour lui l'archétype du complot documenté. « J'ai 16 000 fois les éléments qu'il faut pour savoir que le rapport officiel est du foutage de gueule. Je n'ai pas trouvé 1 fois, 10 fois, mais 100 fois des éléments prouvant que la version officielle ne tient pas debout une seule seconde. » Il me conjure même de ne pas m'y intéresser de trop près, sauf à vouloir mettre ma carrière de journaliste en péril.

Contre une « vision simpliste de l'histoire »

L'assurance de Tim est déconcertante. D'autant plus qu'elle n'a rien à voir avec le bagout d'un commercial, ou avec le discours cadré et travaillé d'un politique sur un plateau télé. Non. C'est l'intime conviction d'un homme dont la sincérité et l'intégrité transparaissent à chaque instant dans la vigueur de sa voix, une conviction nourrie d'une culture autodidacte panoramique. C'est l'assurance, enfin, d'un commentateur enflammé des rouages de la société, mais qui semble ne jamais se départir d'une forme de mesure et de lucidité.

Tim ne se décrit pas comme complotiste – « pas plus que les mecs derrière Thinkerview », une chaîne YouTube s'intéressant aux rouages occultes du pouvoir. Il se rit des petits hommes verts ; se désole de la crédulité des QAnons, ces internautes adhérant à la théorie selon laquelle Donald Trump lutterait contre un réseau pédosataniste organisé par les responsables du Parti démocrate américain ; ou encore se désespère de l'inculture de ceux qui ont pu croire à un lien entre 5G et vaccination. Accessoirement, il ne supporte pas le traitement médiatique de la question complotiste, qu'il juge caricatural, indigne et contre-productif. « Entente illicite en vue de commettre un crime, conjuration, ça a eu plein de noms dans l'histoire, ça s'est produit un nombre incalculable de fois, je ne vois pas en quoi le fait de le dire serait ridicule ou méprisable », s'époumone-t-il. Et de citer comme exemples l'assassinat de Jules César et la conspiration des Poudres, une tentative ratée d'attentat menée en 1605 par des catholiques anglais contre le roi Jacques Ier d'Angleterre et le Parlement anglais. « C'est banal ! » Tout comme, poursuit-il, les stratégies élaborées au fil des siècles par les castes privilégiées de la société pour s'entendre et préserver leurs intérêts aux détriments des plus démunis.

Ce surdoué ne jure que par une chose : l'importance de ne pas écarter de notre explication du réel l'existence de complots, car « l'action clandestine, ça existe ». Parmi ses innombrables intérêts, c'est d'ailleurs cela qui le passionne le plus : la « politique clandestine », les « stratégies de groupe intergénérationnelles », tout ce qui est « soustrait au regard du public et pourtant joue un rôle fondamental, capital ». Écarter l'existence des complots, ce serait selon lui tomber dans une « vision simpliste » de l'histoire et une « analyse fautive ».

Mais, à force de chercher de l'occulte partout, Tim oublie parfois que les grands événements historiques connaissent souvent des ressorts bien moins sensationnels, à commencer par l'erreur humaine et les failles organisationnelles. C'est en grande partie ce qui s'est passé pour le 11-Septembre : depuis les tentatives d'attentats méconnues dites des *millenium plots*, « les complots du millénaire », une série d'attaques djihadistes prévues le 1er janvier 2000 qui avaient été déjouées *in extremis* par les services secrets américains, ces derniers savaient bien que Ben Laden et ses acolytes repasseraient vite à l'action. Mais les nombreux renseignements collectés çà et là, noyés dans une masse d'indices contradictoires, n'ont jamais permis au FBI et à la CIA d'anticiper précisément la date et le scénario précis du 11-Septembre. Quand, quelques jours après l'attentat, le président américain George W. Bush a prétendu devant la presse que personne n'aurait pu imaginer l'attaque des tours jumelles, il a menti autant qu'il a dit la vérité. La Maison-Blanche ne savait que trop qu'une attaque spectaculaire était imminente, mais elle n'a jamais été en mesure de la prévoir. Dans cette déclaration ambiguë, Tim a évidemment préféré ne retenir que le mensonge.

Parce qu'il est d'une sincérité bouillonnante, parce que sa culture et sa curiosité sont impressionnantes, Tim est un interlocuteur auquel il est difficile de résister si l'on ne possède pas déjà de très solides connaissances sur les sujets qu'il aborde. Lors de nos échanges, j'ai été moi-même à plusieurs reprises troublé par son assurance et la précision de certaines de ses accusations. Jusqu'à ce que, par déformation professionnelle, je vérifie ses dires. J'ai dû relire en détail, et en anglais, le long rapport de la commission d'enquête du Congrès américain sur le 11-Septembre pour me rendre compte que nombre des affirmations de Tim étaient hâtives, décontextualisées et trompeuses. Mais soyons honnête : tout le monde n'a pas le temps de se renseigner en profondeur, *a fortiori* d'être à la fois expert en bitcoin, en physique quantique et en histoire du terrorisme. C'est pourquoi une érudition écrasante comme celle de Tim peut facilement faire des émules, y compris parmi ceux qui se pensaient hermétiques au conspirationnisme.

2. Des théories si séduisantes

Peut-on blâmer Romain[31] d'avoir cédé aux sirènes du complotisme ? De tous ceux qui sont évoqués dans ce livre, il est celui qui, jusqu'au bout, a le plus longtemps hésité pour y figurer. Car ce grand blond un peu gauche est aujourd'hui un « repenti » du complotisme, et son voyage de plusieurs années dans l'univers des contre-récits lui semble désormais presque inavouable.

En manière d'excuses, Romain se dit que sa vie était plutôt tourmentée lorsqu'il a basculé. À 29 ans, il a perdu le père qui l'avait élevé, et qui, dans ses derniers souffles, le félicitait pour sa réussite professionnelle, alors que ce littéraire qui avait snobé Normale Sup' maudissait chaque jour son gagne-pain abrutissant de testeur d'appareils photo dans un labo. Dans la foulée, une démission téméraire. Puis trois années de chômage et de petits boulots. Peu à peu, Romain s'angoisse, il en veut à lui-même, à son père, à la société.

Mais, s'il n'y avait pas été invité, aurait-il plongé dans le *rabbit hole*, le « trou du lapin », ainsi que les complotistes surnomment la porte d'entrée vers le monde alternatif des contre-récits ? En l'occurrence, Romain s'est laissé amadouer par un camarade dont il s'était récemment rapproché, subjugué par son intelligence et sa culture : nul autre que Tim, notre bipolaire érudit, qui vivait alors encore en France. Au milieu des années 2000, ces deux passionnés d'histoire, alors vingtenaires, se rencontrent dans la presse informatique. Ils ont en commun d'être bien plus intéressés par les choses du savoir que par l'actualité des cartes mères d'ordinateurs. Durant les déjeuners qu'ils partagent, Tim évoque rapidement ses « recherches personnelles », comme il aime les appeler, sortant de son chapeau des noms de livres, d'auteurs et de sites dont Romain n'a jamais entendu parler, mais aussi des explications touffues et fascinantes sur les rouages occultes du monde. Son bagage culturel, sa faconde, sa curiosité, en même temps que sa voix humble et son regard à la fois tendre et clairvoyant : tout rend Tim sympathique. Bientôt, son monde va devenir celui de Romain.

SF paranoïaque et documentaires insidieux

Si un terreau personnel peut y prédisposer, c'est bien souvent un écosystème à la fois amical et médiatique qui concrétise et accélère l'entrée dans les théories du complot. Sur les recommandations d'un ami, d'un collègue, on découvre des sites Internet, des séries télévisées, des documentaires, des films ou même des jeux vidéo, qui, sans être toujours ouvertement complotistes, contribuent à instiller le ferment du doute. De cet univers culturel du contre-récit, aujourd'hui foisonnant, les « vétérans » du complotisme ont pu observer le bourgeonnement au tournant du XXIe siècle.

Sébastien Carassou, un docteur en astrologie longtemps obnubilé par le merveilleux, se souvient avoir été piqué dès la fin des années 1990 par des documentaires télévisés sensationnalistes, leur mise en scène tapageuse, leurs témoignages troublants, leur art d'exciter la crédulité. « Paranormal, ésotérisme, chasse aux fantômes, ovnis, complot lunaire, tout y passait », reconnaît-il aujourd'hui, convaincu que cette expérience lui a inculqué les codes des récits complotistes.

En y réfléchissant bien, Romain se demande d'ailleurs si, bien avant de rencontrer Tim, il n'avait pas lui aussi intégré certaines représentations conspirationnistes en regardant fidèlement « Les Guignols de l'Info », le rendez-vous satirique phare de Canal+ dans les années 1990. Les auteurs des Guignols avaient notamment inventé la « World Company », une multinationale américaine fantasmatique, capable, au nom de son unique profit, de dicter leurs décisions aux politiques de la planète entière[32] : toute une part des théories du complot inspirées par le 11-Septembre étaient déjà en germe dans cette fiction humoristique. Sans même évoquer des fictions au succès planétaire comme la série télévisée américaine *X-Files : Aux frontières du réel* (1993-2002), consacrée au paranormal, ou la trilogie cinématographique américano-australienne *Matrix* (1999-2003), des films de science-fiction paranoïaques réalisés par Lana et Lilly Wachowski, qui ont largement répandu thèmes et modes de raisonnement conspirationnistes auprès de toute une génération.

Dans les années 2000, Internet et notamment les plateformes de vidéos comme YouTube ont pris le relais de la télévision, proposant des contenus au complotisme nettement plus décomplexé, et tout aussi séducteur. Déjà façonné mentalement par la télévision, Sébastien Carassou franchit un pas décisif lorsqu'il visionne *Zeitgeist, The Movie,* de l'activiste américain Peter Joseph, un documentaire de 2007 uniquement distribué sur Internet, qui présente notamment les attentats du 11-Septembre comme le résultat d'une machination de banquiers véreux. Sur les conseils de Tim, Romain, quant à lui, découvre sur le Net en 2011 *Dark Secrets inside Bohemian Grove* (« Les sombres secrets du Bohemian Grove »), un documentaire de 2000 signé par l'Américain Alex Jones, l'animateur radio subversif qui avait convaincu Tim de l'imminence d'un complot contre les tours jumelles. Son film se présente comme une enquête en caméra cachée au sein d'une société secrète américaine. Romain, qui ignore tout du pedigree sulfureux de son auteur et se fait berner par la mise en scène manipulatrice, se laisse convaincre de la possibilité de l'existence de rituels païens satanistes dans la haute société américaine[33].

Pour instiller le doute dans l'esprit du spectateur, ces documentaires exploitent des recettes éprouvées, qui n'ont guère évolué depuis les premières vidéos artisanales en basse résolution du début du millénaire jusqu'aux plus léchées des productions récentes – parmi lesquelles on peut citer *Hold-up*, le documentaire phare de la complosphère francophone en 2020, qui, après avoir souligné à bon droit les contradictions de la gestion gouvernementale de la pandémie de Covid-19 en France, finit par insinuer que la crise sanitaire est le résultat d'un grand complot mondial ourdi par l'OMS.

La première technique employée par ce genre de documentaires est généralement celle du pied dans la porte : dans le premier tiers du film, des éléments relativement inoffensifs amadouent le spectateur, afin de le préparer aux thèses plus subversives à venir. « Ces arguments sont faibles, mais une fois que vous êtes embarqué, engagé dans le documentaire pendant plus de deux heures, vous êtes prêt à entendre des théories complètement fantastiques, qui, si elles vous avaient été présentées dès le début, vous auraient fait arrêter le visionnage[34] », observe Olivier Klein, professeur de psychologie sociale à l'Université libre de Bruxelles.

Deuxième ingrédient : une densité argumentative volontiers décourageante. C'est le fameux « mille-feuille » propre aux théories du complot, ou « conglobation[35] », pour reprendre le terme employé par le politologue

Pierre-André Taguieff : une accumulation exténuante de pseudo-preuves, qui, bien souvent, ne résistent pas à l'examen prises individuellement, mais qui, lâchées en masse, submergent la vigilance cognitive du spectateur. Jusqu'à ce que celui-ci s'abandonne de guerre lasse à une posture de spectateur passif.

Le troisième stratagème est enfin « l'argument d'autorité », qui consiste à faire intervenir des experts au CV ou au titre souvent ronflants, en se gardant bien de préciser qu'ils sont aujourd'hui retraités, incompétents sur le sujet qu'ils traitent, ou encore qu'ils font l'unanimité contre eux dans leur domaine d'expertise. Le tout en les plaçant sur un piédestal, sans le moindre contradicteur. Depuis le début de la crise sanitaire du Covid-19, le complotisme covidosceptique s'appuie ainsi sur des figures d'autorité supposées telles que Louis Fouché, un médecin réanimateur en réalité dépourvu de références et rejeté par ses confrères, Alexandra Henrion-Claude, une ancienne chercheuse de l'Inserm répudiée par son directeur de thèse, ou encore Luc Montagnier, biologiste français crédité pour avoir co-découvert le virus du sida, devenu un Nobel vieillissant s'oubliant dans des thèses farfelues. Mais lorsque de telles « sommités » lui sont présentées, le spectateur ignore généralement ces éléments biographiques.

Grâce à toutes ces techniques, ces documentaires excellent à diffuser le doute. Ce n'est pas tant qu'ils convainquent, mais ils ébranlent les certitudes. Cela remonte à une dizaine d'années, mais Romain se souvient encore d'avoir eu l'impression de se laisser happer lorsqu'il a visionné *Dark Secrets inside Bohemian Grove*. La présentation du documentaire, qui mime les codes télévisuels, lui avait donné l'impression d'un travail professionnel sérieux. L'accumulation de références, de citations, d'extraits, d'illustrations, les déclarations péremptoires enchaînées sur un rythme trop rapide pour qu'il ait le temps de les questionner, tout avait contribué à le désarçonner. Dans le même temps, l'atmosphère mystérieuse du film, truffé d'images dérobées d'une cérémonie nocturne fascinante, donnait la valeur d'une vérité secrète à ces séquences en immersion sur les rites satanistes supposément pratiqués par un club occulte.

Google, le moteur du doute

Reste que, lorsqu'ils sont exposés à de tels contenus, la plupart des « primo-complotistes » – ceux qui entrent dans leur premier contre-récit – ne sont pas tant dans l'adhésion que dans l'interrogation. Un ami, un documentaire ne suffisent généralement pas à basculer. La réalité de l'entrée en complotisme est plus complexe, plus diffuse. À un terrain fertile, un doute déjà présent, ces productions insidieuses donnent surtout du grain à moudre. Elles rendent le spectateur plus réceptif, mais, surtout, elles l'encouragent à en savoir plus. Et c'est souvent à partir du moment où ce dernier, dans le doute, se met à vérifier ces informations par lui-même

– du moins est-ce ce qu'il pense – qu'il tombe irréversiblement dans le « trou du lapin ».

Après avoir vu le documentaire d'Alex Jones, Romain cherche ainsi à croiser ce qu'il vient de voir avec ce qu'il peut en trouver sur Internet. Or, surprise, Google l'expédie vers un continent insoupçonné de sites méconnus évoquant d'innombrables sociétés secrètes et leurs cabales souterraines. Étrange impression, celle de pénétrer dans un nouveau pan du réel peuplé de personnalités, de références et de codes inconnus de lui. Exaltation de la découverte, mais aussi vertige de la perte de repères : dans ce nouvel écosystème, il ne retrouve aucun des sites d'informations qu'il consultait auparavant.

De fait, Google n'est pas un outil très fiable d'autodéfense intellectuelle. Elle commence à dater, l'utopie de la « noosphère » chère aux pionniers du web des années 1990, qui voyaient en Internet une forme d'intelligence collective, à même de tirer l'humanité vers le haut. Dans la réalité, les « synapses » providentielles du web ont rapidement été remplacées par des attrape-clics, des mauvaises fictions et des rumeurs orientées. Le sociologue français Gérald Bronner a ainsi observé que, lorsqu'on interroge Google sur des sujets piégeux, les premiers sites proposés par le moteur de recherche renferment pour la plupart des contenus superstitieux, irrationnels ou encore antiscientifiques : 70 % des trente premiers résultats concernant les effets soi-disant cancérogènes de l'aspartame relèvent de la pensée magique, 78 % pour une recherche sur le monstre du Loch Ness et même 97 % pour l'astrologie[36]. En somme, quand un internaute s'engage dans des vérifications sur les moteurs de recherche, *a fortiori* sur des sujets propices à des discours fantasques, il a de grandes chances, sans le savoir, d'être précipité vers des contenus biaisés. Dès lors, chercher à vérifier l'existence d'un complot, sauf à savoir s'y prendre[37], c'est bien souvent se précipiter vers des sites conspirationnistes, et être ainsi encouragé dans ses doutes.

En regard, les médias traditionnels deviennent vite, aux yeux du nouveau converti, de vulgaires « MSM » (abréviation péjorative de *media mainstream*, c'est-à-dire « grand public », au sens le plus condescendant), soupçonnés de ne porter sur le réel qu'un regard tronqué, partiel et trompeur. Le primo-complotiste commence à s'en méfier, préférant désormais chercher la « vérité » ailleurs, sur ce qui lui apparaît comme des sources indépendantes, courageuses, fiables. L'écosystème complotiste se referme alors sur lui.

C'est ainsi que Romain, déstabilisé par ses premières découvertes en terres interdites, avoue sa curiosité à son ami Tim. Ce dernier lui conseille de nouveaux éléments pour nourrir ses recherches : des sites, des livres, des documentaires. D'abord grand public, mais orientés vers la légitimation de la défiance, comme *The Century of the Self*, une série documentaire consacrée en 2002 par la BBC au père de la propagande politique, Edward Bernays. Puis des productions au positionnement idéologique plus explicite, tel le documentaire américain de 2007

The Kinsey Syndrome, un film chrétien qui dénonce l'influence de l'entomologiste et zoologiste Alfred Kinsey, père spirituel de la révolution sexuelle des années 1960, accusé dans les sphères bigotes d'avoir ouvert la boîte de Pandore d'une société aux lois licencieuses – on verra qu'en Occident le complotisme entretient souvent des liens étroits avec le conservatisme religieux.

Tim initie ainsi peu à peu Romain à une vision très sombre de la société. Dans un e-mail de 2013, que ce dernier a retrouvé, son ami l'alerte sur les « banksters » – contraction de « banquiers » et « gangsters » –, qui « ne perdront pas un centime dans le plastiquage des institutions qu'ils contrôlent ». Il le prévient aussi de la « militarisation de la police », lui assure que le gouvernement se livre à de « vastes exercices de contrôle anti-insurrectionnel » et à des opérations de « mind control[38] », ou encore que les drones d'observation et de combat, présentés comme réservés à l'armée, sont en réalité « conçus pour un usage en milieu urbain ».

« Hello Tim, merci pour les pistes, je lis ça avec intérêt depuis hier », le remercie Romain en réponse à son mail truffé de liens. Dans un premier temps, il se méfie encore un peu de la prétention de son ami à détenir la « vérité », notion fluctuante sur laquelle se sont bâtis les plus grands totalitarismes. Ses études universitaires lui ont appris à prendre garde aux raisonnements trompeurs, et elles ne l'ont pas prédisposé à penser que le monde est dirigé par une élite corrompue, malfaisante, voire déviante. Or, parmi les dizaines et les dizaines de théories dont il l'abreuve, Tim évoquait dès 2011 un programme généralisé d'espionnage. Et lorsque en 2013 le lanceur d'alerte Edward Snowden confirme l'existence d'un tel programme, orchestré par les services de renseignement américains et britanniques, la nouvelle a sur Romain l'effet d'un électrochoc : si un tel scandale est authentique, qu'est-ce qui empêcherait les autres affirmations de Tim de l'être ? L'erreur est classique. « Il y a plus faux que le faux, c'est le mélange du vrai et du faux », énonce un adage souvent attribué à Paul Valéry : si les discours complotistes sont si redoutables, c'est parce qu'ils s'appuient sur des éléments factuels incontestables pour mettre leur public en confiance avant de lui distiller des idées fallacieuses.

Ce que Romain mettra des années à s'avouer, c'est qu'il trouve alors un intérêt tout personnel dans le fait de céder aux sirènes du complotisme : cela fait du bien à son ego. Alors qu'il s'est placé de lui-même en marge de la société en démissionnant de son emploi, le voici désormais en mesure de se placer au-dessus de ses congénères. Il connaît maintenant la corruption, la noirceur, la dégénérescence du monde qui l'entoure. Il vaut mieux que cela et n'a plus peur de l'assumer. Il a eu bien raison de claquer la porte du labo où il testait des appareils photo !

Pour un complotiste, rien n'est plus gratifiant que de se retrouver en opposition avec le reste de la société. Même s'il ne se l'avoue pas toujours, le « résistant », celui qui ose dire « non », développe une véritable addiction à la contradiction.

3. L'esprit «contrarien»

Jusqu'au bout, il aura été un mystère. Je ne connaîtrai jamais son prénom, je n'entendrai jamais sa voix. Je devrai me contenter de ce pseudonyme derrière lequel il s'est abrité durant nos longues semaines d'échanges par messages privés, avant de disparaître du jour au lendemain : «Déclin mondialiste». Tout un programme.

Son âge ? «Pas un bleu, mais loin de la retraite.» Je lui donne 40, 45 ans. Je sais qu'il travaille dans l'éducation, au contact d'élèves. Il a jadis suivi une formation privée de trader, au terme de laquelle il a gagné beaucoup d'argent, en a aussi beaucoup perdu. Il aurait été candidat à une élection locale, serait passé sur des plateaux télé, aurait même joué un petit rôle dans une série. Il habite Paris, probablement le quartier de Stalingrad – il se plaint souvent de la «jungle», surnom péjoratif des campements de migrants qui s'y sont installés. Autant de détails épars et invérifiables, qu'il jette au détour de nos discussions. Il ne se livre pas, je ne peux que le deviner.

Son positionnement idéologique, en revanche, est facilement identifiable. Au fil de nos échanges, Déclin mondialiste fait référence à QAnon, au complotiste québécois Alexis Cossette ou à des médias d'extrême droite, l'hebdomadaire *Valeurs actuelles* et le blog FdeSouche. Il affiche aussi son mépris pour les politiques et les journalistes, avec lesquels il aurait eu des échanges houleux lors de ses passages dans des talk-shows télévisés, et qu'il continue de malmener sur Twitter. «J'ai passé assez de temps sur les plateaux télé pour connaître les méthodes des journalistes, assure-t-il. Quand ils sont à trois ou quatre à essayer de vous déstabiliser... Moi, j'adore ça, je me fais toujours plaisir.» Ce qui l'intéresse, c'est de faire tourner ses interlocuteurs en bourrique. Et je ne suis qu'un journaliste de plus avec lequel il s'amuse. Au détour d'un énième débat stérile entre nous, il pinaille sur un mot. «Ça, c'est le truc que j'adore avec les journalistes, toujours leur rappeler qu'ils interprètent des propos... C'est ma friandise...» Agaçant ? Un peu.

Dans le jargon d'Internet, Déclin mondialiste n'est pas seulement un conspirationniste : c'est un «troll», un utilisateur des réseaux sociaux dont la seule motivation est de parvenir à énerver ses interlocuteurs.

L'âme rebelle

Un caractère indépendant, méfiant, frondeur, voire un farouche besoin de s'affirmer dans le conflit: ces traits de caractère qui définissent Déclin mondialiste sont partagés par un grand nombre de complotistes, comme l'ont relevé les réalisatrices américaines Lana et Lilly Wachowski. Au début de leur *opus magnum*, la trilogie cinématographique *Matrix*, sortie au tournant du XXIe siècle, le personnage principal, Thomas Anderson, un jeune hacker noctambule, ne sait pas encore que le monde qui l'entoure est un mensonge, et qu'il est en réalité le héros appelé à combattre la « matrice », le programme informatique générant la simulation dans laquelle il vit. Mais la réalité lui envoie déjà des indices, notamment à travers la bouche d'un supérieur hiérarchique conformiste et castrateur : « L'autorité vous pose un problème. Vous vous croyez différent et vous enfreignez le règlement. » Un problème personnel avec l'autorité, un tempérament frondeur : la graine de l'éveil est déjà plantée en lui.

Cet état d'esprit, on pourrait le qualifier de « contrarien », pour reprendre un terme issu du vocabulaire de la bourse – il y désigne les investisseurs qui vendent quand tout le monde achète, achètent quand tout le monde vend, et en toutes circonstances prennent le contre-pied de leurs pairs. La langue anglaise a introduit le terme *contrarian* dans son vocabulaire courant, pour qualifier toute personne aimant s'opposer à la majorité ; et sa traduction, « contrarien », mériterait de passer dans le français commun, aucun mot ne résumant mieux l'appétence complotiste pour l'opposition, qu'elle prenne la forme de la contradiction, de la contestation ou du déni. Une posture qui a été capturée de manière joliment imagée par le groupe de musique lillois HK et Les Saltimbanks dans leur chanson « Danser encore », tube de la communauté covidosceptique au printemps 2021 :

« Nous sommes des oiseaux de passage,
Jamais dociles ni vraiment sages,
Nous ne faisons pas allégeance.
À l'aube en toutes circonstances,
Nous venons briser le silence. »

Silvano Trotta, le chef d'entreprise alsacien et militant complotiste influent dont mon amie Karine suit assidûment les vidéos sur YouTube, a lui aussi glorifié cette attitude rebelle. En décembre 2020, il postait une image vite partagée par des milliers d'internautes, sorte d'autoportrait laudateur du libre penseur complotiste et de son ethos incorruptible, défini par une série de mots d'ordre. Aux côtés des très consensuels «Je réfléchis», «Je recherche», «Je m'informe», «J'apprends» ou «Je m'intéresse», on trouve les plus tendancieux «Je me méfie des médias», «Je ne suis pas manipulable» ou «Je suis incontrôlable». Comme si, pour les contrariens, la recherche de la vérité ne pouvait se faire que dans la méfiance et l'opposition.

Ce caractère frondeur, peu d'entre eux le contestent. «Pour être complotiste aujourd'hui, il faut être un peu rebelle à la base», assure Raphaël, un vidéaste du sud de la France qui reconnaît avoir un problème avec l'autorité. Même s'il essaie de rester rationnel et pondéré, Tim, l'érudit exilé, se reconnaît lui aussi «une fibre contrarienne», et, avec le recul, se félicite «d'être en opposition avec l'évolution du monde depuis vingt ans». Cette posture n'est pas incompatible avec une forme d'idéalisme. Car ces deux sensibilités ont en commun une vision désillusionnée de la société, et une angoisse face à des figures tutélaires (parents, professeurs, policiers, État…) qui ne parviennent pas à être à la hauteur de leur rôle supposé (être infaillible, protéger les faibles). Une extrême empathie d'un côté, une attitude hypercritique vis-à-vis des figures d'autorité de l'autre : ce sont les deux mamelles d'une sorte d'idéalisme noir, extralucide et corrosif, qui ne pardonne pas au monde de ne pas partager le niveau d'exigence qui est le sien.

Le complotiste, ce surdoué ?

Parmi les complotistes, certains font remonter leur appétence pour l'opposition et les discours antisystèmes à leur plus jeune âge. « Simple : je n'ai jamais été endormie », explique ainsi sur Twitter une « éveillée ». « Quand j'avais 4 ans, j'ai refusé de porter la blouse à l'école maternelle. Ça a été le point de départ. J'ai aujourd'hui 54 ans », se gargarise de son côté un contrarien vétéran. « Ça me rappelle des souvenirs. À 5 ans, je devais mettre un bonnet que je détestais. Un jour, j'ai pris des ciseaux et le problème était réglé. J'ai passé un sale quart d'heure en rentrant mais je n'ai jamais regretté », complète un troisième.

Ces prédispositions précoces peuvent s'expliquer par certains comportements atypiques observés dès les premières années : syndrome de l'enfant-roi, trouble de l'opposition avec provocation ; dans les deux cas, l'affirmation de soi passe par le fait de défier l'autre. Ce type de sensibilité peut également être rapproché de ces profils que les psychologues qualifient de « zèbres », ou « haut potentiel » : des individus caractérisés par une hyperactivité cérébrale qui les rend plus observateurs, mais qui les met aussi davantage sur le qui-vive, et en porte-à-faux vis-à-vis d'autrui.

La psychologue française Fanny Nusbaum a ainsi créé le concept de « philo-cognitifs complexes » pour définir des individus ultrasensibles, idéalistes, curieux et inventifs, mais dont le rapport à leurs interlocuteurs est précaire : en besoin actif de reconnaissance, le philo-cognitif chahute l'autorité en permanence, « au point d'être perçu comme hostile[39] ». Mû par un idéal de vérité sans concession, il fait peu de cas de l'harmonie sociale, du consensus et des conventions, par définition sans valeur à ses yeux, car « toute règle qui ne vient pas de son propre modèle lui est étrangère et passe au second plan dans son esprit[40] », ce qui peut le pousser vers des comportements transgressifs ou subversifs.

En y repensant, Tim, notre complotiste vif, hypermnésique et volubile, possède tous les traits caractéristiques d'un ancien enfant surdoué. Lui-même reconnaît d'ailleurs avoir vécu une scolarité difficile, marquée du sceau de la différence et des brimades. Cet esprit trop rapide pour ses camarades de classe, qui était aussi une cible trop facile avec son physique d'intello rachitique, a fini par trouver sa zone de confort en mettant de la distance entre lui et ses congénères. Une posture qui, ajoutée à son immense curiosité naturelle, l'a rapidement amené à faire preuve de bienveillance envers les récits divergents. Après tout, snober les avis majoritaires et adhérer aux croyances les plus confidentielles, n'est-ce pas un moyen efficace de s'affirmer comme un être à part ?

Des échanges électriques

Quant à Déclin mondialiste, le troll complotiste avec lequel j'ai noué un difficile dialogue par messages privés, quelle mouche l'a piqué dans son enfance ? Était-il lui aussi surdoué, brimé, provocateur ou encore indépendant ? Je ne le saurai jamais. Quand nos échanges ont débuté, au hasard d'un débat public sur Twitter, il s'était déjà enfermé depuis longtemps dans un rôle social, celui du provocateur cynique sur qui tout glisse. Cet individu volontiers agressif sur les sujets politiques se referme comme une huître dès que la conversation porte sur lui.

À défaut de pouvoir mieux comprendre son parcours, je m'escrime à débattre des détails de ses théories sur la crise sanitaire. Aux yeux de Déclin mondialiste, l'épidémie de coronavirus n'est que la mise en application d'un plan en germe depuis plusieurs années, qui aurait été annoncé par l'Event 201, un exercice de simulation de pandémie coorganisé en octobre 2019 par l'OMS et la fondation Bill et Melinda Gates. La pandémie cache un «génocide programmé», m'explique-t-il du ton fanfaron de celui qui sait ce que personne n'ose avouer.

Nos échanges sont compliqués, sa mauvaise foi souvent sans limites. Il partage des informations erronées au kilomètre, intervertit les noms, refuse systématiquement d'admettre quand il se trompe. Je finis par lui demander si son nom de famille ne serait pas Thermomix, tant il mélange tout. «Vous êtes dans un cul de sac, vous tentez la digression», renvoie-t-il avec aplomb. Quand je lui demande les sources de ses affirmations, il esquive : «j'ai oublié le nom», «j'enregistre pas tout», «c'est mes domaines de prédilection, je vois passer mais j'approfondis pas».

Entre nous, le ton est régulièrement passif agressif. Je cède parfois à un agacement coupable quand il me nargue, m'oppose qu'il a «cassé [m]a propagande». Il semble alors jubiler. Jubiler d'être détenteur d'un contre-discours ; jubiler d'être en dehors du consensus ; jubiler, enfin, d'être imperméable à la contradiction. Au fond, je sais bien qu'il a tort, que ses arguments ne tiennent pas debout, que ses sources sont fragiles. Mais je m'acharne à vouloir le lui faire admettre. Naïf que je suis ! Jusqu'à la fin, Déclin mondialiste refusera de concéder la moindre erreur. Trop contrarien pour ça. Pour lui, comme pour nombre de «résistants», le complotisme constitue le pilier d'une construction narcissique.

Si Stéphane, le défenseur de l'hydroxychloroquine, Terry, le justicier manichéen, ou encore Karine, la naturopathe, se sont avant tout laissé emporter par le cours des événements durant la terrible année 2020, Tim et Déclin mondialiste ont pour leur part le complotisme chevillé au corps. Depuis de nombreuses années, c'est un pilier de leur identité et de leur équilibre. Car, aussi surprenant que cela puisse paraître, le conspirationnisme leur a semble-t-il permis, sinon d'aller mieux, au moins de se sentir plus fiers d'eux-mêmes.

Il existe encore une troisième catégorie d'éveillés, pour qui le rapport aux vérités «occultes» est encore plus profond et intime, ne relevant plus du biais cognitif ou de la construction identitaire, mais d'une forme de mystique. Ces conspirationnistes-là se revendiquent en effet d'une vérité supérieure, d'une transcendance, d'un principe métaphysique qui, assurent-ils, les dépassent et les subliment. Chez eux, le complotisme est intimement lié à la religiosité.

Chapitre 3

Croire

1. « Q », un prophète qui redonne de l'espoir

Il y a deux Leonardo, et je ne sais jamais sur lequel je vais tomber. L'un a un regard d'agneau, un grand sourire qui lui fait des yeux d'enfant brillant sous son crâne chauve, et des passions qui me le rendent sympathique, comme les fromages d'alpage. L'autre est un évangéliste enflammé du mouvement complotiste QAnon, féroce comme un lion, une bête blessée qui me fusille de ses deux billes noires lorsque je critique ses prêches au sujet de « Q », le mystérieux prophète des QAnons, ainsi que se désignent ses partisans. Il se sent alors attaqué personnellement et m'accuse de faire le jeu du *deep state*, cet « État profond » qui opprimerait les peuples.

Ce grand escogriffe de nationalité albanaise est très chatouilleux sur les mots que j'emploie. Si je qualifie les suiveurs de Q d'« adeptes » ou de « croyants », il se montre très déçu. C'est l'armoire mentale qu'on m'a mis dans la tête, avec ses casiers tout prêts, qui fausse mon regard et m'oblige à l'étiqueter, m'assure-t-il. Lui se voit comme un simple « humain ». Disons qu'au sein de sa communauté des DéQodeurs, un groupe QAnon francophone dont le nom tourne en dérision la rubrique des Décodeurs du *Monde*, il est la flamme ardente, un exégète suffisamment suivi et influent pour être passé dans plusieurs reportages télévisés, notamment sur TF1 ou TMC.

Leonardo ne demande pourtant jamais à personne de le croire sur parole. Mais sa foi est une force qui conquiert les cœurs d'une simple tirade, dès que ce quasi-quadra fixe son regard magnétique en direction de la caméra, et clame sa foi inébranlable en Q et en « Papa », le petit nom qu'il donne au Dieu chrétien. Alors, l'attendrissant personnage avec lequel j'ai pris l'habitude de converser longuement sur WhatsApp, cet homme humble et fragile, se mue en un prédicateur charismatique aux sermons fiévreux et aux certitudes ravageuses.

De l'Albanie au pays des droits de l'homme

La première fois que j'ai fait sa rencontre, c'était en préparant un article sur la perception de l'élection de Joe Biden par les conspirationnistes. J'avais suivi plusieurs des *lives* de la communauté des DéQodeurs, l'une des plus suivies par les QAnons francophones en 2020, dont Leonardo Sojli est l'un des fondateurs et des piliers, aux côtés d'un certain « Pépito ». En direct sur YouTube,

Leonardo et ses amis y commentent l'actualité sous un angle complotiste. Mes comptes rendus moqueurs de leurs interventions, sur Twitter, les avaient agacés ; ils ont commencé à me titiller dans leurs *lives*, et je leur ai répondu, dans une sorte de cour de récréation 2.0. Mais à l'occasion d'une de ses prestations en direct, Leonardo a fini par me tendre la main, m'invitant à le contacter. Dont acte. «Tu es un humain comme moi, tu n'es pas quelqu'un de mauvais», m'absout-il d'emblée lorsque je le joins sur WhatsApp. Oubliant l'animosité de nos premiers échanges, nous avons pris le temps de discuter et appris à mieux nous connaître. Pour moi, il est devenu «Leo».

En albanais, son nom de famille, Sojli, signifie «de bonne lignée». Il vient d'une famille de résistants politiques, raconte-t-il avec fierté et une pointe d'amertume dans la voix. Les Sojli se sont opposés à Enver Hoxha, le dirigeant de ce qui fut l'une des pires dictatures communistes d'Europe, et ils l'ont payé de leur liberté. Comme plusieurs «résistants» d'origine étrangère, Leonardo puise sa hantise d'une dérive dictatoriale de la France dans les sombres souvenirs d'une terre natale qu'il a fallu fuir. Le totalitarisme, il l'a connu. Alors, lorsqu'en 2001, à dix-huit ans, il s'envole avec les siens pour Orléans, en France, c'est tout un idéal qu'il projette sur son futur pays d'accueil. «J'allais dans le pays des droits de l'homme», se souvient-il avec émotion.

Mais la belle image d'Épinal d'une société française équitable et fraternelle s'effondre au bout de quelques années. En septembre 2003, Leonardo, alors lycéen, se voit remettre le prix de «l'élève le plus méritant de l'établissement». Une récompense pour son héroïsme : quelques mois plus tôt, il s'est porté au secours d'un collégien que cinq lycéens agressaient. Son geste lui a coûté. «Ils se sont tournés vers moi, à cinq. Ils m'ont sauté dessus, m'ont renversé et piétiné le visage. J'ai eu le crâne fracturé, des opérations plastiques, j'ai failli mourir», relate-t-il avec dépit.

Leonardo porte plainte contre trois de ses agresseurs. L'instruction dure trois ans. Peu au fait du système judiciaire français, l'émigré albanais, qui se pense sûr de son droit, se présente sans avocat au procès, qu'il manque de perdre. Est-ce ainsi que fonctionne la patrie des droits de l'homme, avec, en guise de justice, un «monstre froid et méchant» ? À la même période prend forme le traité de Lisbonne, qui va transformer la constitution de l'Union européenne malgré la victoire du «non» lors du référendum organisé sur le sujet en France en 2005. L'événement ajoute à la désillusion du jeune Albanais : même en France, conclut-il abasourdi, la justice est aléatoire et la démocratie impuissante. Et s'il ne peut y avoir d'équité ici, où donc pourrait-il y en avoir ? «On ne vit pas dans un monde de Bisounours», répète-t-il depuis, avec l'amertume de celui qui aurait tant voulu y croire.

C'est ainsi qu'est né son sentiment de défiance, qui n'a depuis cessé de croître. En 2009, Leonardo Sojli lance «J'ai un doute», une page Facebook nourrie d'indignation et de complotisme, qui draine jusqu'à

15000 abonnés. Puis, en 2012, il fonde, avec Pépito et « Sky », un mystérieux luron[41], une influente chaîne YouTube d'analyse des arcanes occultes de la politique, Thinkerview, qu'il quitte après une brouille. Leonardo s'éloigne alors temporairement du complotisme. Abattu par l'élection d'Emmanuel Macron, il se réfugie dans la musique, travaille pour le moteur de recherche français Qwant, s'essaie à l'écriture d'une nouvelle à l'univers cyberpunk, en s'efforçant de « ne pas céder à l'amertume ». C'est alors qu'il découvre l'univers de QAnon.

La Pythie de l'Internet trumpiste

Pour le grand public, ce mouvement a émergé dans la seconde partie de l'année 2020. En réalité, cet univers conspiro-mystique a commencé à germer quatre ans plus tôt. En pleine course à la Maison-Blanche entre Donald Trump et Hillary Clinton, la candidate démocrate est visée par une rumeur calomnieuse : les cadres de son parti dirigeraient un réseau pédophile, et se retrouveraient pour des parties fines pédocriminelles dans une pizzeria de Washington – c'est la théorie complotiste du « Pizzagate ». Ces allégations nauséabondes, dénuées du moindre élément de preuve, ont-elles joué un rôle dans l'élection surprise de Donald Trump ? Il n'est pas interdit de le croire.

Ces rumeurs ont commencé à circuler sur 4chan, un forum anonyme réputé pour être le laboratoire fou d'Internet. Mi-2016, un compte baptisé « FBI Anon », dont le créateur se présente comme un « haut stratège et analyste du FBI », diffuse à son tour l'idée que le couple Clinton est pédophile. Suivent HLIAnon (« anonyme infiltré en haut lieu »), « CIA Intern » (le « stagiaire de la CIA ») ou encore WH Insider Anon (« anonyme infiltré à la Maison-Blanche »)[42]. C'est dans la foulée de ces comptes qu'apparaît sur 4chan en octobre 2017 un nouvel informateur autoproclamé, « Q », dont le pseudonyme fait référence au niveau d'accréditation maximal au sein de l'administration américaine.

À peine apparu, Q annonce l'arrestation imminente de Hillary Clinton. Puis ce mystérieux compte se met à poser des devinettes, comme « Pourquoi Donald Trump se fait-il entourer de généraux ? », « Qu'est-ce que le renseignement militaire ? », ou encore « Pourquoi s'intéresser à des agences à trois lettres [FBI, CIA, NSA] ? ». Contrairement à ses prédécesseurs, ce mystérieux compte parvient vite, grâce à la forme novatrice et intrigante de ses messages – que les initiés appellent les *drops* –, à se faire connaître en dehors du petit monde des habitués de 4chan, au point d'être classé en 2018 par *Time Magazine* parmi les 25 personnes les plus influentes sur Internet[43]. Ainsi naît le mouvement « QAnon » – contraction de « Q » et de « Anon », pour *anonymous* –, dont les adeptes les plus enflammés, « les QAnons », donnent à Q un statut quasi divin. De vieux briscards du complotisme comme l'Américain Alex Jones, l'auteur du documentaire *Dark Secrets inside Bohemian Grove*, qui a contribué à faire basculer Romain, l'ami un peu paumé de Tim, dans le conspirationnisme, se prennent alors de passion pour les publications de Q. Les «platistes», les défenseurs de la théorie de la Terre plate, délaissent leurs obsessions pour tenter de résoudre les énigmes délivrées par l'impénétrable informateur, de même que des soucoupistes[44] jusqu'alors confidentiels, comme l'entrepreneur alsacien Silvano Trotta, un des «lanceurs d'alerte» préférés de mon amie Karine. Q devient le point de convergence de nombreuses communautés en quête d'un vaste contre-récit exaltant.

Qui se cache derrière ce compte si influent ? Un Américain amateur d'énigmes cryptographiques, Thomas Schoenberger, est suspecté de l'avoir créé[45]. En 2018, peut-être à la suite d'une transaction financière, Q déménage depuis 4chan sur un autre forum, 8chan (devenu par la suite 8kun), un satellite extrémiste et racoleur de 4chan, qui a été associé à plusieurs attentats néonazis[46] – ce qui explique le poids de certains stéréotypes d'extrême droite dans les *drops* de Q[47]. Depuis, les propriétaires de 8chan, Jim Watkins et son fils Ron, des militants trumpistes et entrepreneurs du web en éternelle quête de trafic Internet, sont soupçonnés d'avoir écrit la majorité des près de 5000 *drops* qui constituent l'ensemble du corpus de Q, ce que Ron Watkins a admis à demi-mots en 2021[48]. Au moment où j'écris ces lignes, Q n'a d'ailleurs plus posté de message depuis le 8 décembre 2020, peu après que les Watkins ont reconnu la victoire de Joe Biden sur leur favori Donald Trump à l'élection présidentielle américaine.

Au sein de la complosphère, la réalité de l'existence de Q, ce soi-disant informateur anonyme haut placé dans l'administration américaine, est un sujet clivant. Nombre de conspirationnistes n'y croient pas. Terry, l'analyste financier évoqué au premier chapitre, ce complotiste idéaliste ascendant spinoziste, voit ainsi dans le culte de Q et de ses prophéties un exemple du «complotisme néfaste, celui qui nuit à la réalité, une forme de psychose». Les adeptes de Q «ne sont plus dans la réalité», regrette-t-il. Quant à Tim, notre ermite érudit exilé en Argentine, il n'y voit que la «resucée» de récits qu'il voit passer depuis deux décennies sur l'Internet conspirationniste, un propos «complètement délirant» qui «ne résiste pas à l'analyse».

D'autres complotistes assument une position plus ambivalente. À l'automne 2020, période où Q a connu son pic d'audience, ses messages sibyllins, libres d'interprétation, ont permis à nombre d'internautes d'élaborer leur propre lecture des rebondissements de la campagne électorale américaine: Q a ainsi mythifié le combat qu'aurait mené leur héros, Donald Trump, contre le supposé réseau pédosataniste des élites démocrates. Pépito, qui a suivi son ami Leonardo dans l'aventure des DéQodeurs, ne croit pas vraiment à ce mystérieux prophète numérique, même s'il reconnaît s'être «laissé prendre au jeu». Mon amie Karine, la néo-naturopathe, a quant à elle suivi les *lives* des DéQodeurs à l'automne 2020 en faisant la vaisselle, «comme une série Netflix», et s'est attachée à certains «personnages», comme

Donald Trump, qu'elle considère désormais comme « un homme bien ». « Mais s'il meurt, précise-t-elle, ce sera comme si mon personnage préféré dans une série mourait » – elle passera à autre chose.

Et puis il y a ceux qui y croient dur comme fer, chacun à leur manière, car la mythologie QAnon a l'avantage de proposer un contre-récit très malléable. Pour Déclin mondialiste, le troll complotiste et rebelle avec lequel je me suis tant accroché, Q serait un agent des renseignements militaires américains posté à la Maison-Blanche et « très proche de Trump », ce qui expliquerait la « précision » de ses informations. Un vidéaste niçois me confie pour sa part que, derrière le pseudonyme de Q, se cachent « des généraux américains qui balancent des infos » ; mais il n'en est pas vraiment sûr : peut-être, poursuit-il, qu'il ne s'agit en fait que de « quelqu'un dans son garage ». À moins qu'il ne s'agisse, comme le pense un médium soucoupiste convaincu d'échanger avec des êtres extraterrestres, d'un « ordinateur quantique ».

À leurs yeux, Q représente une entité quasi métaphysique, quelque part entre un agent secret ultra-intelligent – il est dans les petits papiers de Trump, communique avec l'armée américaine en jouant un triple jeu –, un djinn d'Internet – il ne se manifeste que sur des forums en ligne, invite à faire des recherches sur la toile, est parfois décrit comme une intelligence artificielle – et un personnage biblique – il prophétise un cataclysme politique, « la Tempête », auquel succédera un monde meilleur. C'est ainsi que, à ceux qui y croient, Q redonne ce qu'ils avaient perdu de plus précieux : de l'espoir. Leo est de ceux-là.

Le berger des QAnons francophones

Sa découverte de la Pythie du web a lieu au début de l'année 2020, alors même que la pandémie naissante et les incohérences de la politique sanitaire du gouvernement réveillent ses réflexes complotistes. Depuis la Suisse, où il a rejoint sa petite amie pour le confinement, notre émigré albanais s'interroge : cette pandémie, ne serait-ce pas un plan pour favoriser la mise en place d'un gouvernement mondial, l'une des hantises de la pensée conspirationniste ? C'est alors qu'il tombe sur les messages cryptiques et providentiels de Q : « Je me suis dit : "Wow !" : si cette chose-là est réelle, c'est l'événement le plus important dans l'histoire de l'humanité. »

À mesure que Leonardo explore l'univers manichéen de QAnon, la flamme de son indignation se ravive, attisée par des récits volontiers révoltants – le virus est une arme biologique, les gouvernements veulent bâillonner le peuple, sans parler du fameux trafic pédocriminel attribué aux élites du Parti démocrate américain. « C'est bien réel, malheureusement, il y a trop de preuves pour en douter », relate-t-il d'un ton sombre. Leonardo évoque notamment les liens entre Bill Gates et Jeffrey Epstein, le millionnaire américain mort en prison en 2019 alors qu'il était poursuivi pour trafic sexuel. « Qu'est-ce que tu attends pour ouvrir les yeux, William ? », m'interpelle-t-il, tout en assurant que d'autres révélations sont à venir.

Face à tous ces criminels supposés, Leonardo voit Q comme un stratège tirant des ficelles invisibles à l'œil nu, dans le but de faire tomber des responsables autrement intouchables. Quand je lui demande ce qui fonde sa foi dans ce mystérieux prophète de forums en ligne, il me répond : « Je ne peux faire autrement que d'y croire. Q, pour moi, c'est l'espoir. » L'espoir qu'un individu haut placé mène un combat pour le peuple, pour les gens d'en bas, comme lui. Et cet espoir, il entend le diffuser autour de lui. Alors, Leo se met au service de la cause.

Durant le confinement du printemps 2020, un de ses amis parisiens, qui commence à décliner psychologiquement, tente de se changer les idées et de retrouver un semblant de vie sociale en se filmant en train de jouer de la musique, partageant les images en direct avec ses amis. « J'ai trouvé que c'était un bel exemple », salue Leo. À son tour, il fait un *live* depuis la Suisse sur « J'ai un doute », sa vieille page Facebook tombée en décrépitude. Dans sa première vidéo, il se filme dans les alpages en train de jouer de la guitare, suivi en direct par 27 personnes, dont son ami déprimé coincé à Malakoff. « Voir la nature, ça lui a fait beaucoup de bien. Tout est parti d'une envie de bienveillance, du désir de partager cette nature autour de moi. »

Et puis, au fil de ses vidéos, Leonardo commence à évoquer sa nouvelle obsession, demandant à ses spectateurs s'ils ont entendu parler de Q. Il leur pose des questions volontairement énigmatiques, à la manière de la Pythie de 4chan. Son audience est intriguée. La beauté des alpages suisses passe peu à peu au second plan, remplacée par des débats exégétiques sur le sens des messages de l'informateur anonyme, l'actualité de la pandémie, les combats géopolitiques à l'œuvre en arrière-fond de la crise sanitaire. Alors, Leonardo commence à proposer ses propres analyses, de plus en plus mystiques. Pour les partager avec une audience plus large, il monte une chaîne YouTube, « Les DéQodeurs ». Au bout de quelques semaines seulement, ses vidéos enregistrent des centaines de milliers de vues.

Dans son chalet suisse, le nouvel influenceur QAnon met en place un petit décor. En toile de fond, l'image d'un lion, symbole de courage, associé dans le logo de la chaîne à un agneau, symbole de pureté. Leonardo s'est fait tatouer les deux animaux, ainsi qu'un aigle, pour la clairvoyance. Incorruptible, juste et perspicace : voilà comment il se perçoit. Mais pour ceux qui le suivent, il est plus que cela. Il n'accepterait pas que je le qualifie de meneur, encore moins de gourou. Parce que, même s'il relaie des thèses hasardeuses, de la supposée fraude électorale ayant permis à Joe Biden de l'emporter sur Donald Trump jusqu'à la dangerosité des vaccins, Leonardo ne veut rien imposer. Comme Q, il invite chacun à chercher la vérité par lui-même. Disons que, parmi les milliers d'adeptes de la mythologie QAnon, il se tient sur une petite estrade au milieu de la foule, comme un exégète un peu plus sûr de lui que les autres, toujours prêt à tendre la main aux âmes ébranlées par le doute. Un berger, en somme.

Pour lui, comme pour de nombreux adeptes de Q, le complotisme est un combat qui entend délivrer le monde de l'influence des forces obscures. Car, à la différence des éveillés influencés par la sociologie critique, pour qui les «mensonges» pervertissant notre réalité sont le fait d'une classe sociale dominante, les conspirationnistes portés par la foi défient un ennemi bien plus abstrait : le Mal.

2. De la foi à l'obsession du Malin

Le physique est trapu, un peu rustre, les épaules légèrement voûtées. Un large crâne dégarni, auquel s'accroche une couronne de longs cheveux blancs, surmonte un visage bourru, mangé par une barbe hirsute et albâtre. Derrière des pommettes creusées par les ans veillent deux yeux noirs inquiets et sévères.

Dans la gravité de ce regard aux aguets, on devine la crainte obsessionnelle du Malin, cette puissance aussi insaisissable qu'omniprésente, dont l'unique projet serait de contrecarrer par la ruse les plans de Dieu. Sergueï est hanté par l'idée du Mal, au point de le voir partout.

Ce regard sinistre et fiévreux, je ne l'ai croisé que sur une photographie. Et pour cause : Sergueï est mort en 1929. Non sans avoir laissé derrière lui un funeste legs conspirationniste, qui continue d'alimenter les fantasmes les plus venimeux : l'écrivain et éditeur russe Sergueï Nilus est l'homme qui, en 1903, a publié pour la première fois *Les Protocoles des Sages de Sion*, un texte forgé de toutes pièces se présentant comme un plan de conquête du monde rédigé par un prétendu conseil de sages juifs. Un faux grossier qui a depuis plus d'un siècle attisé les déchaînements de la haine antisémite.

Rien ne semblait pourtant prédisposer cet homme à l'esprit libre et cultivé à finir par sombrer dans une obsession pour un supposé réseau méphistophélique, jusqu'à y perdre toute mesure, tout sens de la réalité.

L'anarchiste exorcisé

Né en 1862 à Moscou, Sergueï Nilus est le prototype de l'intellectuel bien né, issu de la bonne société européenne de la fin du XIXe siècle. Instruit, polyglotte, libre-penseur adepte de Nietzsche, citadin, voyageur[49]. Bref, un homme du monde à la tête bien faite et à l'ouverture d'esprit admirable.

Son père est un riche propriétaire terrien élevé dans une orthodoxie mesurée. Sa mère est une aristocrate assez proche des idées révolutionnaires, quoique pas franchement impatiente de les voir mises en pratique. Dans ce foyer moscovite aisé, Sergueï reçoit une éducation soignée, avant de suivre des études de droit qui l'orientent vers une carrière de juriste. Ce jeune homme privilégié ne paraît alors pas franchement perméable aux théories du complot.

Mais Sergueï appartient à la race des « contrariens ». Le comte Alexandre du Chayla, un Français converti à l'orthodoxie qui le côtoiera un peu plus tard, raconte un homme au caractère « tumultueux, cassant et capricieux ». C'est ce tempérament qui conduit le jeune Sergueï, entre-temps devenu athée et militant anarchiste, à abandonner son poste au ministère russe de la Justice. Rejetant la perspective d'une vie rangée, il voyage à travers l'Europe avant de s'installer en France, à Biarritz. C'est là que, quelques années plus tard, le jeune Russe apprend que sa famille est ruinée, et lui avec.

La Russie de la fin du XIXe siècle traverse en effet une période de profonds changements. La noblesse terrienne à laquelle appartient Sergueï est confrontée à l'industrialisation naissante du pays, synonyme d'appauvrissement des campagnes au profit des villes. Avec la complicité du pouvoir tsariste, ces aristocrates déclassés cherchent des boucs émissaires pour évacuer leur frustration. Ils finissent par pointer du doigt des citoyens russes de seconde zone, à qui semblent profiter l'essor du capitalisme et l'effritement des structures traditionnelles de la société russe : les juifs. Ainsi germe au sein de la noblesse russe déclinante ce que l'historien allemand Heinz-Dietrich Löwe a qualifié d'« utopie réactionnaire[50] » : un mélange de christianisme apocalyptique et d'antisémitisme débridé.

De retour en Russie à la toute fin du XIXe siècle, Sergueï traverse une période de grave crise spirituelle et morale, qu'accentuent des problèmes de santé dont aucun médicament ne parvient à le soulager. En désespoir de cause, il passe l'année 1900 à traîner sa carcasse à la rencontre de prêtres et de prédicateurs, dans l'espoir de découvrir un traitement miraculeux. La Russie, à la longue tradition à la fois orthodoxe et païenne, est alors arpentée par de nombreux mystiques, les *starets*, qui promènent avec eux d'envoûtantes promesses de rédemption et de guérison. Parmi ces semeurs de zèle et de magie, Sergueï réussit à entrer en contact avec le plus magnétique d'entre tous, l'archiprêtre et thaumaturge antisémite Jean de Cronstadt, dont la renommée de voyant, d'exorciste et de guérisseur s'étend alors à tout le pays. Auprès de lui, l'aristocrate ruiné et cacochyme fait la découverte de la foi. Mais une foi intense, ravageuse et jalouse, qui lui fait tourner le dos à son ancienne vie et l'amène à voir désormais la société russe comme un grandiose édifice sur le point de sombrer.

À l'été 1900, désormais converti à la religion orthodoxe, Sergueï navigue entre le couvent de Sarov et celui de Diveïevo, au sein duquel il recouvre miraculeusement la santé. Adieu, l'exaltation des idées anarchistes et l'intrépide solitude de l'athéisme ! Le voici à son tour devenu un mystique, un *starets* promenant ses nouvelles convictions religieuses de monastère en monastère. Durant son pèlerinage, il développe des idées de plus en plus réactionnaires, un rapport à Dieu de plus en plus transi, une obnubilation de plus en plus morbide pour de supposés complots occultes. Au bout de quelques mois, Sergueï ne voit plus dans la culture moderne et l'effondrement des valeurs religieuses traditionnelles qu'un préalable à l'avènement de l'Antéchrist.

Face aux agents de Satan

Sergueï Nilus constitue un cas d'école de conversion au conspirationnisme par l'entremise de la foi. On trouve des exemples de ce phénomène dès la Révolution française, qui, à bien des égards, est l'acte fondateur de la pensée conspirationniste chrétienne moderne. Au début des années 1800, le médecin Philippe Pinel, précurseur français de la psychiatrie, s'intéresse ainsi aux «aliénations» – on ne parle pas encore de maladies mentales – dont souffrent certains croyants depuis la chute de l'Ancien Régime, et avec lui du rôle social dominant de l'Église. Il forge à ce propos le concept de «mélancolie dévote[51]»: selon Stéphane Gumpper et Franklin Rausky, des psychologues français qui ont étudié ses travaux, Pinel décrit alors «des malades atteints d'exaltations mystiques, de démonomanies[52], de prophétisme délirant». Rien ne semble mieux décrire Sergueï.

Plus de deux siècles après la Révolution française, le substrat religieux continue de jouer un rôle majeur dans l'émergence des théories du complot. Dans les

États-Unis de 2020, les principaux corrélats de l'adhésion à la thèse selon laquelle le Covid-19 aurait été répandu volontairement étaient ainsi la défiance vis-à-vis de la science, l'adhésion préalable à d'autres contre-récits, mais aussi une importante religiosité – loin devant un quelconque niveau d'études ou de revenus[53].

Un complotiste qui a récemment accédé à la notoriété a documenté avec moult détails sa bascule spirituelle vers l'obsession religieuse du Mal. Il s'agit de Pierre Barnérias, le réalisateur de *Hold-up*, le documentaire à succès de 2020 assurant que le coronavirus a été créé par une élite mondialisée dans le but d'éliminer la moitié de l'humanité. Cet Auvergnat est né au sein d'une famille catholique pratiquante. Il a connu une enfance difficile, voire sordide : un père peu aimant, froid et violent, l'expérience traumatisante de la pension, où un surveillant abuse de lui. Meurtri, cet adolescent rêveur cherche le signe que sa vie a un sens. Il le trouvera au cours de ses études, après un grave accident de moto qui le laisse une semaine dans le coma. À son réveil, il a l'impression d'être un miraculé. Sa culture catholique et son besoin de reconnaissance lui proposent une interprétation : la Vierge Marie l'a sauvé.

Au terme de ses études, à la fin des années 1980, Pierre Barnérias devient journaliste. Au fil de sa carrière, qui le voit notamment travailler pour France Info et France Télévisions, il se débrouille pour traiter d'innombrables sujets religieux, d'un reportage sur la situation des chrétiens d'Irak en 2001 à un portrait d'un curé du Bronx en 2009. Mais la piété qui le consume le met de plus en plus régulièrement en porte-à-faux avec la société dans laquelle il évolue. «Le monde est fou. Fou de son ventre, des pseudo-droits qu'il se donne et qui viennent de nulle part, ivre de sa volonté de tout contrôler, tout gérer, en oubliant que rien ne lui appartient et que tout lui est donné[54]», estime-t-il, opposant l'ordre divin à toute forme de pouvoir séculaire. Cette vision du monde lui inspire bientôt un nouveau mot d'ordre journalistique : «Faire [s]on métier sans avoir peur de bousculer les puissants qui nous gouvernent et nous rapprochent chaque jour du chaos qu'ils organisent[55].» C'est ce parcours qui finira par le mener en 2020 à la réalisation de *Hold-up*, ce documentaire rempli d'insinuations, reposant sur l'idée fixe d'un plan machiavélique. Comme Sergueï Nilus, Pierre Barnérias a fini par voir le monde de manière manichéenne : leur diabolisation de supposés grands groupes séculaires manipulateurs, à travers lesquels ils voient l'action de l'Antéchrist, fait miroir à leur croyance en la pureté du plan de la Providence.

Le prisme du manichéisme religieux enjoint en effet naturellement à présupposer une force malveillante et sournoise qui s'opposerait de tout son vice à l'idéal de pureté et à la promesse de rédemption qu'offre la foi. «Être croyant, m'explique Yves, un conseiller financier quinquagénaire à la piété chevillée au corps, c'est avant tout croire aux forces surnaturelles qui influent en permanence depuis le monde de l'invisible sur le monde du visible.» Si Yves fait du prosélytisme sur les réseaux sociaux, en partageant toutes les rumeurs sur les dangers supposés des vaccins, c'est dans le but d'«éveiller les hommes aux vérités célestes», et ce «en détruisant les mensonges véhiculés par les organisations puissantes et corrompues», qui sont à ses yeux «des marionnettes dans les mains de Satan».

Une fois entré dans cette logique, il est presque impossible d'en sortir: chaque funeste nouvelle est alors interprétée comme la preuve de l'existence du Mal, l'absence même de preuve factuelle ne faisant que corroborer l'idée que les agents de Satan sont des maîtres de la dissimulation. Beaucoup de ceux qui croient aux complots sataniques ont connu une révélation subite, dont les effets sont souvent dévastateurs. Cette sortie brutale de l'obscurité, cet éveil total et sans nuances tendent en effet à enfermer un peu plus ceux qui les ont vécus dans leur croyance: puisque la vérité leur a été *révélée* – au sens littéral, le voile qui la dissimulait à leur regard ayant été retiré –, c'est bien qu'il existe un voile de tromperie, un mensonge généralisé.

Mais pour certains, que rongeait depuis longtemps une vision noire du monde, l'entrée dans la lumière divine peut à l'inverse être synonyme d'espoir et de repos. Ainsi de Leonardo, notre berger QAnon. Son épiphanie a été déclenchée par une vertigineuse expérience de rêves enchevêtrés, qui remonte à plusieurs années. Au plus fort de son songe, Leonardo prend conscience qu'il est en train de rêver. Alors, sans jamais rouvrir les yeux, il se lance dans de grandes considérations dignes de l'auteur américain de science-fiction Philip K. Dick: de quelle matière est fait le monde de ce songe ? Quelles sont ses dimensions ? Et cette expérience ne fait-elle pas de lui un Dieu, au moins dans le royaume de son sommeil ? À son réveil, Leonardo commence à s'intéresser à la psychologie, à la mécanique des rêves, mais aussi à la Bible, où il trouve une réponse qui le satisfait: «La Bible te dit que la réalité qui t'entoure est un rêve, pas le tien, mais le rêve de Dieu, m'explique-t-il. J'ai commencé à considérer les gens autour de moi comme des personnages de ce rêve divin.»

Depuis, il prie à sa manière, dans les sublimes paysages alpestres de Suisse, une forme de Dieu chrétien qui lui est propre. Il ressent sa présence dans le souffle du vent, la rumeur des ruisseaux qui s'écoulent, mais aussi dans les pensées qui lui traversent l'esprit. Ce songe divin, dont il se considère lui-même comme un élément parmi tant d'autres, Leonardo conclut qu'il doit le protéger. Alors, en ce printemps 2020, quand il s'arrache à ses méditations transcendantales et au chatouillis de la bise, Leonardo explore les *drops* de Q à la recherche d'un indice prouvant que le *deep state*, «l'État profond», s'apprêterait à tomber, et il partage son combat en ligne. Certains de ses auditeurs vont faire de lui leur guide. D'autres complotistes à tendance mystique l'écouteront plus distraitement. Papillonnant d'une chaîne conspirationniste à une autre, ces derniers préfèrent se fabriquer leur propre corpus de croyances en mélangeant des récits glanés çà et là.

3. La vérité « vibratoire »

Sabine n'est pas une star de la complosphère. Si j'ai remarqué son profil sur les réseaux sociaux, c'est parce que j'ai été intrigué par sa manie de placer la lettre Q partout dans ses phrases, en référence au prophète de QAnon. Qomme ça, avec une majusQule, à la manière d'une invoQation. Je décide de lui éQrire. Si nombre de conspirationnistes nourrissent une forte défiance vis-à-vis des journalistes, cette femme menue et souriante de 43 ans m'accueille chaleureusement et me raconte sa vie de but en blanc.

Elle vient de la campagne du Nord, a fait des études de biologie, niveau bac + 6, a bourlingué dans la fonction publique territoriale, dont elle garde de très mauvais souvenirs. Désormais mère de famille, elle travaille à mi-temps comme aide éducative auprès de personnes handicapées, et passe de longues heures sur Internet à partager des rumeurs très peu probables.

Nos échanges se déroulent par messages privés, dans un climat de respect mutuel. Chaque fois qu'il m'arrivera de céder à la tentation de me moquer d'internautes conspirationnistes sur mon compte Twitter, elle sera celle qui me ramènera sur le droit chemin avec tact et douceur. En retour, je lui présenterai souvent mes excuses pour le comportement de certains de mes abonnés, qui l'agonissent de railleries chaque fois qu'elle répond, sous un de mes tweets, par l'un de ces aphorismes déroutants dont elle a le seQret.

Le yin, le yang et Goldorak

Quoique élevée une Bible pour enfants entre les mains, Sabine a une manière bien à elle d'interpréter le monde : elle le fait sous le prisme de la philosophie orientale, et plus spécifiquement du yin et du yang. Dans sa vision, le yang, le principe masculin, rationnel, serait dominant dans la société, tandis que le yin, l'élément féminin et sensible, dont elle se réclame, serait sous-estimé. Se référant aux travaux du psychologue américain Rudolf Arnheim, l'auteur de *La Pensée visuelle*, Sabine estime que « nous n'avons pas qu'un seul cerveau, nous captons aussi des champs magnétiques ». Au « premier cerveau », « l'intellectuel », le yang, « tout ce qu'on apprend à l'école », elle oppose « l'intuition », le yin, « l'irrationnel », liés au fait que nous sommes des êtres « électromagnétiques ».

Cette conception dualiste de la pensée et du monde, Sabine l'applique à tout, ou presque. Y compris à un célèbre dessin animé japonais des années 1970, *Goldorak*, qu'elle a redécouvert avec un œil nouveau il y a quelques années. Elle le tient désormais pour un chef-d'œuvre de profondeur spirituelle et un condensé de philosophie orientale, au point d'avoir consacré un blog fiévreux au message du robot géant japonais, « Goldorak autrement[56] ». Selon elle, *Goldorak* a même un sens initiatique. Comme elle l'a écrit sur un site collectif consacré à ce dessin animé, il offre à ses yeux « un niveau de lecture qui nous était autrefois caché, [...] auquel on n'accède que grâce à une clé », laquelle résiderait dans la « dimension salvatrice » de la naïveté de « l'enfant intérieur[57] ». En réinterprétant *Goldorak* sous l'angle du yin et du yang, Sabine y a découvert une vérité ésotérique dont elle regrette qu'elle soit passée inaperçue à l'époque de sa diffusion en France, dans l'émission jeunesse « Récré A2 », accusant même la traduction française de « mensonge, trahison, manipulation ». Elle voit dans le dualisme du personnage d'Actarus, le héros de *Goldorak*, qui vit au milieu des fermiers mais pilote un robot futuriste, un reflet de sa double culture de femme de la campagne ayant effectué des études scientifiques. Le yin et le yang, encore et toujours.

Sabine est loin d'être la seule, parmi les complotistes, à s'appuyer sur « l'intuition », « le bon sens », ou encore « le flair ». Karine, mon amie convertie à la naturopathie, explique d'une manière similaire son attirance pour le discours de certains influenceurs conspirationnistes, comme le pseudo-guérisseur et gourou Jean-Jacques Crèvecœur. Quand elle l'a entendu pour la première fois, « ça sonnait vrai, c'était une sensation physique énergétique », raconte-t-elle. Considérant que nous sommes tous bien plus que de simples êtres de chair, Karine évoque encore une « spiritualité qui se vit », un mode d'être qui repose « sur le cœur plutôt que la tête », et consiste à « se laisser emporter par l'intuition ».

Cette fameuse « intuition », chacun de ses défenseurs la décline à sa façon : chez Sabine, elle prend la forme d'une métaphysique dualiste, chez Karine, d'une voix intérieure. Mais toutes ces versions ont un socle commun : l'opposition à la rationalité. Les « intuitifs » se prévalent de leur capacité à percevoir une réalité occulte grâce à leur intelligence extrasensorielle, qu'ils opposent à la démarche rationnelle et empirique des esprits analytiques.

Un tel rapport au monde n'est pas sans évoquer ce que l'anthropologue français Jean-Pierre Dozon appelle la « modernité sorcière », c'est-à-dire la survivance d'un mode de pensée magique qui n'est pas tout à fait la négation de la modernité rationnelle, mais une réaction à ses failles et ses injustices[58]. Ses adeptes croient à un monde magique qui est à la fois le double du monde réel, sa trame spirituelle et la cause occulte des événements heureux et malheureux. Soit une pensée structurée de la même façon que le complotisme, ainsi que le souligne Jean-Pierre Dozon.

Pour les « intuitifs », il est d'autant plus aisé de croire à un mensonge généralisé – qu'il soit politique, industriel ou pharmaceutique – qu'ils ont la conviction d'entretenir un contact intime et privilégié avec une forme supérieure de vérité. Le paranormal et le complotisme sont alors les deux faces complémentaires et inséparables d'une même représentation du monde.

Réenchanter son histoire

Comment bascule-t-on dans le complotisme *new age* ? Bien souvent, celui-ci est une réponse à une souffrance, ainsi que les psychologues français Renaud Evrard et Pascal Le Maléfan l'ont mis en évidence en se penchant sur le cas douloureux d'une mère de famille célibataire voyant dans son enfant un être magique[59].

Sabine, l'exégète de *Goldorak*, a elle aussi traversé de lourdes épreuves. Alors qu'elle travaillait comme fonctionnaire territoriale dans un patelin rural du nord de la France, elle s'est retrouvée sous l'emprise d'un élu local, dont elle avait fini par devenir « la chose », selon ses propres mots. C'est de cette période, il y a une dizaine d'années, qu'elle date son éveil sous le signe du yin et du yang. Quand a ensuite émergé le phénomène QAnon, son parcours personnel, éclairé par sa nouvelle vision du monde, la prédisposait à faire partie des convertis.

La croisade de Q contre le trafic sexuel l'a en effet touchée en tant que victime d'agression sexuelle mais aussi que maman. À ses yeux, l'existence du réseau pédocriminel dénoncé par la rumeur du PizzaGate ne fait guère de doute. « Si vous saviez tout ce que mon vécu me permet d'envisager… », me confie-t-elle. Le mouvement QAnon lui permet d'exorciser son histoire. Il est selon elle « le contraire du pouvoir harceleur », il représente une alliance contre les abus sexuels, les pouvoirs corrompus, la perversité. Mais aussi une forme de revanche populaire, héroïque, salvatrice, dans laquelle Sabine retrouve la hardiesse de ses héros d'enfance comme Actarus, le pilote de *Goldorak*. QAnon est encore pour elle l'antithèse du *deep state*, cette version diabolisée de la fonction publique au sein de laquelle elle a tant souffert. Dans son monde dualiste, Q est du côté des opprimés, du yin. Il est plus grand que sa vengeance et, à de nombreux égards, il la sublime.

Quel est le point commun entre Sabine, la mystique hantée par le spectre des trafics sexuels, et Terry, l'analyste financier d'extrême gauche ? Entre Stéphane, le partisan marseillais de l'hydroxychloroquine, et Karine, la naturopathe qui rejette tous les médicaments ? Entre Leonardo, le berger QAnon qui veut redonner de l'espoir à ses amis, et Déclin mondialiste, le troll qui se nourrit du conflit ? Si tous sont convaincus de l'existence d'un vaste complot menaçant nos sociétés, ils sont loin de partager les mêmes obsessions, les mêmes thèses. Après avoir longuement échangé avec de nombreux chercheurs de vérité, il m'est bien impossible de dresser un portrait-robot du complotiste. Il existe au contraire mille et une façons de le devenir, une infinité de parcours résultant de la rencontre chaque fois différente entre un tempérament – craintif, rebelle ou encore idéaliste –, un sentiment de vulnérabilité – face au chômage, au deuil, à la maladie, ou encore à une pandémie, des attentats – et un écosystème – proches complotistes, recommandations Internet racoleuses, influenceurs manipulateurs, littérature bien-être aux accents magiques…

Reste que, au-delà de la diversité de leurs « recherches » et de leurs combats, tous les complotistes que j'ai appris à connaître raisonnent peu ou prou de la même façon. Plutôt qu'un discours précis, le complotisme est ainsi un *éthos*, une manière d'être au monde. Et s'il est si dur d'en sortir, c'est parce que, une fois tombé dedans, ce rapport particulier à la réalité se révèle à la fois réconfortant, flatteur et obsédant.

DEUXIÈME PARTIE

L'enfermement

Chapitre 4

Se regrouper

1. Le réflexe communautaire

Retrouvons Stéphane, notre jeune Marseillais anxieux et méfiant. On se souvient qu'au printemps 2020, après s'être retrouvé au chômage du fait de la crise sanitaire, il s'est lancé sur Twitter dans une croisade enflammée pour défendre le professeur Raoult. Caché derrière le pseudonyme de « Stalec », il s'abonne alors à d'autres comptes Twitter pro-hydroxychloroquine, lesquels, en retour, s'abonnent au sien. Des groupes privés se constituent, pour échanger et se coordonner.

Pour Stéphane, qui a été victime de harcèlement au collège et se définit lui-même comme « asocial », ces débats numériques sont une chance unique de toucher du doigt, enfin, l'« appartenance à un groupe » et la « reconnaissance sociale », comme il me le confie. En plein confinement, il va enfin pouvoir se faire des amis.

L'idéalisation du «nous»

Bien sûr, le caractère éminemment social du complotisme n'est pas une vérité absolue : il a aussi ses ermites, à l'image de Tim, notre érudit hyperactif, qui se fiche bien du reste du monde depuis sa retraite argentine. Mais tous les éveillés constituent un groupe, fût-il hétérogène et à maillons lâches, qui tend à s'isoler du reste de la société. Terry, l'analyste financier et conspirationniste modéré inquiet d'une «dérive totalitaire», dépeint ainsi «deux mondes différents, qui s'opposent, et qu'il est impossible de réconcilier». Pour autant, il dénonce tout bellicisme et refuse d'humilier les membres de l'autre camp, valorisant la bienveillance. Au printemps 2021, Terry joindra les actes à la parole à plusieurs reprises, en s'élevant contre des campagnes de harcèlement en ligne visant des personnalités pro-vaccins.

Mais, même pour ceux qui sont armés des meilleures intentions, la division finit par s'opérer, presque mécaniquement, sous l'effet de l'incompréhension qui se creuse avec «les autres». Sabine, l'adepte du yin, du yang et de *Goldorak*, rapporte ainsi que ses fréquentations ont changé depuis son entrée dans le mouvement QAnon : elle s'est rapprochée d'un homme «qui était lui aussi dans la mouvance Q, mais en pire», tandis que le lien s'est distendu avec ses amies proches, qu'elle juge «enfermées dans des dogmes».

C'est ainsi que se crée une communauté d'idées, presque un cocon protecteur, une nouvelle famille au sein de laquelle se forme un consensus apaisant. Faut-il s'étonner que l'adhésion aux théories du complot ait explosé au printemps 2020, quand les confinements nationaux ont isolé physiquement des centaines de millions d'êtres humains, et que le besoin de retrouver le sens du collectif n'a jamais semblé aussi vital et urgent ? Chez nombre d'individus souffrant de solitude, le slogan de QAnon, « Là où va l'un de nous, nous y allons tous ensemble[1] », a alors puissamment résonné.

Bien des influenceurs de la complosphère jouent ainsi sur le registre de la proximité, usant d'un ton enveloppant pour créer une ambiance familiale. Entre mille exemples, on peut citer le très long message d'encouragement de la Niçoise Magali Robin, une ancienne coiffeuse devenue une vedette de la galaxie QAnon francophone, à la fin d'une de ses vidéos d'analyse de l'actualité postée le 10 mars 2021 : « Vous n'êtes pas seuls, ne vous sentez pas isolés », répète-t-elle, insistant sur le fait que « ça fait du bien d'être tous ensemble ». La vidéaste envoie à ses spectateurs « plein d'amour, plein de choses positives », félicite et applaudit son audience, lui donne rendez-vous « à très vite[2] ». À cet instant, ce qui soude sa communauté, c'est moins un contre-récit ubuesque – Magali Robin vient d'émettre l'hypothèse que les volcans sont une porte d'entrée vers les repaires souterrains des réseaux pédocriminels – que l'impression de renouer du lien et de combler la carence relationnelle née des restrictions sanitaires.

Ainsi, l'une des principales raisons pour lesquelles les *lives* des DéQodeurs, la chaîne de Leonardo Sojli et Pépito, sont suivis chaque semaine par des milliers de fidèles, malgré leurs approximations et leurs lectures manichéennes de l'actualité, c'est parce qu'ils constituent un rendez-vous social. C'est ce qu'exprime la chanson de générique que Leonardo a composée pour l'émission, reprise par des dizaines d'internautes dans un montage choral :

Quand tu me dis que tu as peur,
Que tu as froid,
Moi je suis là
et je t'offre la chaleur de mon cœur.
Viens dans mes bras,
car ensemble on est fort
et on va y arriver[3].

Avec le développement des manifestations contre les masques, les restrictions sanitaires puis les vaccins anti-Covid, ce sentiment communautaire n'est plus uniquement virtuel : en mars 2021, lors d'un rassemblement de militants antirestrictions à Annecy sur lequel j'aurai l'occasion de revenir[4], l'enseignante genevoise Chloé Frammery, star des réseaux sociaux complotistes, s'est ainsi retrouvée noyée sous les bises et les câlins du public. « Les hugs ? Je ne les compte plus, confie-t-elle. On est dans l'amour, et les gens en ont besoin aujourd'hui. Ils n'ont pas besoin de mesures sanitaires qui les déshumanisent. »

Il est du reste tout à fait envisageable que, à titre individuel, l'adhésion aux théories du complot ne soit pas unanimement partagée dans l'intimité des cœurs des membres de la communauté ; pour certains, elle ne fonctionne sans doute que comme un ticket d'entrée permettant d'intégrer un ensemble perçu comme bienveillant. En ce sens, la cohésion sociale au cœur du mouvement complotiste relève peut-être moins du *nous* que de ce qu'on appelle parfois, en psychanalyse ou en littérature, un «moi océanique», soit l'impression de ne pas former un simple agrégat d'individualités, mais d'être «un» à plusieurs, liés, fluides et solidaires. Or ce sentiment d'appartenance à un groupe n'est pas sans conséquence sur les croyances. Comme l'ont montré de nombreuses études, le collectif joue un rôle majeur dans la formation des opinions personnelles.

La force de persuasion du collectif

Le Français Mehdi Moussaïd est chercheur en sciences cognitives à l'Institut Max Planck, à Berlin. Dans un ouvrage publié en 2019, *Fouloscopie. Ce que la foule dit de nous*, ce spécialiste du comportement collectif relate l'expérience qu'il a mise au point pour étudier la manière dont l'information circule le long d'une chaîne de dix personnes. Il avait pour cela volontairement choisi un sujet scientifiquement non tranché : le triclosan, un perturbateur endocrinien dont la dangerosité n'a pas encore été fermement établie. Seul le premier participant avait accès à une documentation scientifiquement équilibrée, qu'il devait résumer au deuxième participant, lequel devait ensuite rapporter cette synthèse au troisième, et ainsi de suite. Plusieurs chaînes de dix personnes ont été observées par le chercheur.

En arrivant au dixième participant, le message initial s'était à chaque fois métamorphosé, déplumé de ses détails, de sa complexité et de ses nuances. Surtout, en fonction des *a priori* majoritaires au sein des différents groupes de participants, la synthèse finale était devenue bien plus tranchée que la version scientifique et nuancée de départ. L'effet de groupe avait influencé la perception du message, ainsi que le résume Mehdi Moussaïd : « Pour la plupart, le jugement s'était polarisé : ceux qui faisaient partie d'une chaîne composée d'individus majoritairement inquiets étaient devenus encore plus soucieux, tandis que ceux qui étaient inclus dans un groupe plutôt serein avaient tendance à se sentir encore moins concernés par le problème. En clair, l'avis de la majorité s'était amplifié[5]. »

Redoutable effet de bord : plus une personne est engagée dans un groupe social déterminé, moins elle est exposée à des contenus contraires à l'opinion majoritaire parmi ses proches. Un phénomène que, sur Internet, les algorithmes des réseaux sociaux, de YouTube et des moteurs de recherche, qui privilégient les contenus proches des opinions de l'utilisateur, tendent encore à accentuer[6]. En 2009, durant la pandémie de H1N1, l'étude d'un demi-million de posts en anglais publiés sur les réseaux sociaux durant une période de six mois avait permis de prouver que, comme attendu, les articles hostiles aux vaccins circulaient plus vite et davantage dans les sphères antivaccin[7]. Ainsi, la vie intellectuelle de groupe contribue naturellement à la radicalisation collective de la croyance. Laquelle est encore plus forte dans les noyaux militants, plus investis, plus intransigeants.

C'est ce dont témoigne notamment Stéphane, alias « Stalec ». Devenu au cours de l'année 2020 une figure centrale de la « Raoultsphère », jusqu'à compter près de 20 000 abonnés à son compte Twitter, l'ancien solitaire se retrouve invité dans une vingtaine de groupes privés sur Twitter et Discord – un autre réseau social –, tous soudés par une défense acharnée de l'hydroxychloroquine. Chaque participant est entraîné à se resserrer autour d'un avis monolithique et hermétique à la contradiction. « Je ne serais pas devenu antimasques et anticonfinement si je n'avais pas participé à ces groupes, avoue aujourd'hui Stéphane. C'est vraiment l'effet d'entraînement. » À l'automne 2020, il se met même à critiquer les vaccins, à son propre étonnement. « J'ai retrouvé des tweets de mars 2020 dans lesquels j'écrivais "Ne venez pas nous faire chier, les antivax". Six mois plus tard, c'est moi qui étais devenu antivax », rapporte-t-il embarrassé.

Sa notoriété finit par valoir à « Stalec » de rejoindre un petit groupe Twitter regroupant le patron du site complotiste France-Soir, Xavier Azalbert, et des collaborateurs de Didier Raoult, tous lancés dans une farouche guerre médiatique. Au cœur de ce réacteur nucléaire militant, il est soumis à une pression intense : toute forme de nuance est perçue comme un risque pour le groupe. « On ne veut pas être des moutons, mais dès que quelqu'un dit quelque chose, tout le monde le croit. Et si quelqu'un pense différemment… Mais personne ne pense différemment. Ou alors tu as un problème, t'es pas normal », analyse aujourd'hui Stéphane.

Surprenant ? Pas tant que ça. La capacité du groupe à inhiber des avis individuels divergents est prouvée depuis longtemps. En 1951, le psychologue polono-américain Solomon Asch invite une petite dizaine de personnes à s'asseoir autour d'une table et à décrire, chacun leur tour, la longueur des lignes dessinées sur un tableau posé devant eux. L'exercice semble enfantin, sauf que, parmi les participants à l'étude, tous sont en fait des acteurs de mèche avec l'expérimentateur, à l'exception d'un cobaye, placé à dessein parmi les derniers à répondre[8]. Or, après quelques rounds d'échauffement anodins, voilà que les acteurs se mettent à donner à l'unisson des réponses à l'évidence incorrectes, à la stupéfaction du pauvre cobaye. Que faire ? Dans 36 % des cas, observe Solomon Asch, le sujet de l'étude finit par modifier ses réponses et les calquer sur celles des acteurs, se convaincant qu'il a peut-être mal vu la ligne ou mal entendu la consigne. Bilan de cette expérience :

la pression du collectif est un important facteur d'autopersuasion.

Assis à la même table virtuelle que le directeur de France-Soir et des médecins proches du professeur Raoult, Stéphane tait ainsi ses désaccords vis-à-vis de certains arguments – quand par exemple des participants voient une incohérence dans l'écart entre la courbe des cas positifs au Covid-19 et celle du nombre d'hospitalisations, alors qu'ils ne prennent en compte ni le temps d'incubation ni l'existence de cas asymptomatiques. «Je me disais que si les autres étaient d'accord, ils devaient avoir raison», se souvient Stéphane. L'esprit de corps peut inhiber l'esprit critique. Certains chercheurs de vérité en sont d'ailleurs parfaitement conscients, à l'image de Pépito, des DéQodeurs, qui se désespère parfois du caractère moutonnier de nombreux membres de sa communauté, et de leur confiance aveugle dans ses analyses et celles de Leonardo.

Comment comprendre un tel suivisme ? Peut-être en considérant que l'adhésion à une thèse ne reflète pas seulement ce que nous pensons, mais aussi ce que nous sommes. L'appartenance à un groupe est vécue comme un marqueur d'identité, et les collectifs complotistes ne font pas exception à la règle. Ce phénomène peut être illustré par une blague juive[9] : c'est l'histoire d'un juif très pieux qui échoue sur une île déserte. Au bout de plusieurs années, un équipage accoste et découvre que, en plus d'avoir survécu, le naufragé a construit deux synagogues sur l'île. Mais pourquoi deux, lui demandent les marins ? « Celle-ci, c'est la synagogue que je fréquente, leur répond le juif. Et celle-là, c'est la synagogue que je ne fréquente pas. »

Aux yeux de la plupart des conspirationnistes, il n'existe qu'un *ingroup*, leur camp, et un *outgroup*, le camp adverse, pour reprendre des notions de psychologie sociale. L'opposition entre les deux est structurante, et tout ce qui peut être interprété comme du dénigrement de la part des « autres » ne fait qu'accentuer cette division. C'est ce qui se passe notamment lorsque les éveillés se voient appliquer ce qualificatif qu'ils réprouvent : « complotiste ».

Un qualificatif qui radicalise

« Les mots sont des fenêtres, ou ils sont des murs », aime répéter Stéphane. Pour le jeune Marseillais, le terme de « complotiste » constitue un mur infranchissable : « C'est connoté, c'est même une insulte, une manière de mettre fin à la conversation. » Jugé à la fois clivant, vide et insultant, ce mot est rejeté par tous les adeptes des contre-récits, ou presque. Certains de mes interlocuteurs ont même catégoriquement refusé d'apparaître dans ce livre parce qu'ils ne voulaient pas être associés à ce terme. Ils voient dans son usage une volonté de disqualifier leur parole autant que de dévier la conversation. C'est « un concept créé par les manipulateurs au pouvoir, une simplification intellectuelle bien commode», m'affirme un conspirationniste chrétien.

Si le terme a un temps pu servir de cordon sanitaire, dissuadant certaines personnes de s'engager trop avant dans les contre-récits de peur d'être affublées de ce qualificatif stigmatisant, cela fait longtemps que son effet inhibiteur a disparu. En cause, son emploi jugé trop fréquent. Comme l'écrit le philosophe et économiste français de gauche radicale Frédéric Lordon: «Par définition, on ne peut pas se livrer à un usage ordinaire et à répétition de la munition maximale, sauf à lui faire perdre rapidement toute efficacité.[10]» Aussi la mitrailleuse à discrédit semble-t-elle désormais tirer des balles à blanc. Pour Pierre Barnérias, le réalisateur du documentaire covidosceptique *Hold-up*, ce mot «claque dans le vide». Et beaucoup de ceux qu'il vise n'arrivent même plus à lui attribuer un sens précis – en dépit de son étymologie transparente: est «complotiste» celui qui explique chaque événement majeur par un complot.

Aussi la rhétorique conspirationniste ne se privet-elle pas de moquer ce terme. Déclin mondialiste, le troll qui aime tant déstabiliser ses contradicteurs, se qualifie volontiers de «complotissss», imitant le défaut de prononciation de Triste Sire, le serpent qui sert de bras droit au méchant, Prince Jean, dans le dessin animé de Disney *Robin des bois*. Une manière, par la caricature, de désamorcer la charge du qualificatif.

Pour se définir, la plupart de ceux qui sont traités de « complotistes » préfèrent employer des termes qu'ils ont choisis eux-mêmes, autrement valorisants : « chercheurs de vérités », « résistants », « éveillés », « souverains », « pilules rouges[11] », « soldats digitaux », « lanceurs d'alerte », ou encore, tout simplement, « humains ».

Dans le camp d'en face, en revanche, ils voient des « anticomplotistes », des « moutons », des « pilules bleues », des « dociles », des « endormis », autant de catégories faisant miroir à l'insulte, qui permettent à leurs yeux de rétablir un équilibre, une justice. À l'image d'un des tweets les plus incendiaires que j'aie jamais reçus : « C'est vous l'enfermé, l'esclave, le conforme, le soumis, l'inexistant, le danger social, car vous êtes un totalitaire méprisant qui se croit supérieur au complotiste. Choisissez votre camp. »

Dans ce qui s'apparente à un renversement du stigmate, certains conspirationnistes revendiquent même le qualificatif, tel ce contributeur du tabloïd France-Soir publiant une tribune sur « l'urgence d'être complotiste[12] ». Le mot devient alors synonyme de citoyenneté vigilante, de résistance à la dictature, et plus généralement d'esprit critique, dont les complotistes sont censés avoir le monopole.

De même, le site Réseau international, grand pourvoyeur de fausses informations, fait l'éloge du « génie du complotisme ». Ses adeptes seraient les seuls à pratiquer le principe journalistique de l'examen contradictoire, ils seraient plus ouverts d'esprit que leurs adversaires, feraient preuve d'un grand courage moral et seraient les mieux à même de prédire l'avenir[13]. Cette réhabilitation de la démarche complotiste peut passer par des arguments d'autorité surprenants : le philosophe René Descartes est ainsi parfois convoqué, en tant que saint patron de ceux qui doutent. Un complotiste, c'est « en gros quelqu'un qui se pose des questions, un peu comme Descartes le préconise », m'assène ainsi un jour mon voisin pilote de ligne et covidosceptique, évoqué dans l'introduction de ce livre. Non sans ajouter : « Descartes, s'il avait été parmi nous, on l'aurait traité de complotiste, on aurait censuré son Twitter, fermé son Facebook, et on l'aurait interdit de médias. » Comme mon voisin, nombre de complotistes font ainsi dire à Descartes ce qu'il n'a jamais dit – le doute cartésien n'est pas une critique politique, mais une expérience de pensée de nature épistémologique[14].

Plus profondément, cette valorisation de l'*éthos* complotiste masque surtout une douleur très vive chez nombre de « questionneurs » : l'impression d'avoir été insultés, déconsidérés, rejetés. « Ce terme de complotiste, il me fait mal au cœur, pas pour moi mais pour les personnes qui ne sont pas prêtes à vivre tout ça. C'est du pur *trolling*, ça revient à les pointer du doigt, à les tourner en ridicule », se navre Pépito qui souhaiterait qu'on comprenne davantage l'itinéraire et les doutes de chacun.

Voir le monde en noir et être en plus pris pour un imbécile : telle est la double peine que ressentent nombre de ces personnes aux parcours cabossés, qui bombent le torse pour ne pas laisser voir que leur ego ploie sous les coups. Et qui, face à des qualificatifs perçus comme humiliants, cherchent le réconfort dans l'entre-soi. Cette logique de polarisation extrême n'est pas sans conséquence. Elle explique qu'au sein de la sphère complotiste se créent des solidarités inattendues, réunissant des sensibilités très hétéroclites.

2. La farandole des contre-récits

Au milieu de la foule qui rit, guinche et chante pour mieux braver les restrictions sanitaires, Vincent semble appartenir à un autre monde. Parmi les militants anti-masques réunis à Annecy en ce premier dimanche du printemps 2021, ce grand gaillard franco-américain de 63 ans ne danse pas, il tracte. Son T-shirt blanc, qui moule des pectoraux bombés, est barré d'une inscription inquiétante : « Stop Covid-1984[15] ». Dans ses mains, des prospectus pour sensibiliser ceux qui l'entourent aux *chemtrails*[16], ainsi qu'il nomme les lignes blanches dessinées dans le ciel par le passage des avions. Selon Vincent, qui partage cette opinion avec, au bas mot, des dizaines de milliers de personnes à travers le monde, il ne s'agit pas de simples traînées de condensation, mais de cocktails de substances chimiques répandus sur ordre des gouvernements ou des services secrets. Le but ? Modifier le climat, mais aussi contrôler la croissance de la population mondiale, en agissant sur la fécondité et en provoquant des maladies comme Alzheimer. À plusieurs reprises, alors que les manifestants autour de nous s'enlacent et font la ronde au son de « Bella ciao », Vincent lève les yeux au ciel et me montre avec une excitation enfantine une traînée blanche laissée par un avion au-dessus des montagnes : « C'est incroyable, ils viennent de la faire, pendant qu'on parlait ! »

Quel rapport entre le covidoscepticisme et l'obsession de Vincent pour ce funeste plan d'intoxication aéronautique qui serait ourdi en haut lieu ? *A priori*, aucun. Mais le rassemblement d'Annecy illustre le caractère singulièrement composite et poreux des communautés du soupçon : autour de Vincent se mêlent ce jour-là des antivaccins, des QAnons, des Gilets jaunes, des naturopathes anti-Big Pharma ou encore des vétérans du « mensonge » du 11-Septembre. Le complotisme est ce qu'on appelle en psychologie sociale et en mathématiques un *smallword*, un « petit monde », c'est-à-dire un réseau où tout le monde n'est qu'à un ou deux nœuds de distance de personnes adhérant à des théories particulièrement éthérées. Si bien qu'au moindre raout, toutes sortes de communautés se retrouvent mélangées, sans que personne semble trouver à y redire.

Mais pourquoi, vis-à-vis de contre-récits vraiment farfelus, les complotistes manifestent-ils rarement le même esprit critique que vis-à-vis de la parole dite

« officielle » ? Pour le comprendre, il faut se pencher sur la logique intime du mode de pensée conspirationniste.

La tolérance à l'incohérence

Vincent n'est pas né du dernier complot. Le « réveil » de cet ancien journaliste spécialisé dans l'automobile, désormais reconverti dans les relations presse, n'a pas été provoqué par la pandémie de Covid-19 mais par le 11-Septembre. L'événement fut un choc pour celui qui a grandi à New York avant de rejoindre la France. Quelques années plus tard, en tapant « 11/09 » dans un moteur de recherche, il découvre que « tout ce qu'on nous avait dit, c'était du *bullshit*[17]. » Depuis, il a traîné sa grande carcasse des centaines d'heures durant sur des sites interlopes, naviguant de complot en complot. Car, s'il a développé un intérêt tout particulier pour les *chemtrails*, Vincent n'est pas fermé d'esprit : le *Great Reset*[18], cette théorie voulant que le Covid-19 ait été planifié pour détruire les économies libérales et instaurer un « communisme 2.0 » à la chinoise, il y croit aussi.

Le parcours de Vincent illustre une caractéristique du complotisme qui a été décrite par de nombreuses études de psychologie sociale[19] : le fait d'adhérer à une théorie conspirationniste prédispose à croire à d'autres contre-récits. C'est ce que les chercheurs appellent le *monological belief system*, ou « système de croyance monologique » : une fois qu'on a admis qu'un événement découle d'une machination occulte, on est porté à employer le même mode d'analyse pour d'autres sujets. Ce que Pierre Barnérias, le réalisateur de *Hold-up*, formule de manière plus saint-exupérienne : « Celui qui s'oriente sur l'étoile ne se retourne pas[20]. »

Le premier complot sert ainsi souvent de pied-de-biche. « Une fois qu'on croit à un truc, on croit à plein de trucs », témoigne le youtubeur Sylvain Cavalier, tombé dans la marmite complotiste *via* un documentaire sur les secrets des pyramides, mais qui a vite dérivé vers les théories du complot sur le 11-Septembre. Une fois la barrière de l'incrédulité mise à bas, seule la recherche d'une vérité cachée sert de fil conducteur, et l'improbable de la veille devient le plausible du lendemain. Mieux : l'incohérence devient une piste solide.

Au plus fort de la crise du Covid-19, certains conspirationnistes étaient ainsi capables d'affirmer simultanément que le virus avait été créé pour faire diminuer la population mondiale et qu'il était en réalité bien moins dangereux que ce qu'affirmaient les autorités. Deux discours incompatibles : ou bien le « plan génocidaire » se déroulait comme prévu, ou bien la « dictature sanitaire » se basait sur une peur infondée. Cette contradiction n'a pas empêché nombre de citoyens inquiets de se raccrocher à ces deux récits en même temps.

Un cas loin d'être isolé. En 2012, une expérience menée à l'université du Kent par le chercheur britannique en psychologie sociale Michael J. Wood avait déjà montré que, plus les étudiants adhéraient à la thèse selon laquelle la princesse Diana avait simulé sa mort, plus ils adhéraient à la thèse de son assassinat[21]. Plus saugrenu encore : selon cette même étude, plus les participants souscrivaient à la thèse selon laquelle Oussama Ben Laden était en réalité déjà mort lorsque, d'après la version « officielle », les forces spéciales américaines le débusquèrent au Pakistan en 2011, plus ils souscrivaient également à la thèse selon laquelle, en 2012, il était encore en vie. Étonnant tour de passe-passe : tel le chat de Schrödinger[22], le commanditaire des attentats du 11-Septembre aurait l'étonnante propriété d'être à la fois mort et vivant.

Il est tentant de voir dans cette tolérance à l'incohérence la marque d'esprits un peu embrumés, voire carrément en panne sèche sur l'autoroute de la lucidité. Mais cette étrangeté a en réalité une explication : derrière leurs contre-discours accusateurs et triomphalistes, ce qui soude les complotistes, ce n'est pas tant la certitude de détenir la vérité que la méfiance pour ce qu'ils identifient comme la version officielle.

Une fois dissipé l'*hybris* dont ils peuvent faire preuve en public, rares sont les complotistes persuadés d'avoir levé tous les mystères qu'ils croient percevoir dans le monde. Ils se considèrent bien plus comme des « chercheurs de vérité », des « lanceurs d'alerte », que comme les porte-parole d'un savoir déjà révélé. Sabine, la fan de *Goldorak*, ne dit pas autre chose : « Moi, je considère que je ne trouve jamais, je cherche. » Nombre d'entre eux se voient ainsi comme des citoyens ayant ouvert une porte qu'ils n'auraient pas dû ouvrir, cherchant à faire sens de la pénombre qu'ils découvrent derrière cette porte. Ce qu'ils y discernent est souvent fantasmagorique et contradictoire, mais qu'importe : c'est cette part d'obscurité qui les intéresse et obnubile leur attention, pas la lumière blême et écrasante du couloir *mainstream*. Le complotiste se vit comme un aventurier dans le noir. Pour lui, se tromper n'a donc rien de déshonorant ni de disqualifiant, car ne se trompe que celui qui cherche.

À cet égard, la notion de «croyance» n'est pas d'une grande pertinence pour décrire le mode de pensée complotiste. L'adhésion à une théorie conspirationniste relève rarement de la conviction intime, de la certitude positive. On n'y croit pas comme on croirait à Dieu ; mais on «contre-croit» à la version dominante, on la dévalue, on la concurrence, on la dilue dans la multitude du possible – c'est la raison pour laquelle le terme de «contre-récit» me semble bien plus approprié que l'expression de «théorie du complot», qui présuppose chez celui qui y adhère la maîtrise d'un savoir élaboré et figé. En ce sens, le geste conspirationniste consiste avant tout à ramener une position institutionnelle et consensuelle au simple rang d'hypothèse. Comme le résume le politologue français Rudy Reichstadt, expert du conspirationnisme : «L'essentiel n'est pas que [le complotiste] finisse par adhérer à un récit conspirationniste en particulier, à l'exclusion de tous les autres ; l'essentiel est qu'il finisse par ne plus avoir le moindre doute sur le fait qu'on lui ment[23].»

La bienveillance pour les discours divergents

C'est pourquoi des discours contradictoires et des communautés de croyance en apparence très éloignées cohabitent généralement en paix au sein de la complosphère. Habitué à débattre sur YouTube avec des personnalités influentes dont il ne partage guère l'intégralité des idées, Terry, l'analyste financier philanthrope, confirme: «Les discussions sont guidées par l'idée qu'il y a "un combat qui dépasse tout ça".»

Cette imprégnation progressive d'explications de plus en plus audacieuses tient aussi à un effet d'écosystème. C'est par exemple en se renseignant sur l'hydroxychloroquine que des internautes se sont retrouvés en contact avec les théories antivax et QAnon. Sur le groupe Telegram des «Pangolins», une communauté conspirationniste née au début de la crise du Covid-19, la tonalité a ainsi peu à peu glissé des thèses covidosceptiques initiales vers des constructions fantaisistes habituellement réservées aux amateurs de science-fiction de série Z. Le 3 avril 2021, un membre du groupe y accuse ainsi les écouvillons utilisés pour réaliser les tests Covid d'inoculer des «nanoparticules agrippées sur des fils argentés [qui] s'ouvrent comme une étoile de mer à 5 branches et laissent des nanoparticules sur les parois nasales qui s'enfilent directement entre les trous qui sont reliés au cerveau… Ces fils argentés bougent comme des asticots»… Parmi les autres «Pangolins», ce gloubiboulga n'a suscité aucun commentaire particulier, ni pour s'indigner de cette révélation révoltante ni pour rejeter un récit à peine compréhensible.

Le Belge Samuel Buisseret, qui a un temps vécu dans une communauté d'artistes et de marginaux épris de spiritisme, témoigne de cette tolérance bienveillante qui réunit les tenants de discours alternatifs : « Quand j'étais dans le complotisme, on faisait des soirées avec des gens venant de plein d'horizons, du *new age*, de Woodstock, du christianisme... Chacun y allait de sa petite philosophie. On picore à droite à gauche : "Ah tiens, les fantômes... Ah non, pas les ovnis." Il y a un respect de la croyance de chacun. Seule la croyance sceptique est vécue comme un ennemi. »

Les communautés complotistes peuvent se déchirer pour des raisons d'ego ou de stratégies divergentes, mais rarement, donc, à cause de récits explicatifs concurrents. Lors du rassemblement antirestrictions d'Annecy, la présence de Vincent, notre Franco-Américain obsédé par les *chemtrails*, est ainsi parfaitement acceptée par les antimasques. Au sein de cette manifestation électrisée par des explications paranoïaques, les siennes diffèrent en degré mais non en nature. Il est à sa place.

Du reste, Vincent est loin d'être le plus excentrique du lot. À quelques mètres de nous s'élève soudain la voix du chanteur Francis Lalanne, qui a basculé dans le complotisme au début de la pandémie de Covid-19, appelant même à renverser le « tyran » Emmanuel Macron dans une tribune publiée par le site conspirationniste France-Soir. Perché sur une estrade, un haut-de-forme verdâtre sur la tête, l'interprète de « On se retrouvera » se met à imiter un corbeau en guise de salutation à la foule. Hilare, l'assistance croasse en retour. Dans cette contre-société, tout le monde est le bienvenu tant qu'il partage l'imaginaire commun à l'ensemble des complotistes : quelles que soient leurs thèses favorites, tous se voient en résistants héroïques à la tyrannie des élites.

3. Pour le peuple, contre l'élite

Septembre 2020. Sensation, en France, après une enquête de BFM TV sur les antimasques. Une séquence en particulier méduse les téléspectateurs : un échange avec le docteur Eve Engerer, généraliste à Wangerbourg-Engenthal, dans le Bas-Rhin. Interrogée sur le certificat médical qu'elle a mis à disposition de tous sur Facebook pour exempter ceux qui le souhaitent du port du masque, au nom d'une supposée « contre-indication médicale », cette praticienne acquise aux médecines alternatives fusille le reporter :

« Le masque n'est pas le problème, monsieur le journaliste. Le masque, c'est juste pour embrouiller les Français. Pour leur faire peur, pour les pénaliser, vous savez, avec les amendes. [...] Le masque, c'est un rituel des pédo-sataniques. Vous savez ça ? Un acte de soumission. D'accord ? J'ai une vision globale des choses. Je ne suis pas le petit ver de terre, je suis l'aigle, ça vous va[24] ? »

Peu importe de savoir jusqu'à quel point Eve Engerer croit ou non à son discours[25]. Ce qui frappe, dans ses déclarations, c'est sa façon de se placer au-dessus de son interlocuteur. Chez nombre de complotistes, la satisfaction cognitive que procure l'accès à une explication « cachée » s'accompagne en effet d'une impressionnante infatuation de l'ego. « On a le sentiment de s'élever au-dessus de la masse des moutons », confirme le vidéaste et ancien ufologue Sébastien Carassou.

Le conspirationniste se sent alors investi d'une mission sacrée : défendre le peuple. Car l'impression de faire partie des « esprits supérieurs » ne l'empêche pas de penser à ses congénères, bien au contraire. Convaincus de faire partie d'une élite, ces complotistes en proie à un vertige narcissique entendent délivrer leurs concitoyens d'une soumission qu'eux seuls seraient capables de percevoir.

Au nom des « 90 % »

« C'est pour toi que je me bats, pour l'avenir de ton fils », m'assure Leonardo, le berger QAnon. Cette idée traverse de nombreux mouvements conspirationnistes, en apparence fort différents. « Les membres de QAnon sont fans des Gilets jaunes, relève l'essayiste belge Marie Peltier, autrice de plusieurs ouvrages sur le complotisme. Ils s'identifient à cet imaginaire du peuple qui se soulève, même s'il se soulève contre la démocratie. »

Cet éloge d'une citoyenneté combattante s'accompagne souvent d'une mythification prononcée de leur action. « Les complotistes sortent de leur zone de confort, ils n'ont pas peur, ils savent qu'ils vont s'en prendre plein la gueule. Ils ont un peu une mentalité de soldat », assène fièrement Sabine, l'exégète de *Goldorak*, dont le père était militaire.

À l'image du site France-Soir, dont les articles n'étaient jusqu'il y a peu jamais signés, sinon par un mystérieux « collectif citoyen », cet engagement se traduit au sein des groupes complotistes par une horizontalité farouche, la cohésion collective devant primer à la fois sur les individus et sur les chefs. Un principe particulièrement marqué au sein du collectif antirestrictions Réinfo Covid, qui ne se contente pas de diffuser des arguments antivaccins, mais promeut également un nouveau modèle d'organisation sociale, fondé sur une distribution collégiale des responsabilités, suivant le principe du volontariat.

Dans ses meilleurs aspects, le complotisme est ainsi une ode à la solidarité, à la fraternité, à l'égalité. Mais ces idéaux sont la plupart du temps entachés par une vision manichéenne de la société. Si le troll Déclin mondialiste aimerait que les rédactions des grands médias soient peuplées de « gens normaux », de « citoyens lambda », c'est ainsi parce qu'il estime que tous les journalistes sont « hautains, dédaigneux, infantilisants, ironiques ». Sans parler des politiques, dans lesquels il ne voit qu'une masse indifférenciée d'affairistes cyniques et corrompus.

Cette représentation relève en apparence du « populisme », défini par le politologue néerlandais Cas Mudde comme « une idéologie qui considère que la société est définitivement séparée en deux groupes homogènes antagonistes, les “vrais gens” contre les “élites corrompues”, et qui soutient que les politiques devraient être l'expression de la volonté générale du peuple[26] » – une conception qui repose sur une construction purement intellectuelle : la notion de « peuple », entité collective en partie indéterminée, en partie fantasmée, censée représenter à la fois le pays silencieux et la souveraineté populaire. Or, si le complotisme est indéniablement un populisme, il y apporte une nuance : entre le peuple et les élites, les éveillés estiment former une classe intermédiaire. Ils entretiennent ainsi avec le « peuple » un lien ambivalent : ils se placent au-dessus de lui, mais ne s'en réclament pas moins et prétendent le défendre.

Un schéma circulant au sein des réseaux complotistes propose une évaluation précise des proportions que représenteraient ces différentes classes au sein de la population : « Pour vous résumer la situation ! 1 % [des individus] contrôlent le monde et ne veulent rien lâcher. 4 % sont les marionnettes des 1 %. 90 % dorment encore ou ont peur. 5 % savent et veulent éveiller les 90 %. Les 1 % ne veulent surtout pas que les 5 % réveillent les 90 %[27]. »

Les « résistants » estiment ainsi représenter 5 % de la population. En réalité, leur proportion dans la population française serait plutôt de l'ordre de 21 %, si l'on en croit une enquête de 2018 sur l'adhésion des Français aux théories du complot[28]. Mais le chiffre de 5 % proposé par ce schéma vaut moins pour son évidente imprécision que pour ce qu'il révèle de ceux qui l'ont forgé : les complotistes estiment constituer un groupe assez important pour faire masse et s'opposer à une minorité, celle des 1 % malfaisants, mais assez restreint pour constituer une élite vis-à-vis du reste de la population.

Une masse belliqueuse

Parce qu'ils se voient comme les ambassadeurs d'un peuple à réveiller, les complotistes sont prosélytes par nature. Ils constituent une « masse », au sens de l'inclassable penseur bulgaro-britannique Elias Canetti, qui a théorisé en 1960 la psychologie des foules sous la forme d'une dynamique – la masse est selon lui une puissance toujours en mouvement, dont la cohésion ne se maintient que si elle croît et s'étend[29]. On ne saurait donner meilleure image du complotisme, en tant que phénomène collectif.

Reprenons l'exemple du collectif antirestrictions Réinfo Covid, fondé à l'été 2020. L'un de ses premiers faits d'arme a consisté à soutenir la tribune du sociologue Laurent Mucchielli appelant à « ne plus être gouvernés par la peur[30] ». Mais le collectif a vite passé la vitesse supérieure. Lors de la rentrée scolaire 2020,

Réinfo Covid s'organise pour diffuser ses idées *via* des tracts et des prises de parole aux abords des écoles, dans les parcs, lors de rencontres citoyennes, bref, dans les couches interstitielles de la société. C'est, selon Elias Canetti, la grande force de la masse : sa capacité, caractéristique de la physique des fluides, à se couler dans les maillons fins de la ville pour mieux s'y déployer, s'y étendre. Face à une parole dite officielle qui tenterait de s'imposer verticalement, la parole complotiste se fait horizontale et liquide pour mieux se répandre.

Mais gare : « À la masse nue, tout semble une bastille », prévient le penseur bulgaro-britannique[31]. Il existe en effet au sein de tout groupe conspirationniste une inquiétude, voire une obsession obsidionale : l'idée que des puissances occultes conspirent nécessairement à faire taire la résistance populaire. Ce sentiment électrise le collectif et décuple sa motivation : ainsi se forme au sein du camp complotiste la conviction de se trouver dans une situation de guerre permanente.

Dès lors, la question de la vérité se double de celle de la stratégie. Il faut réunir, synchroniser, recruter, convaincre, combattre. Masse en mouvement, masse sans limites, masse qui refuse de se désagréger, de se laisser mourir. Chacun y va de son approche. À la tête de Réinfo Covid, le docteur Louis Fouché invite au cours de l'automne 2020 à la création d'antennes locales, évoque la mise en place d'« ambassades », dont le rôle serait d'entamer la discussion avec les pro-masques, en utilisant des « stratégies de communication » voire des « techniques d'hypnose », afin de faire du « lavage de cerveau[32] ».

Stéphane, le jeune Marseillais pro-hydroxychloroquine, privilégie une stratégie plus frontale, sous la forme d'invectives violentes, voire de harcèlement en ligne. Alors la masse ne se fait plus interstitielle. Écraser, telle devient la seule obsession. «Tu es une meuf en manque d'attention qui n'a pas de mec et qui emmerde le monde», balance ainsi Stéphane à Amélie, une épidémiologiste et pneumologue dont un tweet a eu le malheur de lui déplaire. Mais ce n'est pas assez de la dénigrer, il faut lui nier jusqu'à la légitimité de s'exprimer. Dans une vidéo qu'il lui adresse, visage hors champ, Stéphane l'interpelle avec un accent marseillais prononcé et un ton inquisiteur. « Mais tié qui, toi ? Toi t'es même pas médecin, moi je suis médecin, toi t'es pas médecin. Qu'est-ce que tu parles ? Tié qui toi ? » Stéphane n'a pourtant pas la moindre formation scientifique. «Je ne supportais pas qu'on me fasse remarquer que je n'étais pas légitime à parler et que je comprenais que dalle, alors j'ai menti et j'ai insulté », avoue-t-il aujourd'hui. L'ancien harcelé est devenu harceleur.

Que ce soit par la séduction, la manipulation ou la force, les complotistes veulent imposer leur vérité, parce qu'à l'image d'Eve Engerer, la militante anti-masques désormais radiée de l'Ordre des médecins, ils sont habités de l'intime conviction d'être supérieurement éclairés. Et, à force de faire corps, ils s'inventent une

Chapitre 5

Enquêter

1. La chasse aux indices

En ce début du mois d'octobre 2020, Stéphane jubile. Le jeune Marseillais au chômage, devenu une figure majeure de la «Raoultsphère», vient de dénicher sur Internet un vieil article attestant qu'Emmanuel Macron a déjà été en contact avec le groupe pharmaceutique suédo-britannique AstraZeneca, le fabricant de l'un des vaccins contre le coronavirus, et ce en 2018, bien avant la pandémie de Covid-19. N'est-ce pas une preuve flagrante, une de plus, de la collusion entre les dirigeants politiques et les laboratoires, et du fait que cette coalition toute-puissante a prévu de longue date de provoquer une crise sanitaire dont elle pourrait tirer des bénéfices politiques et financiers ? Cette «preuve», Stéphane l'a obtenue en effectuant une simple recherche Google, qui l'a envoyé vers un article en libre accès. Une découverte parmi d'autres. Aussitôt l'archive supposément compromettante partagée avec ses camarades, et diffusée sur les réseaux sociaux, le combattant de l'hydroxychloroquine repartira à la recherche de nouveaux éléments susceptibles d'alimenter son analyse de la crise sanitaire, qu'il s'agisse d'un vieux brevet pharmaceutique sorti de son contexte, d'une photo ambiguë ou d'une étude scientifique qu'il lira dans le sens qui l'arrange.

Comme Stéphane, de nombreux complotistes passent plusieurs heures, chaque jour, à effectuer des recherches fébriles sur Internet. C'est d'ailleurs ainsi, en ayant le sentiment de « faire le métier de journaliste », que Pépito, des DéQodeurs, s'est pris au jeu du complotisme à la fin des années 2000. Ceux que leurs détracteurs considèrent généralement comme des êtres influençables se perçoivent au contraire comme des citoyens en quête perpétuelle d'information, des investigateurs – ou plutôt, selon leur expression fétiche, des « chercheurs de vérité ». Leonardo, le berger des QAnon francophones, ne dit pas autre chose : « Ce que te dit Q, c'est que si tu ne trouves pas le sens, tu dois le chercher. Tu dois reprendre la responsabilité de t'informer par toi-même. »

Passée de l'exégèse de *Goldorak* à celle des *drops* de Q, Sabine manifeste ainsi une gaieté enfantine à jongler avec les indices. Elle s'adonne en particulier à la gématrie, un procédé d'origine hébraïque consistant à établir des correspondances entre du texte et des chiffres, grâce à des calculs souvent très acrobatiques. Un soir de mai 2021, elle m'envoie un photomontage associant Michael Jackson au nombre 1290. « En gématrie anglaise, 1290 signifie "Michael Jackson n'est pas mort" ! », exulte-t-elle. Elle enchaîne sur une autre de ses récentes découvertes :

John F. Kennedy ayant été « le 17e président des États-Unis[33] », elle en déduit mystérieusement que c'est son fils John Kennedy Jr., pourtant décédé en 1999, qui serait désormais en secret le vice-président des États-Unis. Tout cela parce que la mythologie QAnon prête des pouvoirs magiques au nombre 17, qui correspond à la place de la lettre Q dans l'alphabet. « À suivre ! Passionnant, n'est-ce pas ? », conclut Sabine.

La pensée conspirationniste a ceci d'exaltant qu'elle transforme un monde menaçant en un gigantesque terrain de jeu. En ce sens, les théories du complot procurent ce que les sciences sociales appellent l'« agentivité », c'est-à-dire le sentiment de pouvoir agir sur le monde en quittant la position du simple spectateur. Pour reprendre une formule appliquée par le journaliste vidéoludique britannique Keith Stuart au jeu vidéo, et qui décrit si bien le complotisme : « La satisfaction provient de l'impression d'avoir un sentiment de contrôle que la vraie vie ne nous offre pas[34]. »

Si le conspirationnisme ne fournit pas toujours de réponses, il permet de penser être en position d'en trouver. L'un de ses principaux mots d'ordre, « Faites vos propres recherches », est ainsi une invitation à faire confiance en ses capacités d'enquêteur.

Des anomalies pleines de sens

Dans son essai de 2012 *Énigmes et complots. Une enquête à propos d'enquêtes*, le sociologue français Luc

Boltanski retrace la généalogie du complotisme contemporain : la pensée conspirationniste, explique-t-il, est notamment l'héritière de l'imaginaire des romans policiers de la fin du XIXe siècle. Ceux-ci s'attachent en effet à reproduire de façon réaliste les rôles sociaux et le quotidien de leur époque, mais en émaillant le récit d'étrangetés que le héros enquêteur est le seul à relever, et qui trahissent ce qui se trame en secret : un plan criminel. De la même façon, souligne Boltanski, le complotiste s'attache à déceler dans la réalité des détails inattendus et discordants, à travers lesquels affleurerait une vérité plus profonde et cachée : un plan machiavélique. Comme le formule lui-même un chercheur de vérité sur Twitter : « Les "complotistes" ne prétendent pas connaître la vérité, ils ne connaissent qu'un ensemble d'anomalies. »

Dans la pensée conspirationniste, ces *je-ne-sais-quoi* qui clochent, interpellent et appellent explication peuvent prendre bien des formes, mais la plupart sont d'ordre purement visuel. C'est par exemple une photographie offrant un angle de vue qu'on juge dissonant. Après l'attaque des frères Merah contre *Charlie Hebdo*, en janvier 2015, nombre d'internautes ont ainsi glosé sur un cliché où les rétroviseurs de la voiture des tueurs semblaient avoir une couleur différente de celle de la carrosserie. Ce qui n'était en réalité qu'un simple reflet a été interprété par de nombreux complotistes comme une anomalie majeure : ils y ont vu la preuve que les images de vidéo-surveillance diffusées par les enquêteurs ne montraient pas une seule mais plusieurs voitures – de même modèle mais possédant des rétroviseurs de couleurs différentes –, et donc que l'attentat n'était qu'une grossière mise en scène.

En analysant l'actualité à travers le prisme de ce type de détails visuels isolés, le conspirationniste épouse ainsi ce que l'historien italien Carlo Ginzburg a appelé, dans son recueil d'analyses épistémologiques *Signes, traces, pistes. Racines d'un paradigme de l'indice*, le « paradigme indiciaire » : un mode de raisonnement consistant à bâtir des théories à partir d'éléments fragmentaires. Cette démarche n'est pas illégitime en soi : en médecine ou en archéologie, comme lors d'une enquête policière, elle s'impose naturellement. Une douleur, un reste de fémur, une tache de sang : l'indice est alors le seul point d'entrée possible pour tenter de reconstituer un phénomène, un événement qui n'est pas ou plus visible. Mais les conspirationnistes appliquent cette approche à tout ce qui les entoure, ou presque. Dans leur vision du monde, la vérité est tapie, interstitielle. Elle est perceptible, mais à condition de plisser les yeux.

Dans les tracts qu'il distribue à Annecy, Vincent, le chasseur de *chemtrails*, propose ainsi un mode opératoire pour tenter de percer le mystère de ces traînées nuageuses : il faut « observer », et pour cela compter les avions, consigner l'évolution de leurs traînées, les mettre en rapport avec la météo, faire réaliser des analyses d'eau de pluie, etc. Sans oublier d'« enquêter », en creusant « dans sa propre mémoire du ciel », mais aussi en faisant sur Internet des recherches sur « les armes nouvelles : climatiques, électromagnétiques, biologiques ». Le tout, vaste programme, « pour comprendre le comment et le pourquoi » – sous-entendu, mettre au jour une vérité occulte, et étendre sur l'inintelligibilité apparente du monde le voile apaisant d'une explication.

Si, pour Vincent et tous les autres *chemtrailers*, la vérité se trouve en partie dans le ciel, c'est sur Internet que la traquent la plupart des complotistes, comme si le web était un gigantesque jardin rempli d'œufs de Pâques attendant d'être découverts par les plus fins limiers. Grâce aux moteurs de recherche ou encore aux bases de données en ligne, ces Sherlock Holmes du numérique s'attachent notamment à exhumer des archives qui leur permettraient d'éclairer l'actualité sous un angle suspicieux. La découverte de tout élément allant dans leur sens est alors un moment particulièrement galvanisant – une étude en neurologie de 2018 a montré que l'épiphanie, ce « moment *eurêka* » de la révélation, est associée à une décharge de dopamine dans le cerveau[35]. En s'improvisant détective, le chercheur de vérité conforte son sentiment de mieux comprendre le monde que les autres.

Des enquêtes « journalistiques »... ou presque

Au crédit des complotistes, ce jeu de rôle s'avère parfois authentiquement fructueux. C'est ainsi qu'au début de l'épidémie de Covid-19, de nombreux chercheurs de vérité se sont coordonnés pour rassembler un amas aussi chaotique qu'impressionnant de données sur l'origine possible du virus. Dans leurs filets, des éléments anecdotiques, voire trompeurs, comme un vieux brevet de l'institut Pasteur portant sur un coronavirus[36] ; mais aussi certaines informations troublantes, comme le fait que l'institut de virologie de Wuhan se livre à d'inquiétantes expériences d'hybridation de virus. L'un de ces enquêteurs du web a ainsi pu affirmer avec satisfaction que «la polémique sur l'origine du virus de Covid-19 met en lumière le retard des médias mainstream face à la puissance et la réactivité de l'intelligence collective». Dans ses moments les plus exaltants, le complotisme permet d'imaginer se substituer à la presse d'investigation.

Ses méthodes peuvent en effet parfois se confondre avec celles de l'enquête journalistique en ligne, telle qu'exercée par exemple par le site *Bellingcat*, qui a considérablement renouvelé les pratiques dans la seconde moitié des années 2010, en utilisant pour ses investigations les ressources disponibles sur Internet, comme des bases de données en accès libre, des cartes satellites interactives, des moteurs de recherche ou encore des plateformes vidéo. Les complotistes ont la même approche et recourent parfois aux mêmes ressources, avec une puissance d'investigation supérieure, masse oblige, mais généralement bien moins de prudence et de méthodologie. C'est ainsi en utilisant Yandex, un moteur de recherche russe très laxiste en matière de modération des contenus sexuels, et en se livrant à des recoupements hasardeux avec des fichiers d'enfants disparus que des internautes ont lancé à l'été 2020 une rumeur selon laquelle Wayfair, une boutique en ligne américaine spécialisée dans l'ameublement, se livrerait à un trafic pédophile : en achetant sur ce site des armoires baptisées Cassandra ou Daniel, les clients se procureraient en réalité des enfants du même nom[37]. Une thèse invraisemblable, sauf à voir des réseaux pédosatanistes partout.

Car, si l'investigation journalistique consiste à procéder par tâtonnements, en croisant ses sources et en réalisant des entretiens contradictoires, la recherche complotiste en ligne repose principalement sur l'accumulation confirmatoire : tous les éléments examinés vont dans le même sens et sont précisément sélectionnés non pas en fonction de leur pertinence, mais de leur capacité à confirmer les thèses conspirationnistes. Stéphane, le jeune Marseillais, le reconnaît d'ailleurs quand nous en discutons au printemps 2021 : si l'article associant Emmanuel Macron à AstraZeneca l'a autant enthousiasmé, c'est parce qu'il l'a interprété à l'aune de ses convictions de l'époque comme une nouvelle preuve d'une entente politico-industrielle contre l'hydroxychloroquine – alors même que l'article en question datait d'avant le Covid-19. Comme le souligne ironiquement le célèbre avocat pénaliste Henri Leclerc : « C'est curieux, cette faculté déconcertante qu'ont les faits de s'aligner dans le bon ordre pour peu qu'on les éclaire d'un seul côté à la fois[38]. »

L'investigation complotiste est sélective jusque dans ses pistes. Ainsi, la quête de l'origine du SARS-CoV-2 par la complosphère a exclusivement tourné autour du laboratoire P4 de Wuhan, où sont conservés les virus les plus létaux, oubliant étrangement de s'intéresser aux laboratoires de classe P2 et P3 de la ville chinoise, certes moins médiatiques, mais dédiés aux coronavirus de chauves-souris, et, à ce titre, *a priori* plus pertinents[39]. Alors que le discours scientifique a balancé entre plusieurs pistes, comme celles d'une zoonose ou d'une fuite de laboratoire accidentelle, les communautés complotistes n'ont ainsi creusé qu'une seule hypothèse, autrement sensationnaliste : celle d'un virus monstrueux. Malgré une impressionnante capacité à passer Internet au peigne fin, les apprentis enquêteurs étaient surtout obnubilés par l'idée de prouver que la théorie la plus manichéenne était la bonne.

Le mysticisme des coïncidences

Les chercheurs de vérité les plus mystiques, ceux qu'il est tentant de qualifier de détectives croyants, s'éloignent même complètement de la démarche journalistique pour s'échiner à traquer un peu partout des symboles de nature occulte ou satanique. Ainsi, des conspirationnistes n'ont pas manqué de relever qu'un laboratoire pharmaceutique de Wuhan, Wuxi AppTec, se situe au numéro 666 – le « nombre de la Bête » – d'une avenue de la ville chinoise où est apparu le virus du

Covid-19. D'autres ont cru déceler cette même signature démoniaque derrière les lettres du mot «corona[40]», tandis que des exégètes francophones un brin approximatifs ont vu dans le nom de la firme AstraZeneca l'anagramme de «Créez Satan[41]». Lors de la pandémie de grippe A de 2009-2010, déjà, un internaute distinguait le «compas franc-maçonnique» dans le A de grippe A, et «le signe de Lucifer», le nombre 11, dans «H1N1». «Ce n'est ni une preuve ni un indice, mais une signature[42] !», s'exclamait-il. Nombre de conspirationnistes sont en effet persuadés que les comploteurs sont accros au symbolisme, et qu'ils ne peuvent s'empêcher de signer leurs méfaits.

Une conviction qui ne date pas d'hier. Au début du XIXe siècle, Sergueï Nilus, le ténébreux promoteur des *Protocoles des Sages de Sion*, dont j'ai décrit le basculement du rationalisme athée vers le mysticisme orthodoxe, procédait déjà ainsi, par collecte et rapprochement de symboles qu'il considérait comme sataniques. Le comte Alexandre du Chayla, qui a passé plusieurs années dans le même ermitage que lui, a ainsi décrit avec sidération le coffret dans lequel Sergueï conservait précieusement de prétendues preuves d'une conjuration luciférienne, qui prenaient les formes les plus variées, médailles honorifiques, faux-cols, caoutchoucs ou encore ustensiles de ménage. Selon Chayla, «il suffisait qu'un objet portât une marque de fabrique évoquant même peu distinctement les contours d'un triangle [le “sceau de l’Antéchrist” selon Nilus] pour qu’il entrât dans son musée».

La faille majeure des méthodes d’investigation employées par les complotistes réside ainsi dans le culte qu’ils vouent aux indices. Car, comme le relève le philosophe français Jean-Marc Ferry, l’indice est en réalité le type de signe «le moins intentionnel et le moins direct, le moins intentionnellement dirigé vers un sens à proposer[43]». Parce qu’il est isolé, et qu’il contient en soi très peu d’informations, il est aisé de l’interpréter dans le sens que l’on souhaite. Certains rapprochements fulgurants peuvent d’ailleurs prêter à sourire. Je garde une tendresse amusée pour cette internaute QAnon m’ayant accusé d’être un agent communiste parce qu’elle avait trouvé sur Google Images une vieille photo de moi sur laquelle je porte une écharpe rouge[44]. Une savoureuse illustration du fait que les investigations des complotistes sont orientées par de nombreux biais cognitifs, à commencer par le biais de confirmation, qui pousse à favoriser les interprétations nous confortant dans nos *a priori*.

Un autre procédé classique de l’enquête conspirationniste réside dans la chasse aux coïncidences. En psychologie, ce type de raisonnement a un nom : l’apophénie, soit la tendance à voir des coïncidences partout, à inférer des liens entre des éléments qui n’en ont pas forcément, en supposant qu’ils trahissent une intention plus large. Ce faisant, les complotistes tombent régulièrement dans le piège que les statisticiens appellent «la négligence de la taille de l’échantillon»: la joie que procure le fait d’obtenir un double 6 fait facilement oublier les innombrables jets au terme desquels les dés ne s'alignent pas[45].

Dans les coïncidences, les synchronicités, les déjà-vus, les éveillés voient pourtant un effet de sens qui dépasse de loin l'anecdotique, au point d'en faire le moteur de leur réflexion. Pierre Barnérias, le réalisateur du documentaire covidosceptique *Hold-up*, témoigne ainsi dans son autobiographie de sa fascination pour les séries de nombres récurrentes, et notamment de son attention toute particulière au 13, qui « revient en boucle[46] », et au 22, qu'il considère comme son porte-bonheur.

En plus d'être perçues comme significatives, ces coïncidences sont interprétées comme des messages intentionnels diffus, comme si une force mystique exprimait sa présence à travers elles. Karine, mon amie qui s'est prise de passion pour la naturopathie, me livre ainsi cette analyse : « La vie te donne plein de synchronicités, plein de petites choses, et, quand tu es dedans, ça coule. » Cette sensibilité s'inscrit dans un courant critique de la rationalité scientifique contemporaine, principalement incarné par la psychanalyse jungienne. Le psychiatre suisse Carl Gustav Jung, qui fut un disciple de Freud avant de rompre avec lui, a ainsi été l'un des premiers, au lendemain de la Seconde Guerre mondiale, à promouvoir la notion de synchronicité : il désignait ainsi des coïncidences significatives, étrangères au principe de causalité, qui participent du « numineux », le sentiment d'être en présence d'une volonté supérieure[47]. Une conception fortement critiquée par les pairs de Jung, comme par le monde académique en général, mais qui a depuis fait florès dans les milieux ésotériques, occultistes et chamanistes[48].

Reste que, pour les plus ambitieux des chercheurs de vérité, l'investigation ne se limite pas à cette chasse aux symboles et aux coïncidences. Une fois la récolte achevée, leur véritable travail peut enfin commencer.

2. La cartographie du complot

Pour tous ceux qu'elles obsèdent, anomalies et coïncidences représentent autant de points entre lesquels ils s'attachent à tracer des lignes, dans le but de faire apparaître à terme la *big picture*, «l'image générale». Au sein de la complosphère anglo-saxonne, ce processus analytique est résumé par un mot d'ordre : *connect the dots*, «relie les points», formule qui revient sans cesse sur les forums conspirationnistes. Q, le prophète du mouvement QAnon, tisse une métaphore similaire : «Find the spider(s) and build the web (the map)[49]», soit «Trouve l'araignée (les araignées) et construis la toile (le plan).» En arrière-plan, l'idée que la trame du complot à l'œuvre, dont les preuves éparses sont à première vue déroutantes par leur hétérogénéité, peut être reconstituée à force d'acharnement.

Les chercheurs de vérité les plus aguerris excellent ainsi à ranger la réalité dans un espace en deux dimensions. Leur raisonnement est à la fois procédural, cumulatif et global. Procédural, car il répète à l'infini la même opération intellectuelle, qui consiste à relier des éléments. Cumulatif, au sens où il procède par ajouts progressifs de nouveaux points – événements, individus, groupes d'influence – à son schéma de départ. Et global, enfin, dans la mesure où cette construction a vocation à résumer tout le réel en un seul schéma.

Un tel mode de traitement des informations donne lieu à une impressionnante production graphique faite de réseaux d'acteurs individuels et collectifs, réels et fantasmés, reliés entre eux par une galaxie de filins. Certains de ces schémas, largement diffusés au sein de la complosphère, atteignent des niveaux de complexité étonnants, en termes de méticulosité, de finesse et de densité : ce sont des toiles d'araignées géantes, l'œuvre de tisseurs obsessionnels, capables de donner un semblant de cohérence à l'embrouillamini le plus complet.

Mais, le plus souvent, l'opération aboutit à des « démonstrations » particulièrement confuses. Invité dans une émission de radio après la mise en ligne de son documentaire *Hold-up*, Pierre Barnérias s'est ainsi livré à une explication déconcertante, illustrant de manière éclatante les limites du « connect the dots » : afin de prouver que la pandémie de Covid-19 est le résultat d'un complot, le réalisateur assure alors que le « fil » menant à la vérité relie entre autres le patron de Free Xavier Niel, la députée européenne LREM Ilana Cicurel, son frère Michel, la banque Edmond de Rothschild ou encore une holding financière[50]. Au cours de cette énumération, il n'est jamais question de mobiles, de mode opératoire, d'organisation, de système. Toute l'épaisseur du réel et sa complexité sont ainsi balayées par le simple rapprochement d'éléments épars, liés par un fil imaginaire. Mais, pour les complotistes, la juxtaposition n'est pas une carence du raisonnement ; ils la considèrent au contraire comme le mode opératoire le plus fécond qui soit, et, surtout, comme le plus satisfaisant.

Derrière sa complexité visuelle, la cartographie du complot est en réalité une opération de simplification. Car la conviction de percevoir la *big picture*, c'est-à-dire de s'être hissé jusqu'à un point de vue suffisamment élevé pour pouvoir surplomber une situation complexe, empêche de prendre en compte les rouages fins et complexes des phénomènes collectifs, et même d'admettre leur existence. La pensée complotiste réduit le fait social à une sorte d'oligopole décisionnel, constitué de quelques « points » tout-puissants et forcément complices. Ce qui revient à nier à la fois la singularité des individus, la multiplicité de leurs interactions, le poids des structures, notamment administratives, et les frottements, voire les conflits, qui peuvent exister entre les différents niveaux de décision.

S'ils étaient pris en compte, ces éléments imposeraient une plus grande prudence. Ils contraindraient le chercheur de vérité à adopter une technique d'investigation plus fine, voire à admettre que la complexité du réel est inaccessible à son regard, qu'elle se situe hors de son champ d'enquête et de son périmètre de compétence.

Ce serait renoncer à cette règle tacite du complotisme : aussi occulte que soit la vérité, elle ne peut se soustraire à l'intuition et à l'enquête. Un principe qui rend la quête des chercheurs de vérité si accessible, si immersive et si gratifiante.

Parce qu'elle transforme un monde menaçant en un gigantesque terrain de jeu, l'investigation à la mode complotiste offre à l'éveillé, actif et inventif, un contre-récit qui lui permet de domestiquer le chaos qui l'entoure. « La satisfaction, c'est d'avoir réussi à assembler des éléments qui étaient complètement disparates et que je n'arrivais pas à comprendre », témoigne ainsi Pépito, des DéQodeurs, qui se dit « plus serein », moins assailli de questionnements, depuis qu'il s'est immergé dans les théories du complot.

Au nihilisme de la célèbre déclamation de Macbeth, « La vie est un conte raconté par un fou, plein de bruit et de fureur, qui ne signifie rien[51] », les chercheurs de vérité opposent l'idée que la vie obéit à un plan, fomenté par une puissance supérieure, fait de signes et d'indices, qui, une fois rapprochés les uns des autres, ont tous une signification. En ce sens, le conspirationnisme n'aurait-il pas, au fond, des vertus anxiolytiques ? Ce serait oublier un peu vite sa redoutable capacité de nuisance, ses effets terriblement destructeurs, pour ses adeptes comme pour la société.

Chapitre 6

Sombrer

1. « Il n'y a pas de ligne rouge »

Pour le commun des amateurs d'astronomie, la Pléiade est un amas stellaire situé dans la constellation du Taureau. Mais pour certains doux rêveurs convaincus de l'existence d'une présence supérieure qui leur serait cachée, il s'agit plutôt de la région d'origine d'une antique civilisation extraterrestre à l'origine d'une partie du peuplement de la Terre. « Tu me dis que les Pléiadiens débarquent, je leur dis OK, qu'ils passent prendre une bière à la maison ! », me lance ainsi mon amie Karine, fière de se présenter comme une femme très ouverte d'esprit depuis que sa conversion à la naturopathie l'a exposée à tout un tas de récits éthérés sur les forces secrètes de la nature.

Mais si Karine plaisante à moitié, certains éveillés sont fermement convaincus de l'existence des extraterrestres. C'est le cas de Giuseppe. Dans sa jeunesse, ce professionnel de la sécurité incendie de 59 ans a souffert d'une malformation des membres inférieurs qui a nécessité pas moins de douze opérations, et il en conserve de lourdes séquelles. Un handicap dont il a fini par se convaincre qu'il était lié à une poliomyélite paralytique causée par un accident vaccinal[52]. Tenant les pouvoirs publics pour responsables, Giuseppe a rejoint le mouvement des *Freemen on the land,* ou « citoyens souverains », qui s'estiment détachés de toute obligation vis-à-vis de l'État, jugé coercitif, vampirique et même esclavagiste[53]. Depuis qu'il évolue dans cette mouvance anarcho-complotiste, le quinquagénaire s'est ouvert aux contre-récits les plus exotiques. Un jour d'avril 2021, alors que j'échange avec lui en visio, il m'explique par exemple qu'une poignée d'heureux élus dispose de machines high-tech permettant de recouvrer miraculeusement la santé : « Elles te scannent pendant trente secondes, te traitent avec des ondes, et, au bout de deux minutes, tu es guéri de toutes les maladies que tu avais, même d'un cancer en phase terminale. »

Mais ce qui passionne vraiment Giuseppe, ce sont les espaces infinis qui nous entourent. Sur son site web, il consacre des articles enthousiastes à une « porte multidimensionnelle », au « Conseil arcturien[54] » ou encore à la « Fédération galactique », autant d'émanations d'un imaginaire digne de *Star Trek* ou *Star Wars*. Giuseppe est en effet convaincu que les extraterrestres existent, qu'ils sont nos « frères galactiques », qu'ils sont en contact avec nous et que lui-même leur a déjà parlé dans son sommeil. C'est l'un d'eux, il y a quelques années, qui l'aurait convaincu d'abandonner les lourds traitements qu'il prenait contre son diabète et ses problèmes de thyroïde. Encouragé par ce conseil nocturne, il est passé à l'automédication et assure s'en porter beaucoup mieux.

Giuseppe vit dans un monde de récits franchement farfelus, mais qui semblent avoir le mérite de le valoriser. Sans me demander d'y croire, mais très sûr de lui, il m'explique ainsi traduire fréquemment des communications issues des quatrième et cinquième dimensions. Y a-t-il seulement une croyance à laquelle il renâcle à souscrire ? « Il n'y a pas de ligne rouge, si ce n'est le respect de son prochain », répond-il paisiblement.

Des théories clivantes

Pour nombre de conspirationnistes, la croyance dans l'existence des extraterrestres représente pourtant une limite à ne pas franchir : ils tiennent à se distinguer de ceux qu'ils appellent les « vrais complotistes », les adeptes du surnaturel ou des races venues d'ailleurs.

L'ufologue alsacien Silvano Trotta est ainsi une personnalité clivante au sein de la complosphère. Si ses discours antirestrictions sanitaires drainent une large audience, il reste pour beaucoup un embarrassant expert ès herpétologie extraterrestre[55] et autres enlèvements d'humains par de petits hommes verts. Même sur la chaîne Telegram des « Pangolins », une communauté covidosceptique au sein de laquelle règne pourtant une certaine bienveillance vis-à-vis des discours les plus extravagants, un message sur les extraterrestres posté en avril 2021 a suscité l'ire de nombreux membres : « Je comprends pourquoi on nous prend pour des cons, des ânes, c'est du trucage comme le cinéma mon vieux, c'est du *fake*, vraiment tu es stupide, désolé, il faut te réveiller, toi », s'est alors emporté un habitué. Car les complotistes les plus mesurés et les plus stratèges le savent bien, ces récits décrédibilisent l'ensemble de la communauté.

Une théorie est plus marginale encore : il s'agit du platisme, ou théorie de la Terre plate, selon laquelle notre planète aurait la forme d'un disque et non d'une sphère. Au sein de la complosphère, cette thèse est ouvertement moquée. Pépito estime ainsi que les platistes « avancent des choses déjà démontrées en sens inverse par a + b ». Raphaël, un vidéaste niçois très poreux aux théories du complot, évacue la question d'un très coloré « c'est de la couille ». Et même Silvano Trotta, pourtant connu pour avoir affirmé que la Lune est creuse, s'en désolidarise. En fait, parmi tous ceux avec qui j'ai échangé, Giuseppe, le médium intergalactique, est le seul à s'être laissé séduire par cette idée, avant d'en revenir. « La Terre n'est pas plate, elle est ronde et creuse », affirme-t-il désormais – remplaçant au passage une contre-vérité par une autre.

La croyance en la platitude de notre planète représente en quelque sorte le « terminus » du complotisme, comme le souligne le chercheur suisse Sebastian Dieguez, spécialiste des neurosciences et auteur de l'ouvrage *Total Bullshit ! Au cœur de la post-vérité* (PUF, 2018) : « Une posture antivaccination, une vision alternative de ce qu'il s'est passé le 11 septembre 2001 ou le jour de l'assassinat de JFK, prises séparément, ne font pas de quelqu'un un complotiste dans tous les domaines. En revanche, les études montrent qu'il est quasiment impossible de penser que la Terre est plate si on ne croit pas déjà à quasiment toutes les autres théories du complot[56]. »

L'univers des théories du complot est comparable à un supermarché, avec ses produits d'appel grand public, comme l'hydroxychloroquine, et ses produits de niche cachés au fond des rayonnages. C'est ainsi en allant fouiller dans une boucle Telegram anglophone réservée à des conspirationnistes radicaux que je suis tombé sur quelques-unes des rumeurs les plus absurdes qu'il m'ait été donné de lire. Parmi celles-ci, une pseudo-preuve que le mégalodon, un requin préhistorique, existait encore durant la Seconde Guerre mondiale, des prophéties attribuées à des voyageurs du temps, des descriptions de portails mystiques menant de la Californie vers les entrailles de la Terre, ou encore des histoires de projets de banque de sperme sur la Lune. Des affabulations qui prêteraient à sourire si certains complotistes n'étaient pas capables de les prendre au premier degré.

La Finlande existe-t-elle ?

Parmi eux, Sabine, la fan de *Goldorak* devenue accro à la mythologie QAnon. « Je ne suis pas dans la croyance. J'ai l'esprit ouvert. Tout est possible, absolument tout », m'explique-t-elle à plusieurs reprises. La «croyance» dont elle se méfie, il s'agit de la science ; et ce qui lui paraît «possible», ce sont les récits les plus déconnectés de la réalité.

Sabine m'affirme ainsi que la princesse Diana est toujours vivante et qu'elle est la véritable reine d'Angleterre. Elle me fait également part de son intérêt pour le «chronoviseur», une machine permettant de voir et d'entendre les morts qui aurait été conçue par un moine bénédictin italien. Un autre jour, avec un mélange de prudence et d'enthousiasme, elle m'envoie un lien vers sa dernière découverte, une vidéo consacrée à l'existence, forcément cachée, d'une «République reptilienne». Sabine croit-elle sincèrement à toutes ces calembredaines ? Oui et non. Si elle ne les présente jamais comme des faits avérés, elle les tient pour des hypothèses sérieuses, et ne voit pas au nom de quoi elle pourrait les écarter. «Les gens qui en parlent le font avec un certain sérieux», m'assure-t-elle à chaque fois qu'elle me raconte une de ces histoires, presque étonnée que je puisse en douter.

Au mois de mai 2021, alors que cela fait trois mois que nous discutons régulièrement, l'adepte du yin et du yang se met même à flirter avec le platisme. Sur son compte Twitter, elle s'interroge à propos d'une photographie sur laquelle un navire militaire navigue en pleine mer: Sabine se dit déçue de ne pas apercevoir la «courbure de l'horizon», qui aurait pu lui permettre de valider ce qu'elle appelle prudemment «la théorie de la Terre ronde». Frustrée de ne pas avoir vu l'horizon courbé les deux seules fois où elle a pris l'avion, elle demeure incapable de trancher entre la rotondité et la platitude de la Terre. Ce jour-là, elle n'ira pas plus loin, mais son hésitation révèle son extrême vulnérabilité cognitive. Intrigué, je lui pose alors une question que je ne me serais jamais imaginé formuler : « Pensez-vous que la Finlande existe ? »

Selon l'une des plus extravagantes théories du complot, qui fut à vrai dire d'abord évoquée à la rigolade sur un forum anglophone, le Pays des mille lacs serait un État fantôme. À la place de ce territoire apparaissant sur toutes les cartes du monde, il n'y aurait en fait que de l'eau, la mer Baltique étant bien plus étendue qu'on ne voudrait bien nous le dire. En 1917, date à laquelle, selon la version officielle, la Finlande a vu le jour en prenant son indépendance de la Russie, c'est le Japon qui aurait créé ce pays fantoche : sur ce territoire, qui serait donc en réalité une immense réserve maritime, les Japonais, grands amateurs de sushis, pourraient depuis, en toute confidentialité, pêcher autant de poissons qu'ils le souhaitent, lesquels sont ensuite transférés vers l'archipel nippon *via* le Transsibérien[57].

Difficile de trouver thèse plus potache. Sabine semble pourtant prendre ma question au sérieux. Durant ses études, elle a connu « deux filles se présentant comme finlandaises » – notez la prudence de la formulation – et elle a déjà vu des photos du pays, donc oui, elle pense que la Finlande existe. Mais, nuance-t-elle aussitôt, en prêtant à de fantasmatiques élites des technologies géologiques surpuissantes, « inventer un pays n'est pas au-dessus de leurs moyens ».

Parce que Sabine ne s'interdit aucun contre-récit, le fil qui nous relie à une réalité commune menace de rompre à n'importe quel moment. Surtout, les thèses abracadabrantesques qui circulent sur les réseaux conspirationnistes ne sont pas toutes aussi loufoques, et doucement inoffensives, que les histoires de machines à écouter les morts piquant la curiosité de Sabine ou les récits de communications intergalactiques que me fait Giuseppe. Nombre de théories charrient une vision autrement noire et anxiogène du monde.

2. Vertiges paranoïaques

Perché en haut des marches qui mènent à l'une des splendeurs de Florence, Romain observe les alentours avec inquiétude. Aussi loin que porte son regard, il ne voit que des artistes de rue, des badauds et des touristes se baladant avec insouciance. Pourtant, il ne peut se départir du sentiment d'une menace, de l'impression étouffante d'être épié.

Retour quelques chapitres en arrière. Romain est ce grand blond timide et torturé qui, au début des années 2010, alors qu'il traversait une période difficile, a basculé dans le complotisme sous l'influence de son ami Tim, ce fascinant érudit aujourd'hui exilé en Argentine. Depuis, il a passé tellement de soirées à consommer des sites interlopes, des blogs inquiétants et des vidéos alarmistes que sa vision du monde s'est considérablement assombrie. Durant ce voyage en Toscane, en 2012, les obsessions de l'ancien testeur d'appareils photo désormais au chômage virent à la paranoïa, au point de ne voir dans la ville des Médicis qu'un splendide décor en trompe-l'œil : derrière les élégantes façades florentines, il se figure des milliers de caméras, de micros et d'espions traquant ses faits et gestes, comme dans le film américain *The Truman Show*[58].

Soudain, un coup de téléphone interrompt sa rêverie bilieuse. Romain sursaute. À ce moment précis, il verrait apparaître sur son torse le point rouge projeté par le viseur laser d'un tireur d'élite qu'il ne serait pas surpris. Prisonnier de l'impression d'en savoir trop, étouffé par un sentiment de persécution, il serait même plutôt rassuré que sa paranoïa s'arrime enfin au réel.

L'amicale de la domination du monde

Dans le monde ultrasuspicieux du complotisme, la conviction d'être cerné par des ennemis aux aguets est omniprésente. Qui sont-ils ? Francs-maçons, gouvernants, juifs, communistes, satanistes… La vaste mythologie complotiste fournit toute une galerie d'adversaires désignés. Tous sont susceptibles d'assouvir ce que l'historien et philosophe français René Girard appelle « l'appétit persécuteur[59] », ce besoin ancestral de trouver un coupable aux maux de la société.

Dans une étude sur les théories du complot inspirées par la pandémie de grippe H1N1 de 2009-2010[60], une équipe transdisciplinaire de cinq chercheurs français en sciences sociales a établi une « géographie du blâme », constituée de trois cercles concentriques : d'abord les acteurs visibles, comme les gouvernements et les multinationales ; puis les sociétés de l'ombre, réelles ou fantasmées – juifs, francs-maçons, Illuminati[61]... ; enfin, au dernier niveau, une entité globale occulte qui les subsumerait tous, le « Nouvel ordre mondial », un méta-gouvernement planétaire caché, voire Satan lui-même.

Il faut se figurer le vertige du conspirationniste : ces groupes d'ennemis plus ou moins réels qu'il s'imagine en train de tirer les ficelles de l'Histoire ne sont pas seulement nombreux et tapis dans l'ombre, mais ils sont en plus liés les uns aux autres par un plan machiavélique commun, formant une sorte d'amicale de la domination du monde. Dès lors, rien n'interdit à l'imaginaire d'associer intimement certains de ces acteurs honnis, créant des sortes d'« ennemis au carré » particulièrement répulsifs. Ainsi ont pu germer les concepts de complot « judéo-maçonnique », « judéo-bolchévique[62] », ou plus récemment, dans l'univers QAnon, d'« élites pédosataniques ». Faisant fi du bon sens comme de la réalité historique, certaines théories sont allées jusqu'à imaginer une alliance occulte entre juifs et nazis[63].

Pour autant, les éveillés sont-ils toujours bien certains qu'ils existent, ces groupes tellement occultes qu'ils sont parfois les seuls à les connaître ? Cela dépend. Pépito, des DéQodeurs, souligne à bon droit qu'il n'a «pas inventé» le groupe Bilderberg, ce rassemblement annuel et confidentiel d'environ 130 personnalités occidentales parmi les plus puissantes de la planète, pas plus que la franc-maçonnerie. Il évoque aussi les lobbies, les ententes entre multinationales, ou les collusions entre certains hommes politiques et le monde de la finance révélées par de nombreux scandales. Mais ce vétéran du complotisme est plus prudent à propos des mystérieux Illuminati ou du *deep state*, une organisation de l'ombre qui, selon une théorie apparue aux États-Unis durant la guerre froide, contrôlerait la Maison-Blanche de l'intérieur. Leonardo Sojli, son complice des DéQodeurs, le reconnaît lui aussi humblement: «Le *deep state*, on ne sait pas ce que c'est.» Ce qui ne l'empêche pas de croire que, derrière ce nom mystérieux, se cache une authentique «entité occulte».

Des Illuminati au *deep state*, en passant par les reptiliens ou le «Nouvel ordre mondial», les conspirationnistes évoquent ainsi bien des groupes qui relèvent davantage de l'imagination populaire que de la réalité historique. Mais ce flou est cohérent avec la logique de la pensée complotiste, qui prête à ces ennemis occultes le pouvoir de rester, par définition, invisibles des observateurs. Raphaël, le vidéaste niçois déjà mentionné, m'explique ainsi que, s'il était un extraterrestre exploitant la race humaine, il ne voudrait pas que cela se sache. CQFD: personne ne peut donc prouver que nous ne sommes pas exploités par des extraterrestres.

Du reste, pour Pépito, la question de la réalité de ces groupes est un faux problème, l'essentiel étant à ses yeux l'impression, partagée par tous ses camarades, que les décisions des puissants ne vont pas dans le sens du « peuple ». « L'injustice, c'est ça la réalité du combat complotiste », m'explique-t-il. Comme le résume le rappeur Orelsan dans une ironie fleurie : « Illuminati ou pas, qu'est-ce que ça change ? Tu t'fais baiser[64]. »

En somme, peu importe qui sont ces mystérieux et haïssables conjurateurs : pour les éveillés, ils incarnent avant tout un principe explicatif de leurs malheurs et de leurs souffrances. Raison pour laquelle les analyses des conspirationnistes sont si souvent habillées de démonologie, et leurs ennemis décrits comme des « pervers », des « satanistes », ou encore caricaturés en monstres cornus et grimaçants.

Or cette vision manichéenne du monde affecte l'état d'esprit des conspirationnistes. À force de se figurer des ennemis omniprésents, ils finissent par avoir le sentiment d'une menace permanente. Une menace qui les viserait eux, en personne.

Délire de persécution

Le conspirationnisme est d'une impeccable logique : puisque les éveillés sont les seuls à avoir conscience du complot ourdi par des élites malfaisantes, pourquoi celles-ci ne chercheraient-elles pas à les surveiller ? C'est cette symétrie fantasmatique qu'exprime Francis

Lalanne, le chanteur de variété converti au complotisme, dans un message posté au printemps 2021 sur les réseaux sociaux : « Ils savent que nous savons. » En désignant des ennemis fantasmés, à l'existence incertaine, le chercheur de vérité exprime un sentiment proche de celui du prisonnier d'un panoptique, ce type de prison dans lequel les détenus sont en permanence visibles des gardes, qu'ils ne peuvent voir en retour[65] : bien qu'incapable de savoir par qui il est vu, le complotiste a la conviction intime d'être dans une ligne de mire.

Le conspirationnisme, écrivent les psychologues français Florent Poupart et Manon Bouscail, « donne lieu à la conviction d'être observé, épié, pisté, jusque dans l'intimité de son corps (par le biais de puces implantées par les vaccins, ou encore des ondes émises par les compteurs électriques), ainsi qu'en témoigne dans le discours complotiste la référence itérative à l'univers orwellien[66] ». Le conspirationniste éprouve cette inquiétude fondamentale d'être soumis à des milliers de regards indétectables et de dards aiguisés. La menace est semblable à un bourdonnement de moustique : obsédante, impossible à localiser, elle l'empêche de dormir.

C'est pourquoi il est tentant de rapprocher le complotisme de la paranoïa, même si cette analogie est contestée. D'abord sur la forme, vu que cette catégorie de maladie mentale a disparu du dictionnaire psychiatrique de référence depuis 2013[67]. Ensuite sur le fond, dans la mesure où le complotisme est dans une certaine mesure un vecteur de socialisation, tandis que la paranoïa isole[68]. Reste que le complotisme est souvent corrélé à des traits de personnalité proches de ceux des paranoïaques, comme le pessimisme et la méfiance. L'épisode de bouffée paranoïde qu'a connu Romain à Florence est ainsi la conséquence naturelle d'une suspicion qui se fait dévorante. Le jeune homme se rappelle d'ailleurs avoir vu Tim, son brillant ami et guide en terres conspirationnistes, sombrer lui aussi dans un vertige paranoïaque. C'était après une soirée arrosée. L'ivresse des agapes déjà dissipée, Tim s'était abandonné à une bouffée d'angoisse. Son regard s'était couvert d'un voile. « J'ai vu le Mal », avait-il alors lâché. Comme les deux amis, nombre de chercheurs de vérité, au fur et à mesure de leur évolution, versent dans une forme de délire de persécution. À l'image de Sergueï Nilus, le promoteur des *Protocoles des Sages de Sion*, qui resta un jour pétrifié de peur lorsqu'un simple pharmacien égaré dans les bois eut le malheur de traverser son jardin : le mystique russe, obsédé par l'idée d'un complot dirigé par l'Antéchrist, avait vu en lui un conjuré venu le faire taire. Leonardo, des DéQodeurs, craint pour sa part d'être assassiné, parce qu'il « dérange le *deep state* ».

Rares sont ceux qui ont la lucidité de percevoir les effets délétères de leur complotisme, et de la noirceur qu'il génère. Comme le relève joliment le chercheur en psychologie cognitive Thierry Ripoll : « Les croyances ont la saveur douce de ces poisons létaux qui distillent leur pouvoir destructeur si subtilement qu'il n'est même plus possible d'identifier qu'ils sont la cause de nos souffrances[69]. »

« Poison ». Le terme n'est pas exagéré : les théories du complot, une fois ingérées en grande quantité, transforment de l'intérieur, et pas pour le meilleur. « Être dans les sphères conspirationnistes vingt-quatre heures sur vingt-quatre peut laisser un mal-être », relève pudiquement la chercheuse belge Marie Peltier, spécialiste du complotisme. Plus grave : ce mal-être a tendance à s'autoalimenter.

L'addiction à l'effroi

Certains chercheurs de vérité rapportent ainsi un glissement conscient, et même volontaire, vers la noirceur. Ainsi de Rob, un informaticien berlinois de 26 ans solitaire et déprimé, qui évoque une forme d'addiction à l'effroi : « Vous ressentez de l'anxiété en lisant un post haineux, votre adrénaline monte et alors il vous en faut plus[70]. »

En la matière, la mythologie QAnon abonde en récits volontiers atroces. Les plus insoutenables portent sur l'adrénochrome. Cette molécule obtenue par oxydation de l'adrénaline est passée dans la culture populaire depuis que le film *Las Vegas Parano*, un *road movie* réalisé par Terry Gilliam en 1998, lui a consacré l'une des scènes de consommation de stupéfiants les plus hallucinées de l'histoire du cinéma. La présentation de cette molécule comme une drogue, tout comme l'origine délirante qu'en propose l'un des personnages, ont été gobés au premier degré par les complotistes : l'adrénochrome serait obtenue en ponctionnant l'adrénaline d'un être humain apeuré ou torturé – préférablement un enfant[71]. Depuis, cette rumeur suscite une fascination morbide parmi les conspirationnistes. « C'est un peu la porte des enfers », relate le vidéaste niçois Raphaël, qui y voit « la pire des choses au monde ». Sabine, sans surprise, adhère à ce mythe. En guise de preuves, elle m'envoie des images glaçantes de jeunes femmes en cage – en fait des images de films d'horreur détournées. Fascinée par leur amoralité, la fan de *Goldorak* n'avait pas eu le réflexe d'en vérifier la provenance.

Cette propension à s'enfermer dans des récits morbides est d'autant plus aiguë à l'heure d'Internet. Comme on le sait, les algorithmes de personnalisation de Facebook, Google ou YouTube exposent en effet prioritairement les internautes à des contenus allant dans le sens de leurs croyances, en l'espèce une représentation sinistre et pandémoniaque du monde. Une vaste étude de 2014 portant sur 700 000 profils Facebook a ainsi montré que plus une personne est exposée à des actualités cafardeuses, plus elle se fait le relais d'une vision noire du monde[72]. Or l'écosystème conspirationniste excelle à mettre en avant des contenus révulsants. En surfant sur le mur Vkontakte[73] de la complotiste QAnon Magali Baron, ses abonnés pouvaient par exemple tomber en mars 2021 sur le récit d'un sordide fait divers de l'Argentine rurale. Dans la province du Chaco, l'autopsie d'une fillette de deux ans, morte d'une septicémie généralisée, a permis de retrouver deux aiguilles, l'une plantée dans son cœur, l'autre dans un poumon. Les policiers ont alors évoqué la piste d'un rituel satanique, ce sur quoi le quotidien argentin *La Nación* s'est empressé de titrer[74], offrant une munition inespérée aux QAnon, obsédés par un supposé réseau pédosataniste dirigé par les huiles du Parti démocrate américain. Tant pis si le crime en question a eu lieu bien loin de Washington, et si, deux mois plus tard, l'hypothèse d'un rite sataniste a été écartée par les enquêteurs, qui ont finalement poursuivi la mère de l'enfant, une marginale de 19 ans, pour homicide aggravé[75]. Cette avancée de l'enquête n'a curieusement pas circulé dans les sphères complotistes, où seule compte la face morbide du monde.

Lorsqu'il repense aujourd'hui à son douloureux voyage à Florence, Romain a du mal à croire qu'il ait pu s'enfermer dans une vision aussi sinistre et désespérée de la réalité. Désormais guéri de ses obsessions complotistes, il en est en tout cas persuadé : c'est la fréquentation de sites interlopes et l'entrée progressive dans un imaginaire anxiogène qui ont installé en lui la sensation d'être cerné en permanence par un mal indéfini. Cette même paranoïa diffuse l'a conduit, à la naissance de son fils, à s'opposer à sa vaccination, craignant que ne lui soient injectées par la même occasion des particules qui permettraient de le pucer, dans le cadre d'on ne sait quel projet mortifère. Romain a finalement cédé devant l'insistance de la mère, qui ne voyait pas bien au nom de quelle fantaisie lugubre elle se serait privée de la possibilité de protéger son nouveau-né des maladies enfantines. La chance de Romain est d'avoir alors été empêché par sa compagne d'aller plus loin dans ses délires paranoïaques. Une chance que beaucoup d'autres n'ont pas.

Alimentés dans leur déraison, ceux-là finissent par être mis en contact avec des théories du complot qui n'ont plus rien d'inoffensif. Ce sont malheureusement les plus endurantes. Depuis le Moyen Âge, des rumeurs particulièrement haineuses ne cessent de ressurgir : celles qui prennent pour cible les juifs. Tout complotiste est un jour ou l'autre confronté à des calomnies antisémites. Derrière leur posture de chevaliers blancs, plusieurs de ceux avec qui j'ai discuté entretiennent un rapport trouble avec ces discours venimeux.

3. La funeste rengaine antisémite

Été 2021. Dans les cortèges manifestant contre le passe sanitaire et les vaccins anti-Covid, certaines pancartes posent des questions en apparence sibyllines : « Qui ? », ou « Mais qui ? ». La plupart des manifestants assurent ne pas y voir de messages haineux. Il s'agit pourtant d'un nouveau code antisémite, notamment popularisé par l'association catholique intégriste Civitas[76] : sans les nommer, ces « Qui ? » accusent principalement des personnalités juives d'être responsables de la pandémie.

Les rumeurs d'un complot juif ont fait surface dès l'apparition du Covid-19, à la stupéfaction de Michael Blume, commissaire à la lutte contre l'antisémitisme de la région du Bade-Wurtemberg en Allemagne : « Les communautés juives me demandent pourquoi elles se retrouvent accusées de tout, même du Covid-19, qui vient de Wuhan. Il semble difficile d'imaginer un endroit sur Terre plus éloigné d'une communauté juive. Et pourtant, les partisans des théories conspirationnistes ont affirmé dès janvier 2020 que les Rothschild et George Soros[77] se cachaient derrière tout cela[78]. »

Faut-il s'en étonner ? En Occident comme dans le monde arabe, l'obsession antisémite est un invariant des théories du complot. Le 11-Septembre ? Pour certains, l'attaque aurait été commanditée par les juifs, et 4 000 d'entre eux, travaillant dans les tours du World Trade Center, se seraient fait porter pâle le jour des attentats – en réalité, 300 à 500 juifs sont morts lors de l'attaque[79]. *Idem* pour les attentats parisiens du 13 novembre 2015 : contre toute évidence, des contre-récits assurent qu'ils ont été fomentés par Israël, qui tirerait les ficelles de l'État islamique[80]. La crise financière de 2008 ? Une machination des banquiers juifs – et tant pis si le secteur de la banque internationale est historiquement protestant, à l'image de JPMorgan, la plus puissante institution bancaire occidentale, ou si la crise est née de la faillite d'une banque fondée par des juifs, Lehman Brothers[81].

Si la Terre plate est le terminus loufoque du complotisme, l'antisémitisme est son pendant haineux, se désespère Michael Blume : « Quand des personnes croient à des théories du complot, aux *chemtrails* ou à d'autres récits liés à la pandémie de Covid-19, elles finissent toujours par glisser dans des schémas antisémites. J'aime comparer cela à un canyon : l'eau a beau prendre tel ou tel chemin, elle finit toujours par couler dans le même fossé[82]. » Il y a bien des siècles, de fait, que le fleuve empoisonné de l'antisémitisme charrie ses eaux fétides.

L'imaginaire du crime de sang

La première vague a près d'un millénaire. Elle s'est formée à la suite de la deuxième croisade, qui, commencée en 1147, a viré en deux ans à la Bérézina pour les forces chrétiennes. En plus d'avoir été désastreuse sur le plan militaire, l'expédition a coûté cher. Le clergé ayant refusé d'assumer entièrement le coût de la campagne, les croisés s'étaient tournés vers des prêteurs juifs, qu'ils n'ont pas toujours été en mesure de rembourser à leur retour de Terre sainte. C'est ainsi qu'un croisé britannique ruiné, Simon de Novers, finit par assassiner son créancier juif. Un ambitieux moine gallois du nom de Thomas de Monmouth va alors se porter à son secours. Si le chevalier a tué son prêteur, assure Monmouth, c'est en réalité parce que ce dernier avait torturé un enfant chrétien *in odium fidei*, c'est-à-dire par « haine de la foi chrétienne », avant de récupérer son sang pour exécuter un rituel judaïque. Cette thèse selon laquelle les juifs se livrent à des meurtres rituels de jeunes chrétiens, le moine la développera en 1173 dans un texte intitulé *The Life and Miracles of St. William of Norwich*, broderie de racontars calomnieux et de reconstitutions controuvées[83] : d'après leurs textes religieux, du moins selon Monmouth, qui cite un apostat, les juifs ne pourraient en effet revenir sur leur terre sacrée « sans que soit versé du sang humain[84] ». Un mensonge éhonté : la Torah proscrit sans ambiguïté de consommer du sang[85].

Ainsi naît une rumeur tragiquement tenace. Le 28 décembre 1235, à Fulda en Allemagne, trente-quatre juifs sont assassinés par des fanatiques convaincus qu'ils ont saigné à mort cinq enfants chrétiens à des fins cérémonielles. En 1475, à Trente en Italie, c'est après le passage d'un moine franciscain aux sermons violemment antisémites, Bernardin de Feltre, que quinze juifs, sur la foi d'aveux obtenus sous la torture, sont exécutés pour le meurtre rituel du petit Simon Unverdorben, retrouvé mort dans un canal.

Cette sinistre rumeur s'est perpétuée au fil des siècles dans la plupart des pays de culture chrétienne. Elle a ainsi circulé dans la Russie tsariste, ressurgissant par exemple en 1911 après le décès du petit Andreï Iouchtchinski, battu à mort. « Tous les ans, avant leur Pâque juive, ils torturent à mort des dizaines d'enfants chrétiens pour mélanger leur sang avec le *matsot*[86] de Pâques », accuse alors un tract antisémite[87]. Dans la France du début du XXe siècle, de façon plus fantasmatique encore, le pamphlétaire monarchiste Urbain Gohier dénonce « les sacrifices humains, leurs orgies monstrueuses, leurs danses macabres, ou les grandes boucheries de Chypre lorsque les juifs, ayant égorgé cinquante mille chrétiens, buvaient leur sang, mangeaient leurs cervelles et s'enroulaient dans leurs entrailles » au nom du « culte de Satan[88] ».

Loin d'appartenir à des temps reculés, les mêmes rumeurs délirantes ont circulé pendant la pandémie de Covid-19, notamment dans les sphères QAnon, quoique expurgées de références explicites aux juifs. Par exemple dans ce récit aussi chimérique que morbide selon lequel « près de 100 000 enfants et cadavres ont été retrouvés dans un tunnel arrivant à la Fondation Clinton de New York ». Le même texte évoque « des preuves d'horribles tortures et d'abus sexuels » contre des enfants rassemblés pour « produire de l'adrénochrome, sang d'enfants traumatisés enrichi d'adrénaline que les "Élites" utilisent pour se rajeunir[89] ». Les légendes urbaines entourant cette sinistre drogue supposée, l'adrénochrome, ne sont ainsi que la mise au jour contemporaine du mythe antisémite médiéval des Pâques de sang[90].

Car, si les juifs ne sont plus toujours définis explicitement comme les ennemis, la diabolisation des milliardaires juifs Rothschild et Soros ou les références à la Cabale, sans parler de cet imaginaire rampant du crime de sang, témoignent d'un fond d'antisémitisme sédimentarisé. Un corpus qui a toutefois été mêlé à d'autres discours persécutoires (visant Bill Gates, Hollywood, les

Clinton...) et suffisamment remis à jour pour que son fond calomnieux éculé ne saute pas aux yeux de ceux qui le charrient.

Bien qu'ils soient les héritiers de ces lugubres calomnies, la plupart des complotistes avec qui j'ai pu échanger jurent ainsi de bonne foi ne pas être antisémites. Tous ont pourtant été en contact avec des rumeurs antijuives, et certains, sciemment ou non, en ont même colporté.

Des dénégations souvent ambiguës

Certains complotistes rejettent l'accusation d'antisémitisme pour des raisons inattaquables[91] : de la même manière que tous ne vont pas jusqu'à croire à la Terre plate, tous ne défendent pas une vision antijuive du monde. C'est le cas de Terry, le financier philanthrope, dont la géographie du blâme s'arrête au gouvernement français, à Big Pharma et à Bill Gates, et qui s'interdit de diaboliser ses ennemis. Sur sa chaîne YouTube, il a certes donné la parole à Chloé Frammery, complotiste suisse présente à plusieurs reprises dans des conversations antisémites en ligne. Mais quand je le lui fais remarquer, il insiste sur le fait qu'il se désolidarise des propos qu'elle a alors tenus, et qu'il n'aurait pas toléré qu'elle les réitère sur sa chaîne. Lui-même a usé du rapprochement cher à certains militants antirestrictions entre le passe sanitaire et l'étoile jaune ; il comprend que cela « choque », mais assure que ce n'est pas son intention – malgré les nombreuses protestations, qu'elles proviennent d'historiens ou de la communauté juive elle-même, il a continué à employer cette comparaison après que nous en avons parlé. Les rares à reconnaître avoir versé dans l'antisémitisme sont les repentis. Ainsi du youtubeur et docteur en astrologie Sébastien Carassou, qui explique avoir dérivé petit à petit des mystères égyptologiques vers des thèses plus politiques, jusqu'à s'interroger sur l'existence des chambres à gaz. La plupart des complotistes convaincus ont quant à eux plutôt tendance à s'agacer du «chantage à l'antisémitisme» qui leur est fait, selon eux, par les médias : ils seraient sommés de se désolidariser d'un phénomène qui, en réalité, ne les concernerait pas, et dont l'évocation viserait uniquement à les décrédibiliser. C'est que la question du procès en antisémitisme est sensible. D'une part, parce que le terme est socialement disqualifiant ; d'autre part, parce qu'il renvoie un reflet monstrueux et embarrassant à une communauté qui a tendance à s'idéaliser. C'est pourquoi certains voient dans cette accusation un grossier «amalgame», comme le troll Déclin mondialiste. Les complotistes qui se revendiquent d'idées de gauche se sentent même insultés. Ce qui ne les empêche pas de propager des rumeurs issues du corpus antisémite.

Leonardo Sojli, le berger des QAnons francophones, est celui chez qui les contradictions sont les plus flagrantes. Ce grand idéaliste peste contre les médias qui présentent les DéQodeurs, à l'instar de tous les groupes QAnon, comme une communauté raciste : il est d'origine albanaise, et deux participants réguliers à ses *lives* sont respectivement noir et juif, s'échine-t-il à rappeler. Pourtant, sur le tchat du groupe, les propos antisémites ne sont pas rares, même s'il est très difficile de le lui faire admettre. Leonardo estime tantôt qu'il n'en est pas responsable, tantôt qu'il s'agit peut-être de faux commentaires postés pour leur nuire.

Jusque-là cordiaux, nos échanges se sont brutalement tendus quand je lui ai fait remarquer qu'il avait relayé lors d'un *live* la rumeur antisémite voulant que la famille Rothschild contrôle toutes les banques centrales du monde[92]. Ce serpent de mer remonte au moins à l'anarchiste russe Mikhaïl Bakounine, qui en fait mention en 1872 dans une lettre dont il est difficile de contester le caractère haineux – sauf à considérer que le fait de parler de «peuple sangsue» et de «nation parasite[93]» ne relève pas de l'antisémitisme. Aujourd'hui, les plus grandes banques du monde sont en réalité chinoises[94]. En somme, relayer ce mythe en 2021 revient soit à être animé d'un profond sentiment antijuif, soit à manquer dramatiquement de lucidité quant aux rumeurs que l'on relaie. Sauf que Leonardo ne supporte pas d'être qualifié d'antisémite, lui qui répète que les juifs font partie de la Bible, de l'histoire chrétienne, qu'il ne peut que les aimer. Même mis face au texte de Bakounine, d'une haine évidente, il continuera de recevoir mes remarques comme une accusation intolérable, s'empêchant de réévaluer le mythe de l'omnipotence des Rothschild avec un regard distancié. Persuadé d'être persécuté, il me reprochera alors de faire partie de ceux qui l'attaquent.

D'autres font preuve d'une ambiguïté encore plus singulière. Parmi tous ceux avec qui j'ai discuté, Tim, l'érudit qui a introduit Romain dans l'univers complotiste, est le seul à connaître l'origine historique de l'accusation de crime de sang contre les juifs. Et il défend mordicus un droit à la vérité qui l'a conduit à s'intéresser à Ariel Toaff, un historien israélien connu pour avoir suscité la polémique en 2007 en écrivant qu'entre le XIIe et le XVe siècle, quelques juifs ashkénazes d'Italie du Nord auraient effectivement préparé du *matsot*, le pain rituellement consommé pendant la Pâque juive, avec du sang chrétien, pour se venger des violences antisémites[95]. L'enthousiasme de Tim est saisissant : « Tu vois les *cojones*[96] de ce type ? Moi, je l'admire en temps qu'historien. Je ne lui prête pas d'opinions malveillantes. Je salue son courage d'avoir écrit ça en sachant ce que cela allait lui coûter », applaudit-il, tout en reconnaissant qu'« ensuite, il a quand même apporté des bémols ».

Et pour cause : de nombreux experts ont relevé des failles méthodologiques criantes dans les travaux d'Ariel Toaff, à commencer par son choix de s'appuyer sur des témoignages obtenus sous la torture[97]. Mais cela n'a pas poussé Tim à revoir son opinion : tout en insistant sur le fait que le crime de sang « ne correspond absolument pas à une tradition juive », il refuse d'exclure « certains cas isolés ». S'il veut y croire, c'est moins par haine antijuive – il ne rechigne jamais à cracher sur les « salopards d'extrême droite » – qu'au nom de son idéalisation de la bravoure intellectuelle.

Chez Tim, l'érotique de la vérité, la passion brûlante pour un idéal d'incorruptibilité intellectuelle, éprouve sa propre pureté en se confrontant à la bienséance et au sentiment de l'indicible. Avec un effet pervers : les thèses antisémites sont alors dévoyées de leur propre historicité pour devenir le faire-valoir d'une vérité qui se vit comme au-dessus de tout.

L'antisémitisme de la post-vérité

À côté de la schizophrénie de Leonardo face à la question juive, et de l'instrumentalisation des mythes antisémites dans le discours élitiste de Tim, Sabine, l'exégète de *Goldorak* ouverte à tous les contre-récits, incarne un troisième type de rapport du complotisme à l'antisémitisme, sans doute le plus perturbant : l'embrigadement dans une réalité alternative.

Depuis la fin de la présidence de Donald Trump, qui était un allié fidèle du Premier ministre israélien Benyamin Netanyahou lorsqu'il résidait à la Maison-Blanche, les contenus anti-Israël se sont multipliés dans l'écosystème QAnon. Et Sabine les relaie avec une naïveté glaçante. Lors des affrontements israélo-palestiniens de mai 2021, elle refuse de croire, en dépit de témoignages visuels abondants, que les villes israéliennes sont visées par des roquettes tirées depuis la bande de Gaza. Sa source ? Une caméra de vidéosurveillance placée dans une zone calme de l'arrière-pays israélien, dont elle scrute les images, diffusées en direct sur Internet, comme un périscope qui lui permettrait d'être au plus près de la vérité – sans percevoir que son périscope n'est pas bien placé.

Depuis la fin du printemps 2021, Sabine navigue dans les eaux d'un antisémitisme décomplexé, au point de partager un tweet glorifiant Édouard Drumont, l'auteur de *La France juive*, best-seller antisémite de la fin du XIXe siècle, qui, *dixit* le message retweeté par ses soins, « alertait ses compatriotes contre le véritable danger qui menaçait la France ». À propos de la famille Rothschild, elle s'étonne de ne les voir « nier nulle part » les rumeurs les concernant. Plus elle se renseigne sur eux, principalement *via* la plateforme vidéo d'extrême droite Odysee, « plus l'histoire sombre cachée semble s'affiner et s'éclairer ». Elle juge toutes les sources que je lui oppose trop partisanes et moins crédibles que les siennes.

Ses recherches sur le sujet sont nées de sa découverte de la « mafia khazare ». Rien ne semble la faire sourciller dans la mythologie créée par les complotistes autour de ce groupe fantasmatique, détournement d'un peuple turc historiquement connu pour sa tolérance religieuse, qui est dépeint comme une organisation criminelle guidée par un « talmudisme babylonien également connu sous le nom de lucifériansme[98] » – périphrase qui recourt à tous les synonymes possibles pour ne pas nommer explicitement la religion juive. Aux yeux de Sabine, l'antisémitisme est une « manipulation » des

Khazars. Elle est d'ailleurs capable de m'écrire qu'elle n'a jamais décelé la moindre intention antisémite dans le mouvement QAnon. Elle y voit seulement « une dénonciation du Démoniaque/Pervers ».

À force de s'immerger dans des contre-récits déconnectés de toute réalité, Sabine ne perçoit plus le sens des mots. Elle les remet en tout cas systématiquement en question : « Je ne sais pas s'il est correct de dire "les juifs", m'explique-t-elle. Je ne sais plus rien ! Je pense qu'il serait correct de mettre de nouveaux mots à la place des anciens. » Elle-même parle désormais plus volontiers de « Judéens », de « sionistes » ou encore de « Babyloniens ». Un vocabulaire alternatif pour des faits alternatifs : plus rien ne semble pouvoir la rattacher à la réalité historique. Ni la protéger des intoxications antisémites les plus grossières – les mêmes qui ont fait le lit de la Shoah.

La mystification de Sergueï

Monastère d'Optina, oblast de Kalouga, 1902. Sur l'épais livre jaunâtre taché de bleu que Sergueï Nilus tient entre ses mains, il distingue plusieurs écritures. C'est la preuve qu'il s'agit bien des minutes des séances du Kahal[99], s'emballe le mystique russe : ce texte, qui raconte par le menu le grand complot mondial juif contre l'humanité, a été écrit par des juifs, c'est un aveu ! Le bouillonnant *starets* détient enfin le plan, et même la signature de l'Antéchrist. Juifs, juifs, juifs : voilà les coupables. L'imprécateur est déjà trop convaincu de l'existence d'une cabale rabbinique pour suspecter une fraude. Comble et drame du complotiste: trop aveuglé par sa conviction paranoïaque d'un complot machiavélique, il s'avère incapable de faire preuve de lucidité face à une authentique manipulation.

Car ce texte, *Les Protocoles des Sages de Sion*, est en réalité un faux grossier : il s'agit d'une longue paraphrase d'un vieux pamphlet antibonapartiste de 1864, *Dialogue aux Enfers entre Machiavel et Montesquieu*, dans lequel «la France» a été remplacée par «le monde» et «Napoléon III» par «les juifs», le tout saupoudré de clichés antisémites. Si l'identité exacte du ou des faussaires qui l'ont rédigé demeure inconnue, il a été prouvé qu'il s'agit de ce que d'aucuns appelleraient aujourd'hui une *fake news*, ou, pour reprendre un terme à la mode du temps de Nilus, d'une «forgerie».

Cette «vérité» si éclatante, Sergueï juge indispensable de la partager avec le plus grand nombre. En 1905, lorsqu'il réédite le plus grand succès de sa carrière d'écrivain, *Le Grand dans le Petit*, un livre rempli de miracles de saints et de prémonitions, il y adjoint donc *Les Protocoles des Sages de Sion*. Ce faisant, Sergueï Nilus devient le premier éditeur majeur du plus célèbre et plus influent faux antisémite de l'histoire contemporaine, futur livre de chevet de l'Allemagne nazie[100]. Que ne s'est-il souvenu, avant de commettre ce geste funeste, de ces paroles de Nietzsche, dont il était un grand lecteur avant de le répudier pour s'offrir tout entier à une foi noire : «Celui qui combat des monstres doit prendre garde de ne pas devenir monstre lui-même. Si tu regardes longtemps dans un abîme, l'abîme regarde aussi en toi[101].»

Comme Sergueï Nilus, qui a basculé dans un monde parallèle haineux, tout individu s'immergeant trop profondément dans les théories du complot finit par perdre toute lucidité. Un naufrage qui peut engendrer des tragédies bien réelles.

4. Jusqu'à la mort

L'Américaine Ashli Babbitt était de la race des contrariens, à en croire le long portrait posthume que lui a consacré le *Washington Post*[102]. Le quotidien y décrit une femme «loyale mais rebelle, dévouée à son pays mais souvent incapable de s'accommoder de ceux qui le partagent avec elle». Durant les six années qu'elle a passées dans l'armée de l'air, elle s'est fait remarquer pour son caractère rétif et ses accrochages avec sa hiérarchie. Un jour de 2014, la jeune femme lâche ses quatre vérités à son supérieur, et en public. Au total, elle se verra reprocher sept faits d'insubordination, qui lui vaudront une rétrogradation. Rapport conflictuel à l'autorité, sentiment de déclassement et d'injustice: des caractéristiques classiques d'un parcours complotiste.

Après avoir quitté l'armée en 2016, c'est dans l'univers QAnon qu'Ashli Babbitt trouve une nouvelle manière d'exprimer son tempérament indomptable, redirigeant sa colère contre Hillary Clinton – qu'elle accuse de kidnapper des enfants – ou prophétisant un nouveau monde où la «lumière» triomphera des «ténèbres». Jusqu'à ce jour du 6 janvier 2021, où, croyant forcer les portes du Capitole et du destin, elle perd la vie, après avoir reçu dans la nuque une balle tirée à bout portant par un policier. À seulement 35 ans, l'ex-militaire américaine décède au nom d'un mirage: tous les recomptages des bulletins de vote de l'élection présidentielle américaine de novembre 2020 ont confirmé la victoire de Joe Biden. La réélection de Donald Trump n'avait pas été «volée», sauf dans le sulfure des contre-récits dont s'abreuvait Ashli Babbitt. Ceux qui l'ont menée, avec des milliers d'autres fervents militants trumpistes, entraînés jusqu'au bout de leur délire par la rhétorique de la mouvance QAnon, à tenter de prendre d'assaut le Congrès des États-Unis. Bilan des affrontements avec les forces de l'ordre : 121 blessés, 26 hospitalisations, 5 morts.

Deux semaines plus tôt, le 23 décembre 2020. Dans une lettre qu'il envoie à une connaissance, Anthony Warner, un sexagénaire vivant à Nashville dans le Tennessee, expose ce qu'il croit désormais être la «vérité». Le 11-Septembre ? Nullement un attentat dû à des kamikazes d'Al-Qaïda, mais une attaque extraterrestre. Ce que les médias ont évidemment passé sous silence, car ils sont contrôlés par des reptiliens ayant modifié l'ADN humain, croit-il savoir. Une de ses phrases est terrible : « [Les hommes-lézards] ont placé un interrupteur dans le cerveau humain afin de nous paraître humains lorsqu'ils marchent parmi nous[103].» Autrement dit, la moindre de nos perceptions est un mensonge. Plus loin, Anthony Warner écrit que «la mort n'existe pas». Le 25 décembre, il pose une bombe dans les rues de Nashville, qui connaît une journée de Noël exceptionnellement calme, au milieu d'une année 2020 chaotique. L'explosion ne fait heureusement aucune victime, en dehors d'Anthony Warner lui-même.

Depuis le début de l'année 2020, la chaotique élection présidentielle américaine et la crise du Covid-19 ont permis de mesurer, dans un effrayant emballement, que le complotisme peut avoir des conséquences extrêmes dans la vie réelle. Alors que la pandémie a favorisé la progression fulgurante des idées antivaccins, des conspirationnistes se sont ainsi lancés dans des actions de sabotage mettant indirectement des vies humaines en danger. En Angleterre, un groupe d'individus covidosceptiques a pénétré dans un hôpital pour tenter d'en faire sortir de force un proche hospitalisé pour une forme grave du Covid, malgré les alertes du personnel soignant[104]. Dans la nuit du 24 au 25 décembre 2020, Steven Brandenburg, un pharmacien du Wisconsin, aux États-Unis, a profité de sa garde nocturne pour sortir environ 570 doses de vaccins Moderna des réfrigérateurs où elles étaient stockées, dans l'espoir de les rendre inopérantes. L'enquête du FBI a révélé que M. Brandenburg est persuadé que les vaccins sont dangereux, que la Terre est plate et que le ciel est un cache installé par le gouvernement pour empêcher les humains de voir Dieu[105]. À San Francisco, un père souffrant de problèmes mentaux, membre de groupes *new age* antivaccins, a tué son fils de 9 ans avant de retourner l'arme contre lui[106]. À Dirac, en Charente, un couple de personnes âgées est mort du Covid-19 en avril 2021 : sur les conseils de l'une de leurs filles, ils avaient refusé de se faire vacciner[107].

Les effets néfastes des théories du complot sont largement documentés par la science. Les contre-récits mènent à un rejet des connaissances scientifiques, concernant les bénéfices de la vaccination mais aussi l'origine du sida ou encore le réchauffement climatique[108]. Ils suscitent un pessimisme qui pousse nombre de leurs adeptes à se détourner des pratiques démocratiques et de la question environnementale[109]. Sans compter leur prévalence au sein des mouvements radicaux violents : les récits diffamatoires excellent à pousser les jeunes gens en mal d'héroïsme à prendre les armes et à commettre des attentats, que ce soit au sein de milices djihadistes obsédées par un pseudo-complot judéo-chrétien ou de groupuscules d'ultradroite hantés par la haine antisémite[110].

Fort heureusement, les complotistes sont loin d'être tous des meurtriers en puissance. Parmi tous ceux que la crise sanitaire a poussés dans les bras des théories du complot, beaucoup acceptent encore une forme de débat, fût-il difficile à mener et rarement fertile. En somme, s'il est encore possible d'établir un dialogue avec eux, c'est maintenant. À condition, toutefois, de tenir compte de la singularité de leur logiciel de pensée.

TROISIÈME PARTIE

Le retour du réel

Chapitre 7

Résister

1. L'imperméabilité à la contradiction

Raphaël est niçois, vidéaste, ancien journaliste pour la presse locale, la trentaine bien entamée. Il fait partie de ces internautes qui, sur Twitter, réagissent souvent de manière véhémente à mes articles de vérification. Un jour, las de chercher à le convaincre, je le contacte par message privé pour essayer de comprendre son point de vue. Au fil de nos conversations, il me confie être entré dans l'univers des contre-récits un jour qu'il écoutait RTL, en entendant les propos conspirationnistes de l'humoriste Jean-Marie Bigard sur le 11-Septembre. Raphaël a voulu en avoir le cœur net. En faisant des recherches en ligne, il tombe sur une séquence de vidéosurveillance du Pentagone partagée par les autorités américaines. Sur ces images, enregistrées le jour de l'attaque à l'extérieur du quartier général de la Défense américaine, à Washington, les conspirationnistes assurent voir un missile foncer vers le bâtiment, qui n'aurait donc pas été visé par un avion détourné par les terroristes d'Al-Qaïda. Pour Raphaël, c'est une révélation : le 11-Septembre est en réalité une vaste manipulation organisée par le gouvernement américain.

L'extrait vidéo est succinct, les images peu lisibles, d'autant que le grand-angle de l'objectif écrase les proportions. Bref, chacun y voit un peu ce qu'il veut. Raphaël me demande mon avis. À plusieurs reprises, lors de mes entretiens avec des complotistes, j'ai eu beaucoup de mal à réprimer l'envie d'opposer des faits à leurs théories bancales. Cette fois, la tentation est trop forte. Alors je lui dis que cette vidéo manque de clarté, et lui cite les innombrables photographies et témoignages laissant fort peu de doutes sur le fait que le Pentagone a été attaqué par un avion.

Grossière erreur. « Le fait que tu ne sois pas d'accord avec moi sur ce point, pourtant évident, me fait penser que tu n'es pas sincère », se braque aussitôt Raphaël, qui se carapate dans une posture défensive. Le rappel est cinglant : les contre-récits sont hermétiques à la contradiction, et le simple fait de les discuter crée souvent des étincelles. Espérer amener un complotiste à revoir ses positions relève généralement de la chimère.

Qui n'en a pas fait l'expérience ? Les chercheurs de vérité, si prompts à s'ouvrir à tant de récits exotiques, se referment comme des huîtres face aux objections. Tous les « repentis » le disent. À commencer par Stéphane, la star de la « Raoultphère » en 2020, qui, vous l'aurez sans doute déjà compris, a depuis abandonné ses positions pro-hydroxychloroquine : « Quand j'étais dedans, c'était impossible de me faire changer d'avis. Des gens venaient me parler gentiment, mais je n'étais pas réceptif. Le changement ne pouvait venir que de moi, pas des autres», analyse aujourd'hui le jeune Marseillais. Un constat partagé par la plupart des experts du complotisme, comme les juristes américains Cass R. Sunstein et Adrian Vermeule : «Les théories du complot s'avèrent inhabituellement dures à ébranler ou déloger ; elles ont la propriété d'être étanches, particulièrement immunes à la critique[1].»

Je peux en attester. J'ai eu beau passer des heures à démonter point par point les informations erronées brandies par le troll Déclin mondialiste, celui-ci n'a jamais laissé transparaître le moindre début de remise en question. *Idem* de Sabine, si prompte à accueillir les rumeurs les plus extravagantes, qui peut reconnaître ponctuellement des erreurs factuelles marginales, mais estime que son intuition générale n'a jamais été détrompée. Sans trop me faire d'illusions, je lui demande un jour si nos nombreux échanges et les quelques contradictions que j'ai pu tenter de lui apporter ont parfois fait naître chez elle une once de doute. «Non, aucune en fait, me répond-elle avec une sincérité déprimante. Mais je me suis enrichie de ces échanges, qui m'ont aussi obligée à aller chercher le plus possible pourquoi je ne basculerai pas de mon monde au vôtre : eh bien, quand il s'agit d'évolution de conscience, vous ne pouvez pas rebasculer vers l'ancienne sphère.» La fan de *Goldorak* vit désormais dans un monde qui n'est qu'une monstrueuse chimère, faite de trompe-l'œil omniprésents, de forces magiques occultes et d'élites surnaturelles. Lui désigne-t-on des coupables ? Elle les ajoute aussitôt à sa carte du blâme, sans le moindre recul. Récemment, Sabine s'est ainsi mis en tête de lire les écrits de théoriciens antisémites contemporains. À ses yeux, ils sont les seuls à faire l'effort de sourcer leurs travaux, et rien ne semble pouvoir l'en dissuader.

En 1909, déjà, alors qu'il tentait de prouver à Sergueï Nilus l'inanité de son obsession pour un complot juif mondial, le comte Alexandre du Chayla faisait face à un interlocuteur muré dans ses positions, et persuadé de son bon droit. «Vous êtes vraiment sous l'influence du diable, lui répondait le *starets* mystique. La plus grande ruse de Satan est de faire nier non seulement son influence sur les choses de ce monde, mais jusqu'à son existence.» Un argumentaire que Leonardo Sojli m'a resservi presque au mot près. Un complotiste ne peut pas avoir tort : il voit ce que les autres ne voient pas, et a raison avant tout le monde. C'est pourquoi les articles écrits par des journalistes spécialisés dans la vérification des rumeurs sont notamment si impuissants à les faire changer d'avis.

Les limites du factchecking

Pour moi, dont le factchecking est le métier, ces entretiens avec des complotistes ont été une leçon d'humilité. Littéralement. « Sois humble », m'a prié à plusieurs reprises Leonardo, arguant que les fact-checkeurs sont trop définitifs. Il est vrai que certains de nos articles ont pu mal vieillir. En février 2020, j'ai ainsi écrit, citant les recommandations de l'OMS de l'époque, que le port du masque n'était pas conseillé pour se protéger du coronavirus. Raté : avec l'évolution du savoir scientifique, et notamment la découverte des contaminations aéroportées, les autorités sanitaires ont fait machine arrière quelques semaines plus tard. Dans le même esprit, une analyse que j'ai signée en avril 2020 sur « l'étrange obsession pour la thèse complotiste du virus créé en laboratoire », qui énumérait plusieurs infox loufoques comme l'idée que le coronavirus aurait été créé à partir du VIH, m'a été renvoyée à la figure au début de 2021, quand des experts ont relancé la piste d'une possible fuite accidentelle au sein d'un laboratoire de Wuhan. Tant pis si ces deux explications n'ont en réalité rien à voir : pour mes contradicteurs, c'était la preuve définitive que les complotistes avaient raison depuis le départ.

Ces épisodes, et bien d'autres, ont fini par m'inspirer un profond sentiment d'impuissance : si le fact-checking aide souvent des personnes de bonne foi à ne pas se laisser berner par des rumeurs manipulatrices, il semble n'avoir aucune prise sur ceux qui se considèrent comme éveillés. Tous mes interlocuteurs me l'ont confirmé, qu'ils soient repentis ou non. « Quand on est vraiment dedans, les arguments rationnels, ça ne marche pas du tout : on jette un voile de discrédit sur tout ce qui contredit la croyance», témoigne Clément, qui a longtemps navigué dans la sphère entourant le polémiste antisémite Alain Soral. Même Raphaël le Niçois, qui se targue pourtant d'avoir travaillé pour la presse de sa région, me renvoie une vision désespérante de mon travail : «Je sais que beaucoup [de factcheckeurs] sont payés pour mentir, c'est leur job.» D'une manière générale, les productions journalistiques qui tendent à démystifier les théories du complot sont davantage perçues comme une agression pilotée par les comploteurs que comme une main tendue.

Ce peu de considération pour les articles de vérification est confirmé par la recherche académique. En analysant 1 741 messages publiés sur les réseaux sociaux, deux chercheurs norvégiens en sciences de l'information, Petter Bae Brandtzæg et Asbjørn Følstad, ont ainsi montré que les avis postés en ligne sur deux sites de factchecking anglophones de référence, Snopes et FactCheck.org, étaient négatifs à respectivement 68 % et 58 %[2]. Parmi les principaux reproches identifiés par cette étude figure d'abord le manque d'expertise des factcheckeurs – une critique qui peut être entendue, les journalistes n'étant certes pas juristes, sociologues ni virologues, raison pour laquelle ils sollicitent le savoir de ces spécialistes. Les sites de factchecking sont également suspectés de suivre un agenda caché, ce qui relève en revanche d'un raisonnement conspirationniste. Ils présenteraient enfin un biais idéologique lié à leur affiliation supposée ou réelle avec la gauche. Il est vrai que les rumeurs complotistes circulent plus facilement dans les médias qui affichent leur positionnement à droite voire à l'extrême droite, comme l'a prouvé la couverture de la pandémie de Covid-19 par Sud Radio, la chaîne d'information CNews ou le site France-Soir. Les articles de vérification souffrent en l'occurrence d'un biais connu de longue date : un individu fait naturellement davantage confiance aux médias proches de son propre positionnement politique[3]. Il a même été prouvé que, lorsque les personnes les plus militantes lisent des articles corrigeant leurs convictions, ces dernières s'en trouvent paradoxalement renforcées[4]. C'est le principe de la boussole inversée : si un média que vous considérez comme votre ennemi vous assure que vous vous trompez, n'est-ce pas la preuve que vous êtes dans le vrai ?

Pour ne rien arranger, le factchecking se voit désormais opposer des réponses éditoriales qui finissent d'anéantir son pouvoir de rectification déjà limité. Depuis le début de la crise sanitaire, des sites proches de la complosphère pro-Raoult, comme France-Soir, ont ainsi pris l'habitude de répondre aux articles de vérification par des contre-articles souvent très agressifs envers les médias traditionnels[5] et leurs journalistes[6]. Comme on l'a vu, la communauté QAnon des DéQodeurs a pour sa part choisi son nom pour « troller les Décodeurs du *Monde* », ainsi que me le glisse Leonardo en souriant. Si bien que les articles de vérification professionnels sont désormais piégés dans une logique partisane qui fait bien peu de cas de la vérité.

C'est pourquoi, dans le contexte d'un débat avec un éveillé, il ne faut pas espérer grand-chose des ressources journalistiques à disposition. Comme le pointe le psychologue belge Olivier Klein : « Quand quelqu'un relaie un discours complotiste, on est tenté de lui envoyer l'article de factchecking qui démonte ses croyances, accompagné d'un commentaire laconique. C'est la pire façon de procéder[7]. » Il n'accordera aucun crédit à ces informations, et se sentira même agressé.

Aussi paradoxal et troublant que cela puisse paraître, face à un conspirationniste, il importe ainsi de faire un usage pondéré des informations vérifiées. Car, de la même façon qu'une personne endormie se sent agressée si on allume brutalement la lumière de sa chambre, et cherchera instinctivement à se cacher les yeux pour tenter de retrouver le confort de la pénombre, le premier réflexe d'un complotiste contredit sera de rejeter tout contre-argument pour préserver sa croyance. Une réaction qui répond en partie à une logique narcissique.

La « bêtise au deuxième degré »

Face à la contradiction, la plupart des êtres humains tendent à s'accrocher à leurs convictions, quitte à faire fi de la vérité. Mais chez les conspirationnistes, cette propension naturelle est d'autant plus marquée que les théories du complot leur apportent l'impression de s'élever au-dessus de la masse de leurs congénères.

Or cette jouissance narcissique constitue une pente savonneuse : elle conduit à abandonner peu à peu la posture initiale du doute et du questionnement pour glisser vers une certitude flatteuse, jusqu'à tomber dans une obstination maladive. Ainsi, à force de fréquenter des personnalités complotistes de premier plan, Terry, l'analyste financier inquiet de l'établissement d'une « dictature sanitaire » fatale aux libertés, qui a longtemps été si poli, plein de compréhension et de diplomatie, a fini par adopter à son tour un ton militant péremptoire. Alors qu'il m'avait toujours fait savoir qu'il serait prêt à admettre ses erreurs, il admet également, un peu penaud, qu'il ne voit plus, désormais, ce qui pourrait le faire revenir en arrière. Les convictions d'un complotiste sont d'autant plus immunes à la critique que ce dernier pense s'être déjà extrait de l'ignorance : ses anciennes représentations du monde, celles, naïves, d'un « citoyen assoupi », ont été remplacées à ses yeux par les vérités supérieures d'un « citoyen éveillé ». Et autant il est possible de se déshabiller çà et là de ses erreurs, autant il est bien plus coûteux pour l'ego de se dévêtir du sentiment de son intelligence.

Le philosophe français Clément Rosset a consacré des pages féroces à ce qu'il appelle la « bêtise au deuxième degré », caractéristique selon lui des personnes qui, parce qu'elles se sont informées et ont changé une première fois d'avis, ont remplacé leurs préconceptions initiales, fragiles mais sans prétention, par des certitudes vaniteuses. Aux yeux de Rosset, elle est bien plus dangereuse que la « bêtise au premier degré », la simple ignorance : « Cette bêtise du second degré, apanage des personnes généralement considérées – à juste titre d'ailleurs – comme intelligentes et cultivées, est évidemment incurable : en quoi elle constitue une forme de bêtise absolue, à la différence de la bêtise au premier degré. » Car autant cette dernière peut être « détrompée », autant la bêtise au second degré est « incurable de trop bien raisonner[8] ».

La rhétorique du double

Cette foi infatuée d'elle-même s'accompagne d'une spectaculaire propension à trouver une explication acrobatique à tout ce qui vient la contredire. Là encore, le complotisme ne fait que pousser à l'extrême une tendance naturelle chez l'être humain lorsqu'une de ses croyances est mise à mal par un élément extérieur inattendu. Ce sentiment désagréable d'incompatibilité entre ce qu'on pense savoir et ce que nous renvoie la réalité a un nom : c'est la dissonance cognitive, notion conceptualisée dans les années 1950 par le psychologue américain Leon Festinger[9]. Face à une telle contradiction, observe Festinger, l'esprit humain cherche spontanément à atténuer l'inconfort par toutes sortes de stratégies : il peut fuir les sources d'information dissonantes, aménager des exceptions à leurs assertions, délégitimer l'énonciateur, nier la réalité, échafauder une explication magique, etc.

Les arrangements de ce type sont monnaie courante dans la vie mentale d'un complotiste, chez qui la peur de la dissonance cognitive est hypertrophiée. Pour parer à toute contradiction, il a notamment tendance à mobiliser un arsenal de figures du double : homme de paille, agent infiltré, sosie, acteur, clone, hologramme… Le cas de Tiffany Dover, une infirmière américaine qui, en décembre 2020, a fait un malaise vagal en direct sur une chaîne de télévision locale après s'être fait injecter une dose de vaccin anti-Covid, en fournit un exemple éclatant. La complosphère s'est rapidement convaincue que la jeune femme était décédée[10]. Face aux rumeurs, son hôpital a publié quelques jours plus tard une vidéo la montrant en pleine forme. Ce à quoi les antivaccins ont réagi en décrétant qu'il ne s'agissait pas de Tiffany Dover, mais d'une actrice lui ressemblant, enrôlée pour camoufler sa mort.

Ce recours à la rhétorique du double ne s'applique pas seulement à des personnes, mais aussi à des événements, voire à des pays. Le journaliste helvétique Sami Zaïbi explique ainsi avoir discuté avec une militante QAnon convaincue de l'existence d'une « deuxième Suisse, sous la Suisse, une Suisse souterraine, avec les mêmes rues, les mêmes magasins » : c'est là, lui a-t-elle expliqué, que « l'État cache les enfants qu'il a arrachés aux familles, pour que les réseaux pédocriminels puissent venir se servir[11] ». Aussi ubuesque que paraisse cette proposition, elle permet de justifier que les militants QAnon n'aient jamais pu apporter d'élément tangible pour corroborer leur fameuse thèse de l'existence d'un réseau pédosatanique aux ramifications mondiales. Et bon courage pour apporter la contradiction à une telle croyance...

Dans l'univers conspirationniste, même un document notoirement faux peut être perçu comme la voix inattendue de la vérité. Le comte du Chayla parvient-il à faire envisager à Sergueï Nilus la possibilité que les *Protocoles des Sages de Sion*, ce supposé plan de domination mondiale signé par des dignitaires juifs, ne soient pas authentiques ? Le moine antisémite renverse aussitôt l'argument : admettons qu'ils ont été fabriqués de toutes pièces ; qu'est-ce qui prouve que le contenu de leurs pages ne décrit pas avec justesse la réalité ? C'est le même raisonnement qui permettra aux nazis de considérer les *Protocoles* comme dignes de foi, alors même que la presse, notamment *The Times*, avait dès les années 1920 apporté les preuves de la supercherie[12]. « Peu importe de quelle tête juive viennent ces révélations, [...] l'essentiel est qu'elles révèlent avec une certitude tout à fait effrayante l'essence et l'activité du peuple juif, et qu'elles en dévoilent la cohésion interne et les objectifs finaux », tranchera ainsi Hitler dans *Mein Kampf*.

De telles explications requièrent des trésors d'imagination et de lourdes concessions vis-à-vis de la plausibilité. D'une manière générale, la rhétorique complotiste excelle à recourir au « chichi », ce goût de la complication théorisé par le philosophe Clément Rosset, qui le présente comme un « besoin de la duplication[13] », motivé par un réel trop cru, trop singulier ou simplement trop contradictoire, qu'il faut obvier par tous les moyens possibles. Il s'agit, en somme, d'un art de l'esquive, qui, pour résorber la dissonance cognitive, peut aller jusqu'à nier le réel dans son ensemble quand celui-ci se présente comme une contradiction trop frontale.

Cette certitude granitique d'avoir accédé à une vérité supérieure va même parfois jusqu'au délire prophétique : persuadé de détenir la vérité, l'éveillé verrait aussi l'avenir. Dans une lettre à sa sœur, Sergueï Nilus partage son sentiment de préconnaissance de l'Apocalypse : « Non seulement je pressens que la chute arrive, mais je le sais, je sais d'où et par qui elle vient et ce qui nous attend dans un proche avenir[14]... » Et même lorsque les événements finissent par contredire leurs prophéties, les complotistes les plus assurés ne se démontent pas.

2. Les prophéties invulnérables

« Si rien ne se passe, on va passer pour des cons devant plein de gens, 31 000 personnes ! », tente de désamorcer Leonardo Sojli dans un sourire, en direct sur la chaîne des DéQodeurs. Nous sommes le 20 janvier 2021, jour de l'investiture de Joe Biden en tant que président des États-Unis. Une cérémonie attendue de pied ferme par la communauté QAnon, qui a fait de Donald Trump son héros, le dernier rempart contre les forces maléfiques du Parti démocrate.

Ce doit être un moment fort: celui où une communauté de laissés-pour-compte va enfin passer du côté des vainqueurs. Les millions de «soldats digitaux» de Q sont en effet persuadés que la cérémonie va être interrompue par l'armée, que Joe Biden va être fait prisonnier, avant que Donald Trump ne soit à nouveau proclamé président. Comment se déroulera l'opération ? Mystère. Sur la boucle Telegram des DéQodeurs, comme dans le *live*, chacun y va de son petit scénario. Leonardo et ses amis envisagent même que des représentants du Parti démocrate assassinent eux-mêmes le président élu.

Mais lorsque la cérémonie commence, c'est le drame: tout se déroule le plus normalement du monde. Au fil des minutes, sur la boucle Telegram des DéQodeurs, l'euphorie retombe. Alors que certains veulent encore y croire, et arguent qu'il faut «avoir confiance dans le Plan», d'autres perdent patience et fulminent : «On s'est fait balader, voilà tout» ; «Q est un enc*** !» ; «Non, c'est mort, Biden est président, faut arrêter de fabuler, Leo. Tes histoires imaginaires, c'est dans les films, et on est dans le monde réel[15]». Tous les forums QAnon à travers le monde s'emplissent alors des mêmes messages amers. Sur un autre site francophone, on peut lire : «Si Trump revient, tant mieux pour lui. Si Q revient, *fuck* *him*. C'est trop tard. [...] J'ai trois ans de séries télé et de films à rattraper. J'ai déjà commencé[16].» Pour nombre d'adeptes de Q, l'investiture de Joe Biden a constitué un violent rappel au réel.

De pareilles douches froides se sont déjà produites à de nombreuses reprises dans l'histoire, au sein de mouvements sectaires qui attendaient fébrilement la réalisation d'une prophétie. Un exemple fameux est rappelé par Leon Festinger dans son essai sur la dissonance cognitive[17]. Au début du XIXe siècle, un fermier américain, William Miller, proclame après de savants calculs que le Messie fera son retour sur Terre vers 1843 – ce sera le second avènement du Christ, en anglais *second advent*, d'où le nom de son mouvement, l'adventisme. À la fin des années 1830, des dizaines de milliers d'Américains se rallient à la prophétie de Miller, qui, après avoir décalé la date à deux reprises, finit par promettre le retour du Christ pour le 22 octobre 1844. Las, rien ne se passe ce jour-là. Pour les adventistes, c'est «la Grande Déception». «Nous avons pleuré, et pleuré, jusqu'au crépuscule[18]», relate l'un d'entre eux, Hiram Edson.

Vingt ans plus tard, le même Hiram Edson participera à la création d'un autre mouvement de réveil chrétien, l'église adventiste du septième jour: même après avoir percuté le mur du réel à pleine vitesse, les adeptes les plus déterminés des théories à caractère divinatoire persistent à vouloir y croire.

L'« effet fauvette », ou lorsqu'on préfère se mentir

Au début des années 1950, des membres de la secte des « Gardiens », un groupuscule soucoupiste *new age* du Michigan, aux États-Unis, s'étaient convaincus que des entités extraterrestres avaient annoncé à leur meneuse, Marian Keech, qu'une inondation cataclysmique se produirait le 21 décembre 1954. Rien ne se produisant, ni le jour J ni les jours suivants, les adeptes les plus investis, plutôt que d'acter l'inanité de leur croyance, réinterprétèrent l'échec de leur prophétie comme une victoire inespérée : en se réunissant plusieurs nuits de suite dans l'attente de l'événement, le petit groupe, par ses prières, avait diffusé tant d'énergie et de lumière qu'il avait empêché le déluge[19].

De même, face à l'écroulement de la prophétie de Q sur l'arrestation de Joe Biden et le triomphe de Donald Trump, ses plus fidèles supporteurs ont tout fait pour donner une seconde vie au mythe QAnon, au prix d'arrangements alambiqués avec la réalité.

Retour au 20 janvier 2021. Alors que Biden vient d'être investi président, ils sont quelques-uns à garder espoir sur le tchat du *live* des DéQodeurs. Pour réfuter les événements qui se déroulent devant leurs yeux, ils font preuve d'une inventivité admirable. Fluidité de la retransmission télévisée, orientation des lignes du drapeau américain, décorations des généraux se tenant auprès de Biden… Le moindre détail est passé au peigne fin, à la recherche d'une anomalie qui permettrait de renvoyer la cérémonie au rang d'un montage grossier, d'une mise en scène trompeuse – la rhétorique du double, toujours elle.

Finalement, ce qui reste de la communauté se met d'accord sur un contre-récit particulièrement abracadabrantesque : Joe Biden a été intronisé président, c'est vrai, mais d'un Washington parallèle, qui serait une entreprise privée, une sorte d'enclave étrangère sans prérogatives constitutionnelles ; et Donald Trump reste en secret le véritable dirigeant américain, le temps que les militaires, seuls dans la confidence, renversent l'usurpateur. « Le coup du siècle », se réjouit un adepte sur Telegram.

Pourquoi, face à la plus incontestable démonstration de la fausseté d'une croyance, certains persistent-ils à nier le réel ? Pour expliquer cette attitude déconcertante, le psychiatre Patrick Clervoy a introduit la notion d'« effet fauvette[20] », en référence au comportement de cet oiseau souvent dupé. Il arrive en effet que, dans le nid de cette dernière, la femelle d'une race rivale particulièrement manipulatrice, le coucou, remplace en son absence l'un des œufs par le sien. Bernée, la fauvette couvera l'œuf du coucou jusqu'à éclosion.

Et même lorsque l'oisillon qui en sort se révèle bien plus gros qu'un bébé fauvette, accaparant la nourriture de sa fratrie de nid, la fauvette ne prend absolument pas acte de la duperie. Elle accorde même toute son attention au petit coucou, au point de négliger sa propre progéniture, comme s'il était préférable pour elle de feindre jusqu'au bout que l'intrus est bien son oisillon, plutôt que d'admettre avoir couvé un imposteur durant des semaines. Pour Patrick Clervoy, c'est la métaphore de la cruauté du mensonge : plus celui-ci est gros, plus on se laisse entraîner longtemps et en profondeur dans celui-ci, et plus il est coûteux pour l'ego d'admettre avoir été berné. Au point que perpétuer le mensonge apparaît au final comme la solution la moins contrariante. C'est ainsi que de nombreux complotistes, très attachés à des théories bancales, préfèrent imaginer des explications toujours plus acrobatiques plutôt que de se dévêtir de leurs certitudes fallacieuses.

Le philosophe Clément Rosset décrit à merveille la façon dont les victimes de l'effet fauvette arrangent leur discours pour protéger leurs mensonges et congédier la contradiction : « On dira donc que l'événement réel est en quelque manière truqué, qu'il triche avec le réel. Et pour user d'une terminologie naïve en accord avec des sentiments naïfs eux-mêmes, on pourra dire que l'événement n'est pas le "bon" ; le bon événement, l'événement qui aurait seul le droit de se dire véritablement réel, est justement celui qui n'a pas eu lieu, étouffé avant de naître par son double truqué[21]. »

Pour parvenir à repousser le réel, les QAnons les plus déterminés ont pu compter sur le fait que, au sein de leur mouvement, la « vérité » est véhiculée par un messager occulte dont la parole n'est que partiellement intelligible : mi-taupe du FBI, mi-apôtre trumpien,

Q s'exprime à travers des aphorismes ambigus et des messages codés. Leonardo n'a pas de problème à affirmer qu'il comprend environ 70 %, pas plus, des posts de Q : ce serait insulter son intelligence suprême que de prétendre pouvoir percer tous ses secrets. Poussé à l'extrême, ce raisonnement a permis à un QAnon français particulièrement fanatisé, un certain Antoine H, d'affirmer dans une vidéo depuis supprimée que l'intronisation de Joe Biden n'était en réalité qu'une mise en scène géante, avec des centaines d'acteurs et de figurants, et qu'elle ferait partie du plan de Q et de Donald Trump. Si l'intérêt d'une telle manigance ne saute pas aux yeux, poursuivait-il, c'est parce que ces derniers se livreraient à une « partie d'échecs en cinq dimensions », qui, par nature, échapperait à l'intelligence du commun des mortels.

Ce refuge dans l'argument de l'inintelligibilité des forces suprêmes n'est pas nouveau. Dans *Les Protocoles des Sages de Sion. Faux et usages d'un faux*, le politologue Pierre-André Taguieff souligne que la tradition religieuse millénariste, qui soutient l'idée que le Messie va revenir sur Terre pour y régner, a toujours postulé la « sagesse impénétrable et supra-humaine de la Providence ». Comme le Mal qu'elle combat, celle-ci « se manifeste par ses ruses et ses détours[22] ». Consubstantielle au complotisme prophétique, l'idée d'une intelligence supérieure retorse et insaisissable permet d'esquiver à volonté toutes les contradictions et les incohérences qui pourraient se présenter.

«Je ne peux pas vivre sans espoir»

Malgré l'échec de ses prophéties, William Miller, le maître à penser du mouvement adventiste, a lui aussi réussi à s'accrocher à sa croyance. Le 25 mars 1844, alors que la deuxième des trois dates auxquelles il a successivement annoncé le retour du Christ est passée sans que le miracle se produise, il écrit : «J'attends toujours le Sauveur. La période que j'ai calculée est désormais écoulée ; et je m'attends à n'importe quel moment à le voir descendre du ciel. Je n'attends plus rien d'autre que ce glorieux espoir[23].» Leonardo me fait une confidence similaire, un jour que nous discutons de ce qui le pousse à continuer l'aventure des DéQodeurs malgré la déconvenue du 20 janvier : «Je ne peux pas vivre sans espoir.» Et de compléter : «On se bat pour l'humanité. Ce que vous ne comprenez pas, c'est que la vérité est de notre côté. Papa [Dieu] est avec nous.» Je mesure ici toute l'impuissance du journalisme et de la science, deux paradigmes reposant sur la prudence et la charge de la preuve, face à une religiosité fondée sur la promesse de l'imminence d'un monde meilleur.

Après le rendez-vous raté du 20 janvier 2021, Leonardo, malgré sa ferveur mystique, n'est pas allé jusqu'à nier la réalité de la cérémonie d'intronisation de Joe Biden, contrairement à d'autres. À la place, il a pris la faute sur lui, expliquant que les DéQodeurs s'étaient trompés dans leur interprétation des *drops* de la Pythie de 8chan – une autre manière de sauver Q. Car il n'a pas renoncé à croire au mystérieux prophète d'Internet, ni à l'espoir que les événements finiront par lui donner raison. Il arrive encore au berger QAnon de se lancer dans des considérations sur ce que l'avenir réserve, quoique avec un peu plus de prudence : il n'évoque plus des événements précis, mais de simples « points d'étape » du « réveil des peuples ». Parfois, sur un ton solennel et menaçant, il m'exhorte à être « attentif », car de prochaines révélations explosives vont tomber – « dans les sept années à venir », précise-t-il sans donner plus d'explications. Comme si rien ne pouvait éteindre le feu de la prophétie, de la promesse. Les rêves de Leonardo sont plus puissants que ses déceptions.

Et puis arrive toujours le moment où un événement permet de sauver la face. En mai 2021, des journalistes américains révèlent que Bill Gates a entretenu des liens avec Jeffrey Epstein, le milliardaire américain accusé de pédophilie avant de mourir en prison, et un nouveau conflit israélo-palestinien éclate, avec son cortège de drames et d'images choquantes. Q ne l'avait-il pas prédit ? Il allait se passer quelque chose. Comme les météorologues annonçant de la pluie dans l'année, la Pythie numérique a finalement eu raison. Leonardo Sojli s'en félicite : à ses yeux, hormis pour l'investiture de Joe Biden, les DéQodeurs ont toujours eu raison.

Je doute que Leonardo puisse un jour abandonner cette vision du monde qu'il a tant investie. C'est l'une des plus terribles leçons de ce livre : quoi qu'il arrive, certains ne feront probablement jamais marche arrière. Ce fut le cas de Sergueï Nilus. Ses sermons apocalyptiques finirent par lasser les responsables de son monastère, dont il fut chassé en 1912. Jusqu'à sa mort d'une crise cardiaque, en 1929, le ténébreux *starets* se berça des remerciements que les antisémites d'Europe et des États-Unis lui envoyaient pour avoir « dévoilé » les *Protocoles des Sages de Sion*, sans jamais être parcouru par l'ombre d'un doute. Nilus offre un exemple funeste d'enfermement définitif dans un système conspirationniste aveuglant. Pourtant, et même si elle est rare, la décroyance est heureusement possible.

Chapitre 8

Vaciller

1. Miracle chez les néonazis

Avec son fédora noir trop large sur de longs cheveux roux et sa silhouette fluette de cowboy gothique, Derek Black détonne parmi les étudiants de l'université de New College, à Sarasota en Floride. De fait, Derek n'est pas un étudiant comme les autres.

En ce début des années 2010, les idées de ce jeune homme au visage émacié sont aussi radicales que son allure est singulière. Son père, Don, est un ancien leader du Ku Klux Klan, un membre du parti nazi américain et le fondateur de Stormfront, l'une des plus influentes communautés néonazies sur Internet. Derek a hérité de lui son idéalisation de la race blanche et sa conviction qu'un complot vise à la faire disparaître[24].

Toute sa jeunesse, il l'a passée dans le cocon d'un consensus alternatif. Né en Floride en 1989, Derek n'a été scolarisé que jusqu'à ses 10 ans, ses parents craignant qu'il ne se retrouve en contact avec des enfants d'immigrés haïtiens ou hispaniques. Ce garçon calme et curieux passe dès lors ses journées à regarder la chaîne scientifique Discovery Channel, à visiter le musée scientifique situé à côté de chez lui, à construire des aquariums, à apprendre la guitare, à programmer des sites web en autodidacte et à lire des encyclopédies. C'est un intellectuel en herbe. Mais en version néonazie : sous l'influence de sa famille, le jeune garçon est imprégné de nombreuses théories du complot. Il est convaincu que des groupes juifs manigancent dans l'ombre, adhère au mythe du « grand remplacement », selon lequel un processus de remplacement des populations blanches par des immigrés serait organisé par les élites, et il sacrifie au cliché conspirationniste des médias manipulateurs aux mains d'innommables profiteurs.

Adolescent, Derek devient une figure publique au sein de sa communauté, qui en fait sa mascotte. À partir de ses 20 ans, il co-anime avec son père une émission radio, le Derek Black Show, dans laquelle il fait étalage d'un discours policé mais redoutable : « Je ne suis pas quelqu'un de haineux, mais je parlerai en public de ce dont les autres ne parlent pas », assure-t-il, évoquant les « nombreux problèmes » causés par la « diversité raciale » et son intérêt de « garçon blanc[25] » pour le destin de son pays. Sa page personnelle sur Stormfront, le site créé par son père, cumule plus de 400 000 consultations. Derek incarne les espoirs de renouveau de sa communauté et, pense-t-il, la voie d'un néonazisme présentable.

Pourtant, lorsqu'il demande à intégrer le comité local du Parti républicain, il se voit opposer un refus. C'est parce que des élites juives manipulatrices se sont senties menacées et ont conspiré contre lui, estime-t-il. «Les juifs sont la cause de la misère et des dissensions du monde entier. Leur motivation est de déstabiliser la race blanche[26]», écrit le jeune homme en 2008 sur le forum de Stormfront. Tout ce que Sergueï Nilus est devenu avec le temps, sous l'effet de l'antisémitisme ambiant dans la Russie tsariste, du déclassement social et de la maladie, Derek l'est depuis le berceau. Pour la communauté néonazie, dont il est l'enfant chéri, il ne fait aucun doute qu'il est vacciné à vie contre toute forme de doute. Mais en 2010, à 21 ans, le suprémaciste blanc intègre l'université floridienne de New College pour y étudier l'histoire médiévale de l'Europe, l'une de ses passions. Contre toute attente, il va alors dévier de sa trajectoire toute tracée.

Le dilemme des antinazis

Le jeune néonazi ramène sa silhouette efflanquée et son éternel chapeau noir dans une communauté universitaire réunissant des étudiants de toutes origines, et très engagée dans la lutte contre les discriminations raciales. Le changement de décor est radical. Mais Derek le répète, il n'est «pas haineux», et il se tient à sa ligne de conduite. Il fréquente ainsi Juan, un immigré péruvien, et Rose, une étudiante juive avec laquelle il entretient un temps une relation romantique, sans oublier de se montrer prévenant envers sa voisine de dortoir noire, ce qui lui vaut de passer inaperçu. Dans un premier temps, le jeune homme mène ainsi une double vie, étudiant atypique mais discret dans une université de gauche le jour, porte-parole et stratège déterminé du suprémacisme blanc sur Internet la nuit.

Mais au bout d'un semestre, ses camarades finissent par découvrir qui il est vraiment. Étudiants et professeurs sont alors partagés entre deux sentiments contradictoires. D'une part, les idées suprémacistes de Derek représentent tout ce que l'université de New College a toujours combattu. De l'autre, l'institution condamne tout ce qui ressemble à du harcèlement et de la violence psychologique. Quelle place faire à un néonazi, sans piétiner l'un de ces deux piliers de la communauté ?

Ce que tout le monde ignore, à New College, c'est que, trente ans plus tôt, Don Black, le père de Derek, qui s'était converti au néonazisme au lycée, s'était trouvé dans la même situation alors qu'il étudiait à l'université de l'Alabama. Il y avait été radicalement ostracisé, et cette répudiation l'avait décomplexé. Après tout, s'il était déjà haï, qu'avait-il à perdre ? Don Black s'était ainsi mis à afficher ostensiblement ses idées, portrait de Hitler et poster à la gloire des SS sur les murs de sa chambre du dortoir, drapeau à croix gammée suspendu à sa fenêtre. De plus en plus militant, il s'était mis à distribuer *Mein Kampf* sur le campus, avait fondé une association néonazie, s'était rapproché du Ku Klux Klan. Cas classique de retournement du stigmate : ce qu'on lui reprochait d'être, Don Black avait décidé d'en faire un motif de fierté. Au niveau collectif, l'anathème avait certes permis de marginaliser ses idées, mais à son niveau personnel, il n'avait fait que renforcer sa détermination et son enfermement.

À New College, alors que le même réflexe de rejet commence à se manifester contre son fils, une partie des étudiants décide d'opter pour une autre approche. À commencer par deux d'entre eux, Matthew Stevenson et Moshe Ash, deux juifs qui l'invitent à partager avec eux le dîner de shabbat, malgré ses positions néonazies et négationnistes. Avant l'arrivée de Derek, Matthew, juif orthodoxe conservateur et hôte de cette réunion amicale, donne une consigne à ses convives : « Ne soyons pas des connards. Nous voulons qu'il revienne[27]. » Étudiant en finance, Matthew estime avoir lui-même glissé vers des positions plus conservatrices en réaction aux idées progressistes majoritaires sur le campus, et il veut éviter que, suivant le même processus, cet étudiant brillant mais sulfureux ne s'enferme dans son logiciel suprémaciste.

Pour cela, il décide d'éviter les débats frontaux. Son but est simplement de montrer à Derek que les juifs sont des êtres humains comme les autres. Durant le dîner, il oriente la conversation vers des sujets auxquels ils s'intéressent tous les deux, comme les origines historiques du christianisme ou la linguistique. La soirée se déroule dans un climat de respect mutuel. Alors ostracisé par une grande partie du campus, Derek, pour la première fois depuis longtemps, ressort d'une interaction sociale sans l'impression d'avoir été mis au pilori. Ce sera son premier déclic.

Bientôt, d'autres étudiants, déterminés à combattre ses idées, choisissent de le faire non plus en s'y opposant frontalement, mais en lui soumettant des opinions divergentes, comme un blog féministe, des poèmes sur l'Holocauste, ou encore des témoignages sur les arrestations arbitraires dans les quartiers noirs d'Orlando. Derek les repousse machinalement, tout en recentrant son discours autour de son point névralgique, la théorie complotiste selon laquelle un génocide visant les Blancs serait à l'œuvre.

Lors des réunions néonazies organisées par son père, il demeure cet orateur au discours policé et au vernis culturel et scientifique flatteur, capable de disserter sur l'eugénisme et la taille des crânes des différentes races. Mais, durant les émissions de radio qu'il co-anime avec son père, il abandonne certaines thématiques et choisit plus précautionneusement ses mots, maintenant qu'il se sait écouté attentivement par ses camarades de l'université. Un jour, sur le campus, alors qu'il aperçoit au loin plusieurs étudiants dont il respecte l'intelligence, à défaut des idées, un voile fugace d'incertitude traverse son esprit : se pourrait-il que tous ces esprits aiguisés aient raison ?

Le bon timing de Cupidon

Le second déclic vient de la rencontre d'Allison, la colocatrice de Matthew. Élevée dans la tolérance, l'indépendance intellectuelle et l'empathie, elle a fui pendant six mois le néonazi du campus, jusqu'à ce qu'elle se retrouve coincée avec lui lors d'une sortie estudiantine en bateau. Derek engage la conversation. Il lui parle calmement de sa passion pour les reptiles, de l'histoire des voies maritimes de la Floride, de la pêche aux bernard-l'ermite... Allison est intriguée : comment une personne si paisible et cultivée peut-elle adhérer à des idées si haineuses ? C'est le début d'une amitié amoureuse tout en paradoxes : Allison savoure les moments qu'elle passe avec ce garçon charmant dans la journée autant qu'elle rejette viscéralement les écrits de Derek qu'elle s'impose de lire, la nuit, sur le forum fielleux de son père.

Au début, les deux jeunes gens prennent soin de ne pas aborder les sujets clivants. Ils parlent plutôt des différences entre les grammaires britannique et américaine, des monastères du XVIIe siècle ou de la série télévisée *Game of Thrones*. Aux côtés d'Allison, Derek n'est plus le néonazi de service, mais un étudiant érudit, curieux et prévenant.

La jeune femme n'a pas oublié qui est le garçon qu'elle fréquente mais, contrairement à la plupart des autres étudiants du campus, elle est persuadée que Derek peut changer. Une conviction fondée sur une notion découverte lors de ses études de psychologie, celle d'*emerging adulthood* – « l'âge adulte émergent » –, introduite par le psychologue américain Jeffrey Jensen Arnett pour désigner le passage de l'adolescence à l'âge adulte[28]. Cette période de transition, explique le chercheur, se caractérise notamment par l'exploration de l'identité, la focalisation sur soi et l'instabilité. Autrement dit, conclut Allison, si Derek Black peut changer, c'est maintenant ou jamais. Elle explicitera son approche quelques mois plus tard sur le forum interne de l'université : attaquer une personne, *a fortiori* une personne qui ne se défend pas, comme Derek, est selon elle humainement inacceptable et contre-productif. Mieux vaut s'indigner de manière constructive, en instaurant un dialogue et en débattant sans hostilité. Or Allison a fini par délimiter le périmètre des croyances de Derek, et a identifié la plus sacrée d'entre toutes : toutes ses convictions reposent sur l'idée que les Blancs sont en situation de vulnérabilité aux États-Unis.

Alors, elle lui soumet de nombreuses études de sociologie et de sciences politiques, parmi les plus sérieuses, qui mettent en évidence la surreprésentation des Blancs dans les postes à responsabilité au sein de l'administration américaine ; le fait qu'à faute égale les jeunes Noirs sont plus sévèrement punis que les Blancs au sein du système éducatif ; les inégalités raciales au quotidien, qu'elles concernent les ristournes accordées par les concessionnaires automobiles ou la qualité des fruits et légumes servis aux clients dans les épiceries. Bref, toutes ces réalités que la chercheuse et militante américaine Peggy McIntosh a réunies sous le concept de « privilège blanc[29] ». Derek est curieux de nature, et même si son tempérament le pousse à fuir le conflit et qu'il redoute les débats sur ses idées, il ne peut considérer Allison comme une ennemie. Alors, à contre-cœur, il prend connaissance de tout ce savoir universitaire militant.

Un article scientifique, en particulier, va le faire vaciller : les Afro-Américains, souligne l'étude, sont statistiquement plus exposés que les Blancs à la tension artérielle, à l'inhibition du système immunitaire, aux problèmes cardiovasculaires et à la dépression. Face à ce petit séisme cognitif, Derek tente de chercher des contre-études, d'opposer des contre-arguments. En vain. Allison déplace alors le débat du champ théorique au champ affectif. « Ce n'est pas seulement que tu as tort. C'est que tu fais du mal autour de toi[30] », épingle-t-elle. Et de citer tous les amis juifs et immigrés que Derek s'est faits au cours des trois années précédentes. Que deviendraient-ils si les idées politiques qu'il défend étaient mises en œuvre ?

Derek lâche alors sa première concession : il ne souhaite plus forcément la déportation des minorités hors du territoire américain, mais seulement que celles-ci le quittent sur la base du volontariat.

Une nouvelle vie

Le basculement de Derek Black commence à s'opérer, lent, progressif mais continu. Il cesse peu à peu de poster sur Stormfront. À l'automne 2012, il déserte pour la première fois l'émission de radio qu'il co-anime avec son père, avant de prendre la parole sur le forum de l'université pour clarifier ses positions. Oui, il se préoccupe toujours du « déclin démographique des Blancs ». Mais il condamne désormais le suprémacisme, le nazisme et le Ku Klux Klan. Quant à Stormfront, il s'en désolidarise : c'est le forum de son père, pas le sien.

Le troisième et dernier déclic se produit lors d'un séjour solitaire en Europe. À Belgrade, Derek est saisi de vertige face à cette ville passée au fil des siècles des Celtes aux Romains, des Hongrois aux Ottomans, avant de devenir yougoslave puis serbe, en un brassage fascinant d'empires et de civilisations concurrentes. Il se pose alors la question de ses croyances, loin de la pression de ceux qu'il côtoie au quotidien. Et finit par envoyer un e-mail à Allison : il ne croit plus au nationalisme blanc, idéologie qu'il estime fragile et biaisée. Désormais, il veut être « plus attentionné aux autres et vigilant[31] ».

Lorsque, de retour aux États-Unis, Derek Black revoit son père Don, la société américaine est déchirée par un énième fait divers reflétant les inégalités raciales qui y perdurent : un tribunal vient de statuer que l'assassinat de Trayvon Martin, un adolescent noir désarmé, par un Latino-Américain jugeant « suspecte » sa simple présence dans son quartier, relevait de la légitime défense. Si 90 % des représentants des minorités désapprouvent cette décision de justice, ils ne sont que 30 % de Blancs à le faire. À l'aube des manifestations Black Lives Matter, une conscience blanche populaire et identitaire émerge. L'audience de Stormfront explose, avec 3,5 millions de visites en trois mois. Don exulte, mais son fils, pour la première fois de sa vie, enrage. Derek estime que la défense du meurtrier de Trayvon Martin par son père est absurde, naïve et cruelle. Mais sa colère, mesure-t-il, n'est pas seulement dirigée contre son père. Au fond, c'est à lui-même qu'il en veut. Nous le verrons, cette colère est habituelle chez celui qui sort du complotisme.

En août 2013, Derek Black rédige une lettre annonçant son retrait du mouvement suprémaciste : «Les choses que j'ai dites autant que mes actions ont été blessantes pour les personnes de couleur, les descendants de juifs et de nombreuses autres personnes. À l'avenir, je ne participerai plus à la moindre cause qui perpétue ces préjugés[32]», écrit-il. Le texte est publié sur le site du Southern Poverty Law Center (SPLC), une célèbre association luttant contre la haine et l'intolérance.

C'est une déflagration. Le premier réflexe du père de Derek est de l'appeler pour l'avertir que sa boîte mail a été piratée, que quelqu'un a envoyé une fausse lettre au SPLC en son nom. Détrompé par son fils, Don Black suggère alors qu'il souffre de troubles de la personnalité. Il finit même par lui asséner qu'il aurait peut-être mieux valu qu'il ne naisse pas, avant de s'excuser aussitôt. La demi-sœur de Derek coupe définitivement les ponts. «Je savais que ce serait dur, mais c'est pire que tout ce que j'avais imaginé[33]», écrit le jeune homme à Allison.

S'il ne veut pas blesser sa famille, l'ex-néonazi entend néanmoins se laisser la possibilité d'un avenir.

Alors il change de prénom, ou plutôt adopte ce qui était jusqu'alors son second prénom : pour l'état civil, il devient Roland Black. Ainsi, à l'avenir, ses interlocuteurs ne pourront pas faire le lien avec ce Derek Black que tant d'articles encore disponibles en ligne décrivent comme un néonazi. Pour lui, c'est une nouvelle vie qui débute.

Né dans un milieu profondément empreint de manichéisme, de conspirationnisme et d'antisémitisme, le jeune homme au fédora noir est la preuve vivante que, quel que soit le degré d'enracinement de ses croyances, il est toujours possible de les réexaminer. Si l'étoile montante de la communauté néonazie américaine y est parvenue, pourquoi ne pourrait-ce être le cas d'autres chercheurs de vérité, fussent-ils bien plus âgés, pourvu qu'ils soient moins profondément engagés que Derek Black, ou depuis moins longtemps que lui, dans les théories du complot ?

2. L'étroite voie du dialogue

C'est un samedi soir comme tant d'autres, ou presque, puisque celui-ci se déroule en visioconférence, confinement du printemps 2020 oblige. Nous sommes trois amis, chacun derrière son écran, un verre à la main. La conversation se lance : «Vous êtes sûrs qu'on est obligés d'utiliser Teams, comme logiciel de visio ? C'est Microsoft, et je ne suis pas très fan de Bill Gates…», maugrée Karine.

Depuis qu'elle suit les conseils santé de Thierry Casasnovas, le prophète des crudivores, et qu'elle a rejoint un groupe Facebook dédié au «mécanisme de l'univers en 5D», mon amie récemment convertie à la naturopathie recrache tous les clichés complotistes. Pour elle, Bill Gates est donc l'un des principaux responsables de la pandémie de Covid-19, un vilain génocideur promoteur de vaccins empoisonnés.

Cette soirée sera pour moi un échec. L'agacement de voir une amie proche sombrer dans des discours manipulateurs prémâchés se fait trop fort. Que des inconnus croisés sur les réseaux sociaux gobent ces sornettes, passe encore, mais quelqu'un que je tiens en haute estime ? Insupportable. Au lieu de discuter, je me fais moqueur, cassant, paternaliste. Sur l'autoroute du dialogue, je roule à contre-sens à 180 km/h, klaxonnant à tue-tête. Le crash assuré. Très vite, l'ambiance se fait tendue. Karine feint un sourire ; je n'ai fait que la blesser.

Rétablir ou maintenir un lien avec une personne imbibée de théories du complot est essentiel. Mais pour ses proches, il s'agit d'une véritable épreuve. Comment réagir face à un parent ou un ami complotiste, dont le discours et le comportement évoquent souvent ceux des personnes victimes d'emprise mentale, voire de dérives sectaires ? S'il n'y a pas de recette miracle, plusieurs pistes existent pour limiter les dégâts, restaurer un peu de dialogue et d'apaisement, voire, parfois, instiller un peu de doute.

Les six règles de l'échange

Une chose est certaine: chercher à clouer le bec de Karine en la prenant de haut était la pire idée possible. C'est ce que me confirme le Belge Samuel Buisseret, ancien passionné d'ésotérisme qui démonte désormais les rumeurs complotistes sur YouTube, sous le pseudo de Mr. Sam : «Il faut opérer un distinguo entre ce qu'on a envie de faire par pulsion – dire "tais-toi", fermer le clapet de son interlocuteur avec deux-trois arguments – et ce qu'on a envie de faire après y avoir réfléchi. Le grand tort qu'on a tous, c'est de se fier à notre envie de départ, qui n'est pas toujours la meilleure.»

Face à un proche complotiste, plusieurs postures sont ainsi considérées comme étant à proscrire : l'invective, le mépris et la condescendance figurent tout en haut de cette liste. Samuel Buisseret en sait quelque chose: il a subi durant des années l'attitude des premiers «zététiciens» de France. Au début des années 2000, ces défenseurs de la rationalité en lutte contre la pensée magique, souvent des étudiants en sciences ou en sciences humaines, pouvaient glisser dans la moquerie et l'humiliation face aux croyants comme lui. «C'était très douloureux, et on a maintenant prouvé que cela ne fait que renforcer les croyances», témoigne-t-il. Le Marseillais Stéphane, qui, après sa prise de conscience, a fait le yoyo entre les deux camps durant quelques mois, prône la posture inverse: «Dites juste : "je te respecte".»

Se placer dans une position d'égal à égal est en effet la meilleure solution pour éviter de tomber dans une impasse. Après tout, comment convaincre quelqu'un qu'il est enfermé dans des idées sectaires si l'on se pose soi-même en prosélyte détenant la vérité ? « Dire "faire entendre raison", c'est déjà postuler qu'on a raison et que [les complotistes] ont tort, relève le chercheur belge en psychologie Olivier Klein. L'espoir, c'est de faire bouger le curseur. Ce que vous pouvez espérer, c'est qu'après avoir discuté avec vous ils croient un peu moins à leur version des faits et que la version communément admise leur semble un peu plus plausible qu'avant[34]. »

S'il n'est pas question de cautionner les récits complotistes, il importe donc de respecter la personne qui y croit. Et, en même temps, de ne pas se surestimer, ni de se bercer d'illusions quant à l'issue d'un éventuel débat. C'est la grande leçon du psychologue serbe Jovan Byford, qui travaille depuis deux décennies sur les théories du complot et a régulièrement échangé avec des adeptes de celles-ci. Il s'est fixé six règles pour dialoguer avec un complotiste[35] :

1) Ne pas s'attendre à renverser aisément ses croyances, car celles-ci, on l'a vu, sont par nature immunes à la critique.
2) Ne pas rentrer dans la confrontation frontale et le choc d'ego, mais au contraire veiller à maintenir un dialogue apaisé.
3) Cartographier avec précision les théories auxquelles adhère ou n'adhère pas son interlocuteur, tout en

mesurant l'intensité de sa croyance. En effet, rares sont ceux qui adhèrent à *toutes* les théories du complot, et certains sont bien moins convaincus de ce qu'ils affirment qu'ils ne le laissent paraître.

4) Établir un terrain d'entente, en évoquant par exemple des dysfonctionnements avérés de la société[36].
5) Dresser un parallèle entre les théories du complot auxquelles il croit et d'anciennes théories similaires. Par exemple, nombre des rumeurs entourant le Covid-19 existaient déjà à l'identique il y a plusieurs décennies au sujet du sida (concernant la création supposée du virus en laboratoire) ou du vaccin contre la polio (concernant la stérilité que pourrait provoquer le vaccin anti-Covid).
6) Rester réaliste et modeste quant à ses attentes : parfois, instiller un peu de doute constitue déjà une belle avancée.

En cas de débat, Jovan Byford recommande également de se concentrer toujours sur des points précis, factuels et vérifiables, et de se référer pour cela à des articles de vérification (il place manifestement plus d'espoir dans le factchecking que je ne le fais moi-même).

Dialoguer avec un conspirationniste demande ainsi de la préparation, de la patience, de la précision et de l'humilité – autant d'éléments qui ne caractérisent pas toujours les échanges lors des dîners de famille arrosés. Mais il n'y a rien de honteux non plus à se contenter de changer de sujet. L'important est souvent moins le débat des idées que le maintien d'un lien, qu'il faut préserver à tout prix.

Un an et demi d'échanges électriques en pleine pandémie m'ont aussi appris une chose : l'importance de savoir déserter le champ de bataille quand le ton monte. C'est notamment vrai sur les réseaux sociaux comme Facebook, et surtout Twitter. Aujourd'hui s'y livrent chaque jour de violents combats de tranchées, une guerre culturelle nourrie de mauvaise foi, de quolibets et de mépris, qui ne fait qu'accentuer les divisions et radicaliser les positions de chacun[37]. Soit tout ce qu'on souhaite éviter face à un proche embrigadé dans des thèses manipulatrices. Mes premiers contacts avec l'équipe des DéQodeurs, qui ont eu lieu en public, sur Twitter, étaient particulièrement belliqueux ; mais après que j'eus contacté Leonardo par message privé, l'échange a pu s'établir.

Détendre l'atmosphère

C'est en effet à l'abri des regards que peut s'instaurer une conversation plus apaisée, voire, parfois, un début de dialogue. Aucun des complotistes avec qui j'ai échangé ne s'est montré plus véhément en privé qu'en public. Lorsque nous avons commencé à discuter par messages privés, certains se sont même spontanément excusés pour leurs tweets les plus agressifs, m'expliquant qu'ils forçaient le trait, que leurs messages rentre-dedans n'étaient au fond pas personnels. Plusieurs échanges ont alors pu se poursuivre en visio, dans la bienveillance et le respect mutuel. Dans le pire des cas, une fois face à face, les plus méfiants et hostiles sont restés égaux à eux-mêmes, à l'image de Déclin mondialiste.

Franchir ce pas est d'autant plus fructueux que certains ne demandent que cela. Au lendemain de notre premier entretien en visio, Leonardo Sojli consacre son *live* des DéQodeurs au thème de la nuance : les journalistes ne sont pas nos ennemis, ce sont des gens comme vous et moi, explique-t-il ; et nous ne détenons pas plus la vérité qu'eux. Certes, ce *live* sera émaillé d'affirmations à me faire bondir, par exemple sur la collusion des médias et du pouvoir, la « dictature sanitaire » ou le complot du passeport vaccinal. Mais cette chaîne que j'avais quelques semaines plus tôt qualifiée de sectaire montrait, suite à un long échange entre Leonardo et moi, qu'elle pouvait aussi faire parfois place à un peu de prudence, d'humilité et de nuance.

C'est dans l'un de ces moments d'apaisement, quand Leonardo m'a perçu comme un égal plutôt que comme un ennemi, qu'il a accepté que je lui livre des éléments d'explication sur une question médicale, les tests nasopharyngés utilisés pour détecter le Covid-19. Il n'en comprenait pas l'utilité, estimant qu'il serait plus efficace, et moins douloureux, de traquer le virus dans la salive. Si on va chercher les traces du SARS-CoV-2 dans les muqueuses nasales, lui ai-je alors expliqué, c'est parce que c'est là qu'il se loge en premier dans l'organisme. À ma grande surprise, Leonardo a pris acte de ces informations. Avant de me dire, dans un émouvant moment de confiance : «J'ai été mis face à mon ignorance, et j'essaie de tenir mon ego en laisse. La Bible m'a appris quelque chose, c'est d'être humble. Mais je sais que c'est rare.»

Au contraire, notre accrochage quelques semaines plus tard à propos d'une rumeur antisémite aura pour seul effet de le braquer et de le rendre méfiant. Nos positions respectives sont du reste peu confortables. Pour lui, je suis le journaliste factcheckeur, celui qui a choisi le mauvais camp, et qu'il essaie parfois, de manière paternaliste, de ramener sur le bon chemin ; pour moi, il est un témoin à l'histoire personnelle cahoteuse, souvent touchant, mais prisonnier d'une vision religieuse du monde qui le ferme à la contradiction et le rend perméable à des rumeurs dangereuses.

Je me mords les lèvres, parfois, quand il s'engage dans des affirmations péremptoires, par exemple sur la dangerosité des vaccins, ou qu'il qualifie le mouvement Black Lives Matter de manipulation. À plusieurs reprises, le ton devient passif agressif, lorsqu'il m'accuse, moi et mes confrères factcheckeurs, d'avoir eu tort sur tous les sujets depuis le début de la pandémie, de l'utilité du masque en extérieur jusqu'à l'origine du virus ; ou que je lui reproche de balayer d'un «connards» méprisant des microbiologistes professionnels que j'ai interrogés et qui soutiennent des thèses inverses aux siennes. Ces accrochages mèneront tous à des impasses.

Je réalise, amer, que rétablir la vérité ferme parfois des portes. «À partir du moment où on commence une discussion non pas en mettant en exergue ce qui nous rassemble mais ce qui nous distingue, il n'y a plus moyen de discuter[38] », prévenait pourtant le psychologue Olivier Klein.

Quand mes conversations avec Leonardo virent à la confrontation électrique, il arrive pourtant que l'un de nous deux trouve un chemin dérobé pour arriver à la désescalade : il m'envoie des vidéos sublimes du coin de montagne helvétique dans lequel il vit, nous échangeons quelques considérations gourmandes sur notre péché mignon commun, le fromage. Je lui explique que moi, président, j'imposerai une dictature fromagère ; et lui promets que je financerai sa chaîne s'il la rebaptise Les RaQletteurs. Il rit, m'envoie en retour des photos alléchantes des tommes qu'il fait vieillir dans son chalet. Soudain, les grands complots pédosatanistes semblent bien loin, les impasses argumentatives secondaires. Quelque chose comme une envie de partage et de simplicité nous rapproche. Elle semble alors tenir du miracle. Pourtant, plus j'y pense, plus elle me semble un préalable indispensable pour aider Leonardo à sortir de sa vision sinistre du monde.

Réinsuffler de la convivialité, de la connivence et du partage, et dissiper les noirs nuages du soupçon : voilà, il me semble, la meilleure des solutions pour recréer du lien, à défaut de chambouler d'emblée les croyances. Cette voie de la diversion vers la légèreté, je n'ai pas eu la présence d'esprit de m'y engager ce soir d'apéro à distance avec mon amie Karine. Heureusement, je n'étais pas seul. Sentant la tension monter entre nous deux, c'est le troisième convive, notre ami commun Cédric, qui eut le réflexe le plus sage : proposer un jeu de société, en l'occurrence un Pictionary en ligne, puis un *blind test* musical. Car oui, la solution au complotisme est parfois triviale. Nous avons passé deux heures de détente, à échanger de bons souvenirs, sans refaire le monde ni défendre la Vérité injuriée, certes, mais au moins Cédric et moi n'avons-nous pas inutilement braqué une amie, ni fait involontairement craquer la mince corde qui nous reliait alors à elle. Nous avons pu nous mettre d'accord tous les trois sur au moins une chose : nos bons moments ensemble sont bien plus précieux que les récits qui nous séparent.

On l'a vu : le complotisme est un parasite mental qui excelle à protéger sa proie de toute forme de doute et de contradiction ; en tant que système d'interprétation du monde, il a beau être vicié, il est hermétique à la critique, et, pour ainsi dire, quasi invincible. Mais il est possible de le contenir en refusant de l'affronter, en détournant le sujet, et en replaçant la confiance et la convivialité au centre de la relation. La chercheuse belge Marie Peltier, autrice de plusieurs ouvrages sur le complotisme, le confirme : pour se reconnecter avec autrui, il importe de « désinvestir le champ purement argumentatif, et proposer des solutions du quotidien, s'ancrer dans le réel ». Le fromage, les beaux paysages, les Pictionary en ligne sont souvent des réponses bien plus efficaces qu'un débat rentre-dedans. Et si Derek Black a pu renoncer aux thèses néonazies, c'est d'abord parce qu'il a appris à passer du bon temps avec ses nouveaux camarades de l'université et à leur faire confiance.

Ces deux heures passées avec mes amis Karine et Cédric m'ont également permis de comprendre ce qu'il y a de plus dur à admettre pour un proche de complotiste. S'il est vrai qu'il est possible d'aider, il ne peut y avoir de déconversion profonde qui ne vienne avant tout de la personne concernée. Avec beaucoup de psychologie, de méthode, de persévérance, et un peu de bon vin entre amis, on peut parfois faire vaciller une personne conspirationniste. Mais elle seule a le pouvoir de changer.

Chapitre 9

Changer

1. Une petite place pour la contradiction

Décembre 2020. Stéphane, l'influenceur marseillais pro-hydroxychloroquine, voit ses certitudes vaciller pour la première fois, et ce pour des raisons personnelles. Alors que, depuis près de six mois, il répète à l'envi des discours prémâchés sur la faible dangerosité du Covid-19, voilà que sa grand-mère, qui a contracté la maladie, est hospitalisée. « Du coup, je me suis posé des questions », raconte-t-il fébrilement. Un doute en particulier l'étreint : et si le protocole de soins prescrit par le professeur Raoult, qu'il a tant loué, n'était pas efficace sur sa mamie ? Il a besoin d'en avoir le cœur net.

Alors, il contacte en message privé un médecin actif sur Twitter sous le pseudo de « Doc Primum » : « Pour moi, c'était binaire, il y avait les gentils et les méchants, j'avais besoin d'une confirmation. Je voulais voir, qu'il m'insulte, se souvient le jeune homme. Mais non, il n'était pas si méchant. » Ce sera le point de départ de longues conversations, à l'écart des débats collectifs.

Pendant que « Stalec », le superhéros de la désinformation pro-hydroxychloroquine, continue sur Twitter de partager des messages conspirationnistes, derrière le masque, le craintif Stéphane confronte ses fragiles certitudes médicales au savoir d'un authentique soignant.

Au bout de quelques semaines d'échanges avec cet expert, le jeune Marseillais déposera les armes du jour au lendemain, reconnaissant l'inanité de ses thèses. Ce ne sont pas ses proches qui ont réussi à le faire changer d'avis. C'est lui qui s'est mis en position de douter, et qui, avec l'aide d'un authentique médecin, a cheminé seul vers la sortie de ses croyances.

L'importance des experts

Les adeptes des théories du complot le reconnaissent volontiers en aparté : en dépit du mépris qu'ils affichent pour nombre d'experts, eux-mêmes n'en sont pas vraiment. Le complotiste est un autodidacte, qui, effrayé par une société dont il croit percevoir l'effondrement pan par pan, tente de se substituer à elle. Alors il s'improvise journaliste, juriste, épidémiologiste ou encore économiste. Avec la fierté de s'intéresser à des domaines complexes mais, aussi, la conscience d'avancer en terrain inconnu. Il faut entendre l'un des compères de Leonardo et Pépito, Rudy, déblatérer en plein *live* des DéQodeurs sur le droit constitutionnel américain pour tenter d'expliquer un énième *drop* de Q, avant de s'interrompre et de reconnaître du bout des lèvres, comme pour rappeler l'urgence d'être prudent : «Je ne suis pas juriste.»

Dans la lutte contre les idées confuses, les experts ont donc un rôle crucial à jouer. Même Leonardo raconte être déjà «descendu en complotisme», il y a quelques années, lorsqu'il faisait partie de l'équipe fondatrice de Thinkerview, une chaîne YouTube s'intéressant aux hautes sphères du pouvoir. Son associé, le mystérieux «Sky», possédait un important carnet d'adresses. Grâce à lui, Leonardo a pu rencontrer Bertrand Ésambert, ancien conseiller du président Georges Pompidou et ex-PDG de la compagnie financière Edmond de Rothschild ; l'analyste financier Olivier Delamarche ; ou encore Hervé de Carmoy, ancien vice-président pour l'Europe de la Commission trilatérale, un groupe d'influence regroupant de grands décideurs internationaux. «J'ai commencé à relativiser, à redescendre du complotisme obscur, celui qui remplit le blanc avec l'imagination», relate l'émigré albanais. Il obtient alors «de vraies réponses, données par de vraies personnes compétentes sur le sujet». La vérité n'est pas si simple, le monde n'est pas rempli de Bisounours, comme aime le répéter Leonardo, mais il n'est pas non plus aussi manichéen et obscur qu'il le pensait. «Thinkerview a été une école», reconnaît-il.

Le complotisme découle souvent d'un problème de perspective : quand on regarde un gigantesque gratte-ciel depuis le plancher des vaches, en contre-plongée, il nous apparaît presque triangulaire. Les derniers étages semblent se confondre entre eux, et ne former qu'une pointe confuse, lointaine et impersonnelle. Mais il suffit que le passant ait l'occasion de quitter son torticolis contemplatif, et de prendre l'ascenseur jusqu'aux étages supérieurs, pour que ceux-ci apparaissent pour ce qu'ils sont : des étages semblables aux étages inférieurs, où s'exercent certes des jeux de pouvoir, mais bien plus complexes, plus humains et moins stéréotypés qu'on ne peut se les représenter d'en bas. En rencontrant plusieurs habitués de ces hautes sphères, Leonardo Sojli a pu se débarrasser momentanément de ces problèmes de perspective, et des projections délirantes que ceux-ci formaient dans ses rétines.

Bien sûr, il est difficile d'imaginer un ascenseur miraculeux qui permettrait à tous ceux qui se sentent laissés-pour-compte de visiter les instances de pouvoir afin d'y rencontrer la classe dirigeante. Certes utopique, cette piste est toutefois féconde. C'est celle que propose d'explorer la chercheuse belge Marie Peltier, qui conseille d'« encourager toutes les rencontres de terrain, dans les écoles, les entreprises, les associations locales, entre politiques et citoyens, journalistes et citoyens, scientifiques et citoyens ».

D'autres pistes existent. En utilisant les ressources offertes par les réseaux sociaux, on peut imaginer des formes d'échanges qui ne constitueraient pas une épreuve aussi agonistique, éprouvante et incertaine que peuvent l'être les débats sur Twitter, Facebook et autres espaces d'échanges directs. Sur sa chaîne YouTube « Aude WTFake », la journaliste Aude Favre propose ainsi de participer à des enquêtes journalistiques collaboratives, à travers lesquelles elle met son savoir-faire professionnel au service des internautes.

L'étape suivante pourrait consister, pour des représentants de la société civile détenteurs d'un certain savoir ou d'un savoir-faire, à participer à des émissions en *live* sur des chaînes conspirationnistes, qui sait ? Pour les experts, cela comporterait certes le risque d'apporter du crédit et de la légitimité à ces chaînes, et de se retrouver indirectement associés à de détestables racontars haineux. Mais cela permettrait d'injecter du décryptage et de la compréhension au cœur de la complosphère, et d'aider le cerf-volant interprétatif de certaines communautés à redescendre en altitude.

D'autant qu'à partir du moment où certaines certitudes commencent à vaciller, ce qui était jusqu'alors rejeté en bloc redevient digne d'intérêt. Plusieurs complotistes m'ont confié avoir traversé des moments de doute ; ils se sont alors montrés réceptifs à des contenus allant à l'encontre de leurs convictions.

À la découverte des discours discordants

De la même façon qu'il existe sur Internet un écosystème facilitant le basculement dans le complotisme, il existe un écosystème qui aide à en sortir. Vidéos de démystification, podcasts sceptiques, et même pourquoi pas, une fois la confiance en partie rétablie, articles de vérification… Comme le formule mon collègue du

Monde Adrien Sénécat, qui a vaillamment lutté durant de longues années contre la désinformation : « C'est exactement comme quand on colle une affichette dans un hall d'immeuble. On sait que tout le monde ne la lira pas. On sait aussi que tout le monde ne retiendra pas l'information. Mais elle est là[39]. » Et un jour, même ceux qui sont le moins susceptibles d'y apporter du crédit s'aventurent à la lire. C'est ainsi qu'après avoir tant vanté l'hydroxychloroquine, Stéphane, en plein doute, a fini par confronter ses certitudes à plusieurs articles de Checknews, la rubrique de factchecking de *Libération*.

La désescalade du youtubeur Sylvain Cavalier, qui a longtemps cru à tout un tas de contre-récits, a été facilitée par la découverte de ressources issues de la sphère « sceptique », qui lutte contre les théories surnaturelles et le complotisme. En l'occurrence des blogs et des livres, qui ont eu le bon goût d'être drôles, comme le blog Bad Astronomy, de l'astronome américain Phil Plait, qui déconstruit avec humour les pseudo-preuves de visites extraterrestres et les théories du complot liées à l'astronomie. Sylvain a particulièrement apprécié le livre *The Demon-Haunted World*, co-écrit par l'astronome américain Carl Sagan et son épouse la journaliste Ann Druyan, une introduction à la méthode scientifique pour les profanes, malheureusement non traduite en français : « Ça m'a amené à me poser les premières vraies questions sur mes croyances. D'abord sur les ovnis. Puis sur le complot du 11-Septembre. Puis sur tout le reste. »

La plupart du temps, les remises en question les plus efficaces viennent toutefois de médias plus incarnés que des livres ou des blogs, notamment des podcasts et des chaînes YouTube. Les discours y étant plus personnifiés, le lien et la confiance se tissent plus vite. Antoine Fortin, un Montréalais qui venait de consacrer deux mois entiers à sa nouvelle obsession pour Q, est ainsi parvenu à prendre du recul grâce à un podcast démystifiant le complotisme, intitulé « Le Crachoir » : « Ils ont exposé les manigances [de certains influenceurs QAnon] de façon honnête et directe, explique-t-il. J'ai réalisé que beaucoup de ceux qui, selon moi, détenaient une vérité, étaient en fait des gens qui se contredisent, et qui récoltent beaucoup d'argent[40]. » Ce repenti compare aujourd'hui la sphère QAnon à une secte. Il a eu la chance, sans doute, de ne pas y être resté assez longtemps pour devenir invulnérable à la contradiction.

Barbara, une ancienne militante anti-Big Pharma, se rappelle quant à elle du moment où son petit ami ostéopathe a été détrompé par des vidéos de chaînes YouTube spécialisées dans la déconstruction des théories du complot, comme Astronogeek, Hygiène Mentale ou La Tronche en Biais. Son compagnon l'a ensuite incitée à regarder ces contenus : « J'ai très vite compris que je devais en tirer des conclusions », se souvient-elle. D'autant que certains savent trouver le ton et la forme idoines pour atteindre leur public. Une vidéo montrant comment réaliser des *crop circles*, ces dessins géants dans les champs de blé souvent interprétés comme des signes extraterrestres, m'a été citée à plusieurs reprises par des complotistes repentis : elle leur a prouvé, de façon visuelle et frappante, à quel point il est aisé de se laisser berner.

Accessoirement, comme dans le cas de Barbara ou de Derek, l'ancien néonazi américain, il n'est pas anodin que les contre-preuves qui sont opposées aux conspirationnistes le soient par des personnes proches. Le complotisme résulte toujours d'une rencontre entre un terreau personnel, un écosystème et une période de vulnérabilité : si on ne peut pas agir sur le premier, on peut le faire sur le second, et le facteur humain est ce qui, aux yeux du complotiste, peut transformer des contradictions intolérables en questions respectables. Pour cela, établir une relation de confiance est toujours un préalable indispensable.

La méthode socratique

Certains spécialistes recommandent de recourir à la discussion, davantage qu'au débat, pour tenter de guider un complotiste vers la décroyance. Pas n'importe quel type de discussion : l'entretien épistémique, la méthode employée par Socrate dans la plupart des dialogues de Platon. L'idée ? Ne pas s'escrimer à déployer des arguments, mais se contenter de poser des questions à son interlocuteur, avec une forme de naïveté assumée, pour l'amener à remonter aux sources de ses croyances. Le vidéaste américain Anthony Magnabosco s'en est fait une spécialité, filmant ses entretiens avec de parfaits inconnus rencontrés dans la rue[41]. Rassurez-vous : il dialogue en anglais, pas en grec ancien.

Cette technique a été théorisée par un philosophe américain spécialiste des dialogues socratiques, Peter Boghossian[42]. Athée militant, ce dernier se donne pour mission d'offrir des clés pour lutter contre le « virus de la foi » en amenant son interlocuteur à accepter l'aporie, c'est-à-dire le fait qu'il existe des questions irrésolues. Sa méthode n'a donc pas été inventée spécifiquement pour dialoguer avec les théoriciens du complot, et elle demande une certaine disponibilité de la part de son interlocuteur. Néanmoins, si celui-ci joue le jeu, elle peut s'avérer efficace. « Au lieu de s'opposer aux arguments de quelqu'un, on va revisiter avec lui ce qui est à la base de ses croyances, et comparer ces bases avec d'autres croyances qu'il considère comme erronées, détaille Samuel Buisseret, l'ésotériste repenti qui recourt lui-même à cette méthode. Cela conduit au minimum au doute, et parfois à la déconversion. »

C'est ainsi qu'a procédé « Doc Primum », de son vrai nom Stéphane Morel, quand il a été sollicité par Stéphane, en plein doute sur l'efficacité de l'hydroxychloroquine. Leurs échanges ont duré un mois. Le covidosceptique aux près de 20 000 abonnés sur Twitter oscille d'abord entre postures bravaches et interrogations sincères. Face à lui, Doc Primum, médecin bourru qui connaît son affaire, ramène rapidement « Stalec » à sa position d'internaute au bagage médical quasi inexistant.

Le médecin comprend rapidement que toutes les convictions de Stéphane reposent sur une croyance primaire manichéenne : si tant de scientifiques rejettent l'hydroxychloroquine, c'est parce que celle-ci coûte peu cher, et qu'elle fait donc concurrence aux laboratoires pharmaceutiques qui voudraient vendre leurs propres remèdes au prix fort. La thèse est séduisante : bien naïf celui qui ignorerait que l'industrie pharmaceutique est de fait largement animée par des préoccupations financières.

Mais la réalité est plus complexe. Doc Primum explique à Stéphane que des molécules commercialisées par des laboratoires différents ne sont pas forcément concurrentes. Mieux, elles peuvent s'avérer complémentaires, et être associées pour traiter une maladie qu'on sait mal soigner. Et de donner l'exemple de la trithérapie, qui consiste à combiner trois médicaments différents pour faire reculer le sida. En somme, si l'hydroxychloroquine avait d'authentiques vertus curatives contre le Covid-19, elle pourrait parfaitement être associée à d'autres remèdes plus chers.

Stéphane n'y avait jamais pensé. D'un coup, tout son édifice mental s'effondre. « Je sais, ça peut paraître brutal, mais vraiment cela a *mindfuck* [foutu en l'air] ma théorie », explique-t-il. Sa sortie du complotisme est engagée. « Tout a explosé. Je me suis dit : "Si je me trompe sur un truc, alors tout est faux." Un seul petit détail a suffi à tout changer. »

Qu'a-t-il fallu pour que ce petit miracle se produise ? La rencontre entre un moment de doute, la disponibilité d'un expert et une discussion portant sur le pilier central de l'adhésion de Stéphane aux théories du complot. Toutes ces conditions sont loin d'être toujours réunies. Le cas de Stéphane est exceptionnel, ce qui explique que sa déconversion ait été aussi rapide. Néanmoins, le processus de la décroyance est toujours le même. Pour sortir du complotisme, il faut qu'en son for intérieur un petit grain de sable vienne enrayer la machine. Reste à trouver lequel : il est différent pour chacun.

2. Le bug dans la matrice

Une incohérence un peu plus embarrassante que les autres, la morsure d'un doute qui ne cautérise pas, mais se répand peu à peu aux autres croyances : il suffit parfois de commencer à tirer sur un fil disgracieux, dont on s'était longtemps accommodé, pour que, petit à petit, la monstrueuse pelote des contre-récits alambiqués apparaisse pour ce qu'elle est : un monstre de Frankenstein mental[43].

Stéphane a eu besoin que quelqu'un le mette face à son ignorance. D'autres ont réussi à entrevoir la sortie seuls. Ce déclic intime est impossible à prévoir, tout comme l'ampleur de ses effets : il est tout à fait possible de renoncer à certaines théories du complot tout en restant attaché à d'autres contre-récits. Mon amie Karine a ainsi déserté l'univers QAnon : déçue par l'échec de la prophétie de Q sur l'intronisation de Joe Biden, elle s'est aussi lassée des discours de plus en plus ouvertement religieux de Leonardo durant les *lives* des DéQodeurs, qui constituaient sa principale porte d'entrée dans cet univers – sans parler d'un détail en apparence anodin : Leo fume à l'antenne, et la naturopathe ne le tolère pas. Mais elle continue à accorder une grande confiance à Thierry Casasnovas, comme à Louis Fouché ou Fabien Moine, tous ces chantres de nouvelles philosophies médicinales idéalisant la nature et baignant dans l'ésotérisme. Pourquoi ? Avant tout parce qu'il ne s'agit pas de son domaine d'expertise. Karine, qui a étudié le commerce puis l'architecture, n'est pas très calée en science ni en médecine, si bien qu'il est facile d'abuser de sa crédulité sur ces sujets. Mais si des théories du complot portaient sur le commerce ou l'architecture, se laisserait-elle avoir ? Pourrait-on même imaginer que cela provoquerait chez elle un sursaut de lucidité ?

« Quand on connaît le sujet, ça ne tient pas du tout »

Pour certains anciens complotistes, c'est en tout cas de cette façon que s'est produit le déclic : la farandole des contre-récits les a un jour mis en présence d'une thèse ni plus ni moins farfelue que les autres, mais qui concernait leur domaine de compétences.

Ainsi Clément, agrégé en biologie, a-t-il bu sans méfiance les paroles du pseudo-diététicien Thierry Casasnovas sur les vertus de certains jus de légumes jusqu'à ce qu'il s'aperçoive que ce dernier ne maîtrisait pas du tout les questions de physiologie humaine, pourtant à la base de sa rhétorique anti-Big Pharma.

« Les gens comme ça emploient des mots savants, mais, quand on connaît le sujet, ça ne tient pas du tout. Ils bluffent sur toute la ligne », dénonce-t-il désormais.

Sylvain Cavalier, lui, a toujours été passionné d'astronomie. Entré dans les contre-récits après s'être laissé fasciner par des théories sur l'origine ésotérique des pyramides, il a fini par tiquer lorsqu'il est tombé sur une vidéo remettant en cause la réalité de la mission Apollo 11 : les premiers pas de l'homme sur la Lune sont pour lui un grand motif de fierté et de foi dans l'être humain. Il veut bien tout gober, mais pas ça. « Pour la première fois, j'ai mis la vidéo sur pause, et j'ai vérifié chacune des affirmations sur Google. Je me suis aperçu que tout était faux », enrage-t-il encore. Perturbé, Sylvain consulte des vidéos qui s'attaquent aux théories du complot, comme celles des chaînes YouTube Hygiène Mentale ou La Tronche en biais. Il découvre alors que d'autres vidéos auxquelles il avait cru n'étaient pas plus sérieuses. Il mettra pourtant encore plusieurs années à sortir définitivement de la toile complotiste, le temps d'admettre que ces erreurs n'étaient pas seulement le fait de vidéastes peu rigoureux, mais qu'elles procédaient d'une volonté de tromper.

Une histoire de valeurs

Impossible pour autant de réduire la sortie de la croyance à un simple déclic intellectuel. Chaque histoire est singulière, et l'émotionnel joue souvent un rôle tout aussi important.

Comme je l'ai déjà souligné, les complotistes sont souvent animés par un idéalisme exacerbé. C'est pourquoi certains éprouvent un profond sentiment de tromperie lorsqu'ils finissent par comprendre que la sphère conspirationniste est largement peuplée d'escrocs et autres profiteurs sans scrupules. Longtemps passionné par les ovnis, Sébastien Carassou a ainsi été choqué de découvrir que la démarche d'un ufologue vedette enchaînant les congrès consacrés au sujet était purement mercantile.

Clément, qui a un temps été dessinateur pour le compte du polémiste Dieudonné et de l'essayiste d'extrême droite Alain Soral, pensait que ses idoles étaient victimes d'un complot de la part des médias les accusant de racisme. Jusqu'à ce qu'il les entende s'exprimer en privé : «J'ai compris que je n'étais pas là pour les bonnes raisons», s'excuse-t-il aujourd'hui pudiquement.

Aux États-Unis, Patricia Steere, figure emblématique de la communauté des platistes, a quant à elle été un jour accusée par certains membres de sa communauté d'être un agent de la CIA transsexuel infiltré. Des allégations calomnieuses qui provenaient de son ancien petit ami, lui aussi platiste, dont elle s'était séparée après qu'il l'eut violée, ainsi qu'elle l'a raconté dans sa biographie[44]. Tétanisée, elle a depuis quitté le mouvement.

Chez d'autres, encore, la sortie passe par un épisode traumatique. Pour Samuel Buisseret, ce fut la mort de son cousin, apprise un jour où il voyait des symboles contradictoires partout. «J'ai eu une sorte d'écœurement.

Pour la première fois, j'ai décidé d'être dans la suspension du jugement.»

Parce qu'ils sont profondément idéalistes, et qu'ils placent leurs valeurs au-dessus de tout, certains quittent progressivement la masse pour reprendre leur trajectoire personnelle. Pour les plus sincères, c'est une question d'intégrité – peut-être l'unique valeur que les conspirationnistes sont capables de placer au-dessus de leurs croyances les plus profondes.

Début janvier 2021, peu après avoir été ébranlé par ses échanges avec Doc Primum, Stéphane publie une série de messages sur Twitter. Il regrette publiquement de s'être laissé entraîner dans une «bulle», se blâme d'avoir été «un abruti sans esprit critique» et s'excuse d'avoir relayé «toute cette désinformation[45]». Des termes sans concession, quasi expiatoires, décrivant ce qui doit être salué comme une double victoire, celle de l'expert qui lui a donné la repartie, et la sienne, pour avoir su remettre ses certitudes en question. Son contradicteur ne s'y trompe pas : «Wow, je suis impressionné, le salue alors Doc Primum. C'est très dur votre démarche. Savoir se remettre en cause et admettre quand on se trompe, c'est très dur. Tout le monde n'en est pas capable[46].»

Stéphane, qui, le temps de l'année 2020, avait trouvé le réconfort de l'appartenance à un groupe, a réfléchi pendant plusieurs jours avant de franchir le pas. «J'avais des doutes depuis pas mal de temps, mais j'en avais marre de rester dans le mensonge», m'explique-t-il.

Son exemple reste une exception : rares sont les empoignades théoriques qui accouchent d'une issue heureuse. Celle-ci doit beaucoup à l'humilité, la résilience et la force de caractère hors norme du jeune Marseillais. « La vérité est plus importante que mon bien-être personnel, se justifie-t-il. C'était trop égoïste de continuer pour combler un besoin que j'avais, au détriment de la santé publique. L'honnêteté, c'est très important, le respect et la confiance aussi. »

Il y a quelque chose d'héroïque dans le revirement de Stéphane. Des scénaristes hollywoodiens y verraient sans doute une *redemption story*, une « histoire de rédemption ». Mais si ce genre de films se finissent toujours bien, il en va autrement dans la vie. Ce que Stéphane ignore, lorsqu'il annonce publiquement sa sortie du complotisme, c'est à quel point les lendemains seront compliqués. Pour lui, comme pour d'autres conspirationnistes repentis, l'épreuve ne fait alors que commencer.

3. L'amertume du « réveillé »

Colère contre soi-même, culpabilité et même détresse… Tous les anciens complotistes attestent du profond malaise qui les a saisis lorsqu'ils ont rebasculé du côté du réel. « On se dit qu'on s'est fait bananer pendant des années, qu'on n'est pas si malin qu'on le croyait, et ça fait mal », explique Sylvain Cavalier, l'ancien passionné d'égyptologie mystique qui milite désormais contre les fausses croyances sur Internet.

La blessure est encore plus grande quand l'ancien complotiste réalise que son militantisme a pu faire des dégâts. « Ma croyance aux contre-récits sur le 11-Septembre, ou au fait que l'homme n'aurait pas marché sur la Lune, j'en ris aujourd'hui », raconte Barbara, qui est elle aussi devenue une youtubeuse pro-science. Mais son adhésion à la théorie du complot de Big Pharma lui reste en travers de la gorge : « La médecine naturelle, la santé des gens, c'était important pour moi, or j'ai désinformé ma communauté sur ce qu'est vraiment la médecine, et j'ai beaucoup de remords. »

Chez certains, la décroyance est même si douloureuse qu'ils finissent par faire machine arrière. Confronté à l'incompréhension de ses proches et au rejet social, Pépito, des DéQodeurs, a tenté de sortir du complotisme il y a plusieurs années. Il se souvient d'une traversée du désert terrible, qui l'a poussé vers la boisson : « Rentrer dans le rang m'a complètement détruit et m'a bouffé la vie. On ne peut pas vivre contre ses propres convictions et sa propre pensée. Maintenant, j'assume. Aujourd'hui, je suis là, et je continuerai même s'il y a d'autres 20 janvier [jour de l'investiture de Joe Biden], tant qu'il y aura des questions à se poser et des choses douteuses à dénoncer. »

D'autres renoncent à une théorie du complot pour verser presque aussitôt dans une autre. Après avoir quitté la sphère du complotisme d'extrême droite entourant Alain Soral, Clément s'est ainsi réfugié dans l'univers de la médecine charlatanesque de Thierry Casasnovas.

Depuis son retrait spectaculaire de la « Raoultsphère », Stéphane reconnaît lui-même une certaine fébrilité, voire un « manque », qui se ressent parfois dans ses publications. Sur son compte Twitter, il partage encore à certains moments des récits complotistes, comme de supposés scandales liés à l'industrie pharmaceutique, ou des épisodes semant le doute, comme les hochets de la bourse avant le 11-Septembre, tout en les mettant en regard avec des articles équilibrés sur ces sujets. « Je sais que je peux toujours croire à n'importe quoi si je me laisse aller », admet-il. Il lui arrive aussi de se laisser attirer par des anecdotes sensationnalistes flirtant avec l'occulte et le paranormal, ou même par des publications trompeuses et biaisées, qu'il supprime la plupart du temps de son compte Twitter lorsqu'un interlocuteur lui apporte une contradiction suffisamment fondée. Stéphane marche sur un fil, et il le sait.

La sortie du complotisme peut être considérée comme une nouvelle entrée dans l'âge adulte. Il faut en effet reconstruire tous les socles de son existence, qu'il s'agisse de ses valeurs, de ses sources d'information, de son rapport aux autres. « C'est une identité à se refaire à partir de zéro », résume l'ancien ufologue Sébastien Carassou. Afin d'essayer de tourner définitivement la page, Stéphane a d'ailleurs changé de pseudonyme sur Twitter, renonçant à « Stalec », qui l'a fait connaître, pour devenir « Aclès ».

Un passé encombrant

Tous les repentis du complotisme n'ont pas le courage, comme lui, de faire un coming out public. Le conspirationnisme reste un stigmate social, qu'on préfère souvent taire quand on a réussi à en sortir. Le sociologue Gérald Bronner, l'un des plus fins analystes francophones des biais cognitifs menant au complotisme, a mis une vingtaine d'années à reconnaître qu'il avait un temps trempé dans des croyances irrationnelles, comme la magie, l'astrologie ou l'idée que la fin des temps est proche. « C'est un peu la sociologie qui m'a sauvé, j'en suis sûr, même. C'est en travaillant sur les croyances en sociologie, en me prenant pour premier laboratoire en quelque sorte, que j'ai compris qu'on pouvait croire à des choses folles sans être fou soi-même[47] », a-t-il confié au beau milieu de la pandémie.

Après être sorti du complotisme, Romain, le disciple de Tim dont j'ai raconté la violente crise paranoïaque lors d'un séjour à Florence en 2012, a lui aussi mis de nombreuses années à se décider à évoquer son passé. D'autant que son « réveil » a été très progressif. Il a commencé en 2014 : après trois années passées à jongler entre les piges, les allocations et les petits boulots d'appoint, Romain retrouve enfin un CDI de journaliste, et par la même occasion une nouvelle rédaction, un quotidien rassurant, une normalité. Occupé par ses nouvelles fonctions, il se désintéresse rapidement de ces sites conspirationnistes qui lui procuraient tant d'adrénaline.

Après avoir passé plusieurs années à regarder d'en bas le gratte-ciel de la société, sa vision des médias, y compris celui pour lequel il travaille désormais, reste toutefois empreinte d'un pessimisme suspicieux : Romain ne s'est pas encore débarrassé de l'idée qu'ils ne sont que des marionnettes aux mains des puissances d'argent. Mais il se garde bien de faire part de cette conviction à ses nouveaux collègues, tout comme il évite de leur raconter qu'il écumait jusqu'il y a peu le web complotiste. Dans le monde de la presse, c'est le genre de détails biographiques qu'on préfère cacher sous le tapis.

Pour tout dire, Romain a honte. Je le sais : « Romain », c'est moi. À la mort de mon père, en 2011, et alors que ma compagne était enceinte, une profonde crise de sens m'a poussé à démissionner du site spécialisé dans la high-tech qui m'avait embauché comme journaliste-testeur d'appareils photo, un emploi dans lequel je me morfondais. Durant les trois années qui ont suivi, en marge des couches-culottes de mon fils, d'une reprise d'études universitaires et d'enquêtes en free-lance pour un média consacré au jeu vidéo, les sites complotistes ont été mon principal réconfort narcissique, le soir, quand la fatigue de la journée et l'absence de perspectives ouvraient les vannes de ma crédulité. Je me suis enfermé dans un savoir empoisonné, qui, sans que je m'en rende compte, m'a peu à peu embrumé l'esprit, m'a rendu influençable, parano et malheureux. Jusqu'à ce qu'en août 2014 le site internet du *Monde*, à la recherche d'un journaliste jeu vidéo, me tende une main inespérée. Par un curieux tour du destin, j'ai ainsi pu découvrir la presse généraliste au moment où ma confiance en elle était au plus bas.

La fréquentation quotidienne des conférences de rédaction du site, pour lequel j'écrivais, ainsi que de celles du journal, qui avaient lieu juste derrière mon poste de travail, m'a alors rapidement conduit à revoir mes préjugés : loin de la structure pyramidale que j'imaginais, la vie éditoriale s'organise en réalité de manière très horizontale, chacun étant libre de proposer un sujet, ou de rebondir sur celui qui est discuté. Un mode de fonctionnement organique qui permet de laisser s'exprimer les sensibilités et les expertises de chacun. S'il existe une ligne directe entre la rédaction du *Monde* et l'Élysée, elle est drôlement bien cachée. Depuis, quand des conspirationnistes me disent qu'on me « dicte » ce que je dois écrire, je ris intérieurement : s'ils savaient qu'avant d'entrer au *Monde* je me suis moi aussi imaginé, un temps, que c'est ainsi que les choses se passent dans la presse généraliste !

Et puis, en mars 2015, mon rédacteur en chef m'a proposé d'écrire un article sur la Freebox 4K, le dernier joujou en date de l'un des coactionnaires du *Monde*, Xavier Niel, le fondateur de Free. Après avoir épluché des rapports et interrogé des experts, j'ai rédigé un article sincère, documenté mais critique, soulignant que la nouvelle norme télévisée à laquelle cette box Internet se faisait fort de donner accès, la 4K, était alors surtout un « concept marketing » aux contenus « très peu nombreux[48] ». En somme, écrivai-je, la Freebox 4K présentait peu d'intérêt.

Cet article, j'aurais pu l'écrire pour n'importe quel média, mais au *Monde*, propriété de Xavier Niel, n'était-ce pas une bravade inconsidérée ? Un instant, la flamme noire du soupçon se raviva dans mon esprit. D'autant que, peu après la publication de mon article, mon supérieur reçut un e-mail de Louis Dreyfus, le président du directoire du *Monde* et représentant des propriétaires du groupe. L'heure de la sanction a donc déjà sonné, pensai-je. Amer sentiment de déjà-vu, pour moi qui avais été licencié d'un groupe de presse de jeu vidéo, six ans plus tôt, à cause d'une sinistre affaire d'article qui avait déplu à un annonceur. Sauf que, cette fois, de sanction il n'y eut pas, ni même de réprimande, ni même la moindre once de commentaire sur l'intérêt ou l'angle de l'article. Non, dans son mail, Louis Dreyfus se contentait d'apporter un rectificatif factuel : j'avais écrit que Xavier Niel était le président de Free, ce qui était erroné, puisqu'il n'en avait alors plus le titre, et s'exprimait seulement en qualité de fondateur. Les archives en témoignent : la version initiale de l'article, datée du 11 mars[49], a seulement été corrigée pour remplacer « président » par « fondateur ». Parce que, dans le célèbre journal du soir, on tolère les tacles aux actionnaires[50] mais pas les erreurs factuelles.

Ce jour-là, j'ai mesuré à quel point, au *Monde*, l'indépendance éditoriale est sacrée et farouchement protégée. Cet épisode m'a apporté la preuve cinglante que mes préconceptions sur la presse généraliste étaient basées sur bien trop de fantasmes et de clichés pour pouvoir décrire la finesse et la complexité du réel. J'ai reçu une grosse claque à l'ego. Mais ce fut aussi un ultime déclic, me permettant de m'éloigner définitivement du soupçon. Ma chance est d'avoir été entouré de collègues dont le professionnalisme, la rigueur, la bienveillance et l'humour m'ont permis de me réconcilier avec le journalisme, et avec moi-même. Le monde, enfin, ne me semblait pas si noir. Je pouvais revivre.

Quand je pense à «Romain», aujourd'hui, il m'apparaît comme un fantôme, un lointain mystère, tant son mode de pensée me semble aux antipodes de celui qui est désormais le mien. Cette période de ma vie est plongée dans un tel brouillard mental qu'il me faut faire un profond effort pour me rappeler le périmètre exact de mes croyances de l'époque. Je me demande souvent comment, après avoir étudié avec passion à l'université les philosophies socratique et nietzschéenne, soit les pensées les plus opposées à toute forme de dogmatisme, j'ai pu à ce point me renier, et me laisser enferrer dans des schémas aussi sclérosants. J'ai aussi du mal à comprendre comment, après m'être laissé engloutir par une vague de représentations anxiogènes, je suis parvenu à m'en dégager progressivement, sans même que ce processus soit conscient. Si ces questions demeurent des énigmes, j'ai retiré de cette expérience ces deux certitudes qui me semblent essentielles : n'importe qui peut tomber dans le piège du complotisme ; et il est heureusement possible d'en sortir.

Pour ce faire, encore faut-il guérir de la maladie du soupçon. On réduit souvent la question du complotisme à un problème de croyances, de représentations intellectuelles et de biais cognitifs. Comme si les non-complotistes en étaient exempts ! Ils sont en réalité confrontés aux mêmes biais de confirmation, aux mêmes logiques de groupe, au même besoin de trouver un sens à sa vie que les conspirationnistes. Mais ce qui caractérise le complotisme, et qui le rend si dangereux, c'est avant tout son mélange explosif de pensée magique valorisante et de noirceur, qui mène à l'isolement social, à la paranoïa, la haine, et d'une manière générale au rejet de la société. Rien ne le fragilise donc plus qu'une société qui se fait au contraire bienveillante et respectueuse.

4. Un nouveau départ

En janvier 2021, après avoir rendu publics ses doutes sur l'hydroxychloroquine, Stéphane voit ses anciens alliés se retourner contre lui. Les plus influents théoriciens du complot, comme Silvano Trotta, affirment que son compte a été piraté – éternel recours à la rhétorique du double. D'autres le suspectent de faire l'objet d'un chantage du gouvernement, ou bien d'être payé par Big Pharma. Un internaute se rendra même chez lui pour s'assurer qu'il est bien l'auteur de la série de tweets annonçant sa sortie de la Raoultsphère. Choqué,

Stéphane découvre la face sombre de cette communauté qui l'avait adopté et porté aux nues : « On m'a retiré le droit de penser par moi-même. J'étais pourtant encore hésitant, mais ça, ça m'a dégoûté. »

Celui qui avait tant souffert du harcèlement à l'école prend alors le parti d'encaisser les vagues d'insultes en ligne. « Je sais être seul, j'ai l'habitude d'être seul, c'est quelque chose qui ne me fait pas peur », se convainc-t-il alors. Heureusement, il reçoit dans le même temps le soutien des « NoFakeMed », un collectif de professionnels de santé luttant contre le charlatanisme médical, ou encore d'anciens complotistes prônant la bienveillance, comme le youtubeur Sylvain Cavalier. « Ça m'a aidé, forcément. J'avais l'impression d'appartenir à un nouveau groupe », se souvient Stéphane.

Tous n'ont pas eu cette chance. « Quand tous ses amis sont dans les théories du complot, sortir du complotisme est encore plus coûteux, car on perd en plus ses relations sociales. C'est aussi difficile que de sortir d'une secte ou d'une religion », témoigne Sylvain Cavalier. « L'attachement à la communauté, qui s'est parfois substituée à la famille, peut être un frein majeur à la sortie », confirme Pascale Duval, de l'Unadfi, une association de lutte contre l'emprise sectaire.

À défaut d'avoir conservé des proches non conspirationnistes, l'investissement dans une nouvelle relation amoureuse, ou un nouveau travail – je peux en témoigner –, peut aussi permettre au « repenti » de redonner du sens à sa vie. Clément, l'ancien admirateur de Dieudonné et Alain Soral, remercie pour sa part ceux qui lui ont tendu la main, professionnellement, alors qu'ils connaissaient son passé. « Il ne faut pas essentialiser le complotisme, ce n'est pas un virus, exhorte-t-il. On ne naît pas complotiste et on n'est pas condamné à le rester toute sa vie. Encore faut-il laisser aux gens la chance d'en sortir, les autoriser à changer. » Et bien souvent, quand ils ont été accompagnés, les anciens complotistes veulent aider à leur tour ceux qui sont restés prisonniers du logiciel de pensée conspirationniste.

Sur les réseaux sociaux, Samuel Buisseret a été l'un des premiers complotistes repentis à s'adresser à ses anciens compagnons de croyance. Quelques mois après sa sortie de l'ésotérisme, il tombe sur une vidéo d'un « chasseur de fantômes », GussDX, en train de filmer un supposé phénomène de télékinésie. Encore blessé d'avoir été si crédule pendant des années, il décide d'analyser cette production. « J'ai découvert des artéfacts de trucage, j'en ai fait une vidéo, la chaîne La Tronche en biais m'a repéré et m'a félicité, ce qui m'a encouragé, rapporte-t-il. Le pivot, ça a été la félicitation. » Sous le nom de Mr. Sam, il appartient depuis à une nouvelle communauté, celle des « zététiciens », ou « sceptiques », qui luttent contre la pensée magique et les thèses trompeuses à coups de vidéos sur Internet. Une sphère où l'ont rejoint ces dernières années de nombreux repentis, dont une bonne partie de ceux avec lesquels je me suis entretenu.

Le besoin de lutter contre le conspirationnisme est en effet courant chez ceux qui en sont sortis. Au désespoir de mes collègues, qui me répètent depuis des années que je perds beaucoup trop de temps sur Twitter, je passe ainsi un nombre d'heures inavouable à répondre à des quidams enferrés dans les théories du complot.

Quant à «Stalec», pardon, «Aclès», il envisage parfois de rejoindre lui aussi le groupe des zététiciens. Certains de ses abonnés sont venus lui dire en privé que son revirement les avait fait réfléchir. Pourrait-il faire boule de neige ? Stéphane se sent lui-même encore fragile. Et, quoi qu'il fasse, le fantôme de «Stalec», son ancien avatar de cybermilitant pro-Raoult, le poursuit toujours. Plusieurs des médecins qu'il avait harcelés en ligne en 2020 continuent d'épier le moindre de ses posts sur Twitter, affichant régulièrement leur scepticisme quant à sa sortie du complotisme. Jusqu'à le braquer : en juin 2021, dans un moment de détresse, Stéphane a brièvement replongé dans le conspirationnisme. Le jeune Marseillais a peu de certitudes, sinon celle-ci : maintenant, il comprend les complotistes, et il connaît les erreurs à ne pas commettre. «J'essaie de les aider, sans les forcer, parce que si on les force, ça ne marche pas. J'essaie de faire comme on a fait pour moi. Répondre. Sans méchanceté.»

CONCLUSION

Le complotisme est un phénomène complexe. Au niveau individuel, il naît de la rencontre entre un tempérament – souvent idéaliste, indépendant ou encore provocateur –, un écosystème – qu'il s'agisse de « bulles de filtre » exposant à des contenus conspirationnistes sur Internet ou d'un environnement social sensible aux contre-récits – et un moment de vulnérabilité, qu'il soit personnel ou collectif. C'est la conjonction de tous ces facteurs qui peut pousser un individu à recourir à la pensée magique pour donner du sens à son quotidien.

Le complotisme présente en effet de nombreux avantages. Il met de la simplicité sur le chaos du monde, offre le sentiment de posséder des clés pour comprendre ou, au moins, enquêter. Il permet de se sentir à la fois moins seul et plus fort. Surtout, il offre des outils narratifs capables de repousser indéfiniment la contradiction, voire, si le besoin s'en fait sentir, de révoquer le réel. Mais il a vite fait, aussi, de se transformer en une méfiance généralisée, potentiellement invivable, ou en une crédulité aveugle, qui peut se révéler extrêmement dangereuse.

Reste qu'il n'existe pas deux complotistes identiques. Le caractère stéréotypé et souvent mimétique des propos tenus en public par les conspirationnistes cache des parcours et des motivations hétérogènes. La foi, le besoin de reconnaissance, un drame personnel, l'attirance pour le merveilleux sont autant de portes d'entrée différentes vers le monde des contre-récits.

Si l'on veut lutter contre ce phénomène, il faut donc cesser de l'envisager sous le seul angle des idées. Dans l'univers mental d'un complotiste, il existe peu de croyances qui soient fondamentales : toutes ou presque se rapportent à un vouloir-croire central, une thèse primordiale et constitutrice, qui vient répondre à un mal-être. Le reste n'est que feuillage.

Pour combattre le complotisme, c'est à ce mal-être qu'il faut s'adresser. Et, pour cela, commencer par l'entendre. Au niveau collectif, le caractère fantasque des contre-récits des chercheurs de vérité ne doit pas occulter le fait que certaines de leurs frustrations fondatrices sont légitimes. Le lobbying des grandes compagnies pharmaceutiques, l'affairisme politicien, les violences policières et autres dénis de démocratie sont d'authentiques problèmes de société. On ne peut pas reprocher aux conspirationnistes de demander plus de respect, de justice, de démocratie.

Dans son geste initial, le complotisme est une tentative d'opposer à un État jugé défaillant un contre-État artisanal, populaire, fonctionnel et, surtout, plus juste. La meilleure manière de ne pas laisser se développer un terreau favorable à un populisme aveugle, crédule et potentiellement haineux est donc encore de s'efforcer d'améliorer les fondements de la démocratie, de redonner de l'assise au contrat social, de restaurer la confiance dans les institutions, qu'elles soient politiques, sociales ou sanitaires. Sans quoi la lutte contre les contre-récits les plus dangereux se réduira toujours à ce qu'elle est déjà, et dont chacun perçoit depuis longtemps les limites : une chasse sisyphéenne aux racontars monstrueux par les journalistes spécialisés dans le fact-checking, et la suppression toujours brutale, tardive et polémique de comptes complotistes par les propriétaires des réseaux sociaux.

Au niveau individuel, le complotisme pose d'autres questions, à commencer par celle du vivre-ensemble. Il n'est pas évident d'accorder de son temps à un interlocuteur à la suspicion insultante. Mais il est encore moins évident d'accepter de voir des proches sombrer dans des contre-discours irréels, hystériques et dangereux, jusqu'à l'enfermement et la rupture. Alors, il faut réussir à restaurer du lien. En commençant peut-être par mettre ces contre-discours de côté. Non parce qu'ils sont tolérables ; ils ne le sont pas. Mais parce qu'ils sont invulnérables au débat et que la critique frontale ne fait au contraire que les renforcer.

Il faut parvenir à recréer un autre terrain d'échange, qui n'est pas celui de l'idéologie ou des faits. Revenir aux souvenirs, aux projets, aux choses simples – passer du temps ensemble, retrouver un peu de gaieté de vivre et de partager. Cela pourrait ressembler à une boutade mais, face au complotisme, je crois plus au pouvoir de la raclette qu'à celui du factcheck. Changer les idées de son interlocuteur, restaurer un terrain de paix, savourer ensemble, donneront toujours de meilleurs résultats que l'affrontement ou le dénigrement – et permettront de retrouver assez de confiance pour, ensuite, si la personne y est prête, parler de ses croyances.

Contre-intuitive et paradoxale, la réponse au complotisme doit donc consister à traiter de manière symétriquement opposée le complotisme en tant que phénomène de société et en tant que dérive personnelle. Au niveau collectif, il faut se mettre à l'écoute de ses revendications entendables, tout en le marginalisant. C'est le travail de l'État, des médias, des propriétaires des réseaux sociaux. Au niveau individuel, il faut au contraire faire la sourde oreille aux discours, mais être présent physiquement et émotionnellement. C'est le rôle des collègues, des amis, de la famille. Isoler d'un côté, accompagner de l'autre, exclure du débat public mais réintégrer socialement, tel est le défi ardu que nous lance le complotisme.

REMERCIEMENTS

À Guillaume Allary pour sa confiance, sa hauteur de vue et ses précieux conseils, et à Charles Giol pour son investissement, l'efficacité redoutable de ses ciseaux anastasiens et la grande qualité de ses suggestions – ce livre lui doit énormément.

À Stéphane, Sabine, Terry, Leo, Raphaël, Giuseppe et tous les autres, qui, malgré nos désaccords, et souvent nos postures ennemies, ont eu le beau geste de me faire confiance. See you on the other side ? À Karine, nos souvenirs et, je l'espère, notre avenir.

À Cyrille Deloro et Mathieu Triclot pour leur amicale expertise. À Sylvain Delouvée, Pascale Duval, Tristan Mendès France, Nicolas Hénin, Thomas Huchon, Marie Peltier, Rudy Reichstadt et, dans l'ultime ligne droite, Pierre-André Taguieff, pour ces échanges passionnants dont ce livre s'est nourri.

À toute l'équipe des Décodeurs, et tout particulièrement à Adrien, Anne-Aël, Assma et Jonathan, ainsi qu'à Samuel, qui savent la nécessité, le courage et le coût quotidien du factchecking.

À Chloé, Damien et toute l'équipe de Pixels, qui ont compté pour moi plus que je ne saurais leur dire. Au sourire éternel de Quentin.

À Christelle, ma lune, qui a été ma dernière lumière dans l'obscurité.

NOTES

INTRODUCTION

1. À travers cette expression, les complotistes désignent un conglomérat fantasmatique des laboratoires pharmaceutiques, qui conspireraient contre la population pour maximiser leurs profits.
2. Lire par exemple les témoignages recueillis par Cécile Bouanchaud, « “Mes enfants ne passeront pas Noël avec mamie, qui est embrigadée” : les fêtes de fin d'année à l'épreuve du complotisme », *Le Monde*, 23 décembre 2020 ; ou Benoît Zagdoun, « “J'ai perdu ma mère” : ils racontent comment les thèses complotistes autour du Covid-19 ont contaminé leurs relations avec leurs proches », *France Info*, 24 décembre 2020
3. Elle m'a été en partie inspirée par la lecture d'un livre du journaliste David Thomson, *Les Français jihadistes* (Les Arènes, 2014), enquête tout en écoute et en nuance sur les « petits soldats » du djihad.

PREMIÈRE PARTIE

1. « Personnalités FranceSoir de l'année : le palmarès 2020 », FranceSoir.fr, 31 décembre 2020.
2. Voir Henri Bergeron, Olivier Borraz, Patrick Castel et François Dedieu, *Covid-19 : une crise organisationnelle*, Presses de Sciences Po, 2020.
3. Virginie Costerg, tweet du 15 janvier 2021, archivé à l'adresse https://archive.is/2pnpG.
4. James Rubin, Richard Amlôt, Lisa Page, Simon Wessely, « Public Perceptions, Anxiety and Behaviour Change in

Relation to the Swine Flu Outbreak: Cross Sectional Telephone Survey », *British Medical Journal*, juillet 2009.

5. Stanley Budner, « Intolerance of ambiguity as a personality variable », *Journal of Personality*, vol.1, 1962.
6. Patrick Clervoy, *Vérité ou Mensonge*, Odile Jacob, 2021, p. 56.
7. David Larousserie, « La phylodynamique, l'autre traque du coronavirus », *Le Monde*, 20 avril 2020.
8. En réalité, Didier Raoult a changé de discours à plusieurs reprises, par exemple au sujet de l'intérêt des vaccins ; et même le protocole de soins qu'il prescrit actuellement aux malades du Covid-19, basé sur un mélange d'hydroxychloroquine et d'azithromycine, n'est pas exactement celui qu'il promouvait au tout début – une simple base de chloroquine. Reste, et c'est sans doute un symptôme caractéristique de son rôle dans l'imaginaire de la pandémie, qu'il est généralement perçu comme étant resté cohérent du début à la fin.
9. Didier Raoult, « Coronavirus : vers une sortie de crise ? », vidéo publiée le 25 février 2020 sur le site de Méditerranée Infection. Cette vidéo était initialement titrée « Coronavirus : fin de partie ? ».
10. Pierre-André Taguieff, *Court Traité de complotologie*, Mille et une Nuits, 2013, p. 19.
11. Ifop, *Enquête sur le complotisme – Vague 2*, Fondation Jean-Jaurès, janvier 2019.
12. Antoine Bristielle, « "Bas les masques !" : sociologie des militants antimasques », Fondation Jean-Jaurès, 7 septembre 2020.
13. Giora Keinan, « Effects of stress and tolerance of ambiguity on magical thinking », in *Journal of Personality and Social Psychology*, n° 67, vol.1, 1994, p. 48-55.
14. https://www.youtube.com/watch?v=TlB-JR_0UT0
15. Antoine Bristielle, *À qui se fier ?*, L'Aube, 2021, p. 47-60.
16. Daisy Fancourt, Andrew Steptoe et Liam Wright, « The Cummings effect: politics, trust and behaviours during the Covid-19 pandemic », *The Lancet*, vol. 396, n° 10249, août 2020, p. 464-465.
17. « Vincent Quivy : "Le complotisme commence quand les

doutes laissent place aux certitudes"», *Conspiracy Watch*, 7 décembre 2020.

18. L'affaire Benalla a commencé avec la publication d'une enquête d'Ariane Chemin : « *Le Monde* identifie, sur une vidéo, un collaborateur de Macron frappant un manifestant, le 1er mai, à Paris », *Le Monde*, 18 juillet 2018. Sur la question des violences policières, voir par exemple Arthur Carpentier, « Enquête vidéo : comment la police a grièvement blessé un "gilet jaune" le 16 novembre sur la place d'Italie à Paris », *Le Monde*, 11 décembre 2019, mis à jour le 17 mars 2021. Quant aux pratiques commerciales abusives de Gilead, elles ont fait l'objet d'une enquête collaborative internationale, voir Lise Barnéoud (avec Chloé Aeberhardt et Chloé Hecketsweiler), « Covid-19 : comment Gilead a vendu son remdésivir à l'Europe », *Le Monde*, 27 novembre 2020.
19. Voir par exemple Elsa Mari, « L'inquiétante mode des dérives alimentaires », *Le Parisien*, 8 octobre 2019.
20. Sur le sujet, lire notamment Françoise Salvadori et Laurent-Henri Vignaud, *Antivax. La résistance aux vaccins du XVIIIe siècle à nos jours*, Vendémiaire, 2019.
21. Matthew J. Hornsey *et al.*, « To what extent are conspiracy theorists concerned for self versus others? A COVID-19 test case », in *European Journal of Social Psychology*, février 2021.
22. « Une amende de 2,3 milliards de dollars pour Pfizer », *Le Monde*, 2 septembre 2009.
23. Elsa Mari, « "Les études sont sérieuses, faites-moi confiance, allez vous faire vacciner" : l'appel d'Irène Frachon aux récalcitrants », *Le Parisien*, 5 juillet 2021.
24. À sa demande, son prénom a été modifié.
25. Certes, lors de la guerre d'Afghanistan (1979-1989), le président américain Ronald Reagan avait *via* la CIA fait abondamment financer et armer les différents groupes moudjahidines combattant l'ennemi commun soviétique. Oussama Ben Laden faisant partie de ces combattants, il a bien reçu de l'argent des États-Unis – dont, du reste, au vu de sa fortune familiale, il n'avait guère besoin. Pour autant,

le richissime Saoudien n'a jamais été une créature de la CIA, juste un bénéficiaire parmi tant d'autres de la stratégie géopolitique à courte vue des Américains. Les alliés d'un jour peuvent très bien devenir les ennemis de demain.

26. L'attentat sous faux drapeau, *false flag* en anglais, est un coup monté consistant à attaquer son propre pays en accusant l'ennemi d'en être responsable, à l'image de l'incendie du Reichstag par les nazis en 1933.
27. Les tours jumelles auraient été plastiquées, avancent les tenants de cette explication fantaisiste, sans qu'on comprenne bien l'intérêt de provoquer un effondrement contrôlé près d'une heure après l'impact des avions, c'est-à-dire soit trop tôt pour éviter les pertes civiles, le bâtiment n'ayant pas eu le temps d'être entièrement évacué, soit trop tard pour maximiser les pertes humaines, une partie des travailleurs présents dans les tours le jour de l'impact ayant tout de même pu s'échapper entre-temps.
28. Et ce malgré les nombreux témoignages de passants, la succincte archive de vidéosurveillance du crash diffusée en 2005 ou encore les nombreux clichés déclassifiés plusieurs années plus tard. Voir par exemple « Des images inédites de l'attaque contre le Pentagone », *24 Heures*, 31 mars 2017.
29. L'explication conspirationniste attribue l'attaque de Pearl Harbor à l'armée américaine. La réalité historique est moins extrême. Certes, grâce à l'interception d'un câble diplomatique, Roosevelt était au courant qu'une attaque japonaise se préparait, et il savait qu'une telle agression lui permettrait de sortir les États-Unis de leur posture isolationniste pour voler au secours des Britanniques, comme Churchill l'en suppliait. Mais le président américain n'est pas responsable de l'attaque, et il n'a pas anticipé l'ampleur des dégâts causés par celle-ci.
30. Voir « Osama Bin Laden declares jihad in 1997 CNN interview », *CNN*, archive vidéo disponible sur Youtube, 2 mai 2011.
31. À sa demande, son prénom a été modifié.

32. Voir « Les Guignols de l'info, la World Company et le complot capitaliste », *Conspiracy Watch*, 17 mars 2009.
33. Sur le sujet, lire par exemple Sylvain Monier-Leclercq, « Le Bohemian Club, la société secrète qui a inspiré les scénaristes de "House of Cards" », *Slate*, 11 octobre 2017.
34. Cité par Louis San et Benoît Zagdoun, « Que révèle le succès des thèses complotistes pendant l'épidémie de Covid-19 ? », *France Info*, 1er décembre 2020.
35. Voir par exemple Pierre-André Taguieff, « La conglobation, cette technique rhétorique dont raffolent les complotistes », *Conspiracy Watch*, 24 mars 2021 (extrait de son ouvrage *Les Théories du complot*, PUF, 2021).
36. Gérald Bronner, *La Démocratie des crédules*, PUF, 2013, p. 64-78.
37. Une manière simple de trouver des contre-discours sur une théorie du complot douteuse consiste à taper son intitulé sur un moteur de recherche en l'associant à un mot-clé comme « factcheck », « faux » ou « vérification ».
38. Contrôle mental.
39. Fanny Nusbaum, Olivier Revol, Dominic Sappey-Marinier, *Les Philo-cognitifs. Ils n'aiment que penser et penser autrement*, Odile Jacob, 2019, p. 83-84.
40. *Ibid.*, p. 89.
41. Lire notamment Clément Parrot, « Qui se cache derrière Thinkerview, la chaîne YouTube qui surfe sur le mouvement des "gilets jaunes" ? », *France Info*, 22 mai 2019.
42. Voir Ben Collins et Brandy Zadrozny, « How Three Conspiracy Theorists Took "Q" and Sparked QAnon », *NBC News*, 14 août 2018.
43. « The 25 Most Influential People on the Internet », *Time*, 30 juin 2018.
44. Cette communauté regroupe des personnes qui croient au fait que la Terre est visitée par des extraterrestres venus en soucoupe volante, et qui, par extension, estiment que des races venues d'ailleurs vivent parmi nous.
45. Voir notamment Thomas Hannen, « Is QAnon a Game Gone Wrong? », *Financial Times*, 16 octobre 2020, et « Is Thomas

Schoenberger the Mastermind Behind QAnon? », *Heavy*, 15 octobre 2020.

46. Damien Leloup et William Audureau, « Attentat d'El Paso : 8chan, vivier en ligne du terrorisme d'extrême droite », *Le Monde*, 18 mars 2019 ; William Audureau, « Jim Watkins, le dino du porno à la tête du forum extrémiste 8chan », *Le Monde*, 9 août 2019.
47. Gregory Stanton, « QAnon is a Nazi Cult, Rebranded », *Just Security*, 9 septembre 2020.
48. Daniel Gilbert, « Le leader de QAnon a accidentellement dévoilé son identité », *Vice*, 8 avril 2021.
49. Michael Hagemaster, « Qui était Sergueï Nilus ? », in *Politica Hermetica*, n° 9, *Ésotérisme et socialisme*, L'Âge d'homme, 1995, p. 141-158..
50. Heinz-Dietrich Löwe, « La Russie et l'antisémitisme russe, 1890-1917 », in *Cahiers du Monde russe*, 1978, vol. 19, n° 3, p. 307-308.
51. Stéphane Gumpper et Franklin Rausky, « La modernité clinique face au sentiment religieux : la "mélancolie dévote" de Philippe Pinel (1790-1816) », in *Annales médico-psychologiques*, Elsevier, 168 (9), 2010, p. 680.
52. Épisodes de folie consistant à se croire possédé par une puissance démoniaque.
53. Joseph E. Uscinski *et al.*, « Why Do People Believe COVID-19 Conspiracy Theories? », *The Harvard Kennedy School Misinformation Review*, 28 avril 2020.
54. Pierre Barnérias, *M, la fin d'un Monde et MôA !*, Klistic, 2018, p. 82.
55. *Ibid.*, p. 83.
56. https://francorak.hubside.fr/ (Je partage l'adresse à sa demande.)
57. « Goldorak en clair-obscur. 40 ans d'une série culte en France : l'aventure continue ! », Collectif Francorak, p. 1-12.
58. Jean-Pierre Dozon, « "La vérité est ailleurs". Complot et sorcellerie à l'heure de la globalisation », *in* Michel Wieviorka

(dir.), *Mensonges et Vérités*, Éditions Sciences humaines, 2016, p. 263-273.

59. Renaud Evrard et Pascal Le Maléfan, « Une marge de la psychopathologie contemporaine : les “enfants indigo” », in *L'Information psychiatrique*, vol. 86, n° 5, 2010, p. 413-421.

DEUXIÈME PARTIE

1. En anglais, seule version habituellement utilisée, même par les QAnons français : « Where we go one, we go all ». Cette devise est souvent abrégée en WWG1WGA.
2. Magali Robin, « Infos/union », YouTube, 10 mars 2021. Ce compte et cette vidéo ont depuis été supprimés.
3. Leonardo Sojli, « On va y arriver », 2020, https://soundcloud.com/deqodeurs/on-va-y-arriver.
4. Sur cette manifestation, que j'ai couverte, voir William Audureau, « L'ode à la joie des antirestrictions à Annecy », *Le Monde*, 22 mars 2021.
5. Mehdi Moussaïd, *Fouloscopie. Ce que la foule dit de nous*, Humensciences, 2019, p. 145.
6. C'est ce que le cybermilitant américain Eli Pariser a baptisé les « bulles de filtre », qui enferment les internautes dans une vision tronquée, biaisée et monodimensionnelle de la réalité. Voir Eli Pariser, *The Filter Bubble : What The Internet Is Hiding From You*, Penguin Press, 2012.
7. Marcel Salathé et Shashank Khandelwal, « Assessing Vaccination Sentiments with Online Social Media: Implications for Infectious Disease Dynamics and Control », *PLOS Computational Biology*, 13 octobre 2011.
8. Solomon E. Asch, « Effects of group pressure upon the modification and distortion of judgments », in H. Guetzkow (dir.), *Groups, leadership and men*, Carnegie Press, 1951.
9. Elle est racontée par l'un des protagonistes dans le livre d'Eli Saslow, *Rising out of Hatred. The Awakening of a White*

Nationalist, Doubleday, 2018, p. 96. Nous aurons l'occasion de reparler en détail de cet ouvrage majeur un peu plus tard.

10. Frédéric Lordon, « Le complotisme de l'anticomplotisme », *Le Monde diplomatique*, octobre 2017.
11. Référence à l'univers de la série de films *Matrix*, où le fait d'avaler une pilule rouge permet de découvrir la sombre réalité, tandis qu'en ingérant une pilule bleue on continue à se bercer d'illusions.
12. Alain Leduc, « De l'urgence d'être complotiste », FranceSoir, 12 février 2021.
13. Guillaume de Rouville, « Le génie du complotisme », *Réseau international*, 30 décembre 2020.
14. Sur la question de la mésinterprétation de Descartes par la pensée complotiste, voir Ariane Nicolas, « Denis Kambouchner : "Les complotistes sont tout sauf cartésiens" », *Philosophie Magazine*, 20 novembre 2020.
15. Soit le rapprochement entre Covid-19 et *1984*, le roman de George Orwell décrivant un futur totalitaire.
16. Contraction de *chemical trails*, « traînées chimiques ».
17. Des « foutaises ».
18. Littéralement, « la grande réinitialisation ».
19. Voir par exemple Viren Swami, Rebecca Coles, Stefan Stieger et Jakob Pietschnig, « Conspiracist Ideation in Britain and Austria: Evidence of a Monological Belief System and Associations Between Individual Psychological Differences and Real-World and Fictitious Conspiracy Theories », in *British Journal of Psychology*, août 2011, 102(3), p. 443-463.
20. Pierre Barnérias, *M, la fin d'un Monde et MôA !*, Klistic, 2018, p. 5.
21. Michael J. Wood, Karen M. Douglas et Robbie M. Sutton, « Dead and alive: beliefs in contradictory conspiracy Theories », in *Social Psychological and Personality Science*, 2012, 3 (6), p. 767-773.
22. En 1935, le physicien autrichien Erwin Schrödinger a proposé une expérience de pensée soulignant les limites de l'interprétation de la physique quantique par les scientifiques

de la prestigieuse école de Copenhague. Ceux-ci estimaient qu'il est impossible de se prononcer sur l'existence d'un objet en dehors des moments où celle-ci est mise en évidence par des instruments de mesure. Imaginons un chat enfermé dans une boîte en présence d'un flacon de gaz mortel qui se briserait à partir d'un certain seuil de radioactivité, suggère Schrödinger. Selon l'interprétation de l'école de Copenhague, il n'est pas possible de connaître son état tant qu'on ne mesure pas avec un compteur Geiger le niveau de radioactivité à l'intérieur de la boîte : le chat peut donc être considéré comme à la fois mort et vivant. Un postulat absurde, selon le physicien autrichien, puisqu'il suffirait d'ouvrir la boîte pour en avoir le cœur net. Depuis, l'expression de « chat de Schrödinger » est passée dans la culture populaire pour qualifier un objet qui aurait au même moment deux propriétés incompatibles entre elles.

23. Rudy Reichstadt, *L'Opium des imbéciles*, Grasset, 2019, p. 74.
24. Quentin Baulier, Yves Couant, Léa Delfolie, Élodie Noiret, Simon Terrassier et Loïc Pialat, « Anti-masques, les activistes », BFM TV, 8 septembre 2020.
25. Au vu des publications de Mme Engerer sur sa page Facebook, pot-pourri de mythes alambiqués, depuis QAnon jusqu'aux médecines ancestrales toltèques et bouddhistes, en passant par les extraterrestres, l'élévation vibratoire et l'origine des pyramides, il est assez peu probable qu'elle n'y adhère que de manière superficielle. Voir Stéphane Long, « Anti-masque, complotiste et adepte des médecines toltèques... Une généraliste du Bas-Rhin radiée de l'Ordre », *Le Quotidien du médecin*, 20 mars 2021.
26. Cas Mudde, « The Populist Zeitgeist », in *Government and Opposition. An International Journal of Comparative Politics*, vol. 38, n° 4, 2004.
27. Image partagée, entre autres, par le compte Twitter L'inconnu des réseaux (@InconnuReseaux) le 25 décembre 2020, https://twitter.com/InconnuReseaux/status/1342407844088471552/
28. Yann Quercia, « Sondage : 21% des Français adhèrent à au moins cinq théories du complot », *Public Sénat*, 6 février 2019.
29. Elias Canetti, *Masse et puissance*, Gallimard, 1966.

30. « “Covid-19 : nous ne voulons plus être gouvernés par la peur” : la tribune de chercheurs et de médecins », *Le Parisien*, 10 septembre 2020.
31. Elias Canetti, *op. cit.*, p.17.
32. « 28e R-P des Streets : Fouché nous la paix !! », chaîne ROND POINT 2.0, YouTube, 10 novembre 2020 ; résumé sur https://threadreaderapp.com/thread/1326518304387854337.html
33. John F. Kennedy fut en réalité le 35e président américain.
34. Keith Stuart, « Video Games Aren't About Power – They're About Agency », *The Guardian*, 16 octobre 2015.
35. Martin Tik *et al.*, « Ultra-High-Field fMRI Insights On Insight: Neural Correlates of the Aha!-Moment », in *Human Brain Mapping*, août 2018, vol. 39, n° 8.
36. Sur l'origine de cette mauvaise interprétation, lire Assma Maad, « Non, l'Institut Pasteur n'a pas inventé le coronavirus en 2004 comme le prétend une vidéo virale », *Le Monde*, 18 mars 2020.
37. William Audureau, « Comment le site de commerce Wayfair s'est retrouvé accusé d'organiser un réseau pédophile », *Le Monde*, 16 juillet 2020.
38. Cité par Dominique Simonnot, « Henri Leclerc, 50 ans de plaidoiries », *Libération*, 22 décembre 2005 – Henri Leclerc aurait lui-même emprunté ce trait d'esprit au préhistorien André Leroi-Gourhan.
39. Voir par exemple : « Notions de sécurité biologique », Université de Lausanne ; ou « Virus Ebola : le laboratoire P4 de l'Inserm mobilisé », Inserm, 17 avril 2014.
40. Leur calcul est le suivant : en se référant à l'ordre des lettres dans l'alphabet, C (3) + O (15) + R (18) + O (15) + N (14) + A (1) = 66. En accolant ensuite le nombre de lettres (6) du mot « corona », on obtient 666. Le compte est bon !
41. Un anagrammeur plus rigoureux, un passionné de cyclisme ou encore un amoureux du Kazakhstan y auraient plutôt reconnu cette requête : « Créez Astana ! »
42. Cité par L. Atlani-Duault, A. Mercier, C. Rousseau, P. Guyot, J.-P. Moatti, « Les rumeurs du blâme en temps d'épidémie », in

Michel Wieviorka (dir.), *Mensonges et Vérités*, Éditions Sciences humaines, 2016, p. 238.

43. Jean-Marc Ferry, « Le paradigme indiciaire », p. 91-102, in Denis Thouard (dir.), *L'Interprétation des indices. Enquête sur le paradigme indiciaire avec Carlo Ginzburg*, Presses universitaires du Septentrion, 2007.
44. Ce cliché avait été pris lors d'une séance de dédicaces de mon premier livre, *L'Histoire de Mario*, pour laquelle j'avais cru bon, en naïf suppôt de Staline, d'arborer autour du cou un rappel à la couleur de la couverture.
45. Voir Gérald Bronner, *Coïncidences. Nos représentations du hasard*, Vuibert, 2007.
46. Pierre Barnérias, *M, la fin d'un monde et MôA !*, Klistic, 2018, p. 147.
47. Voir Carl Gustav Jung, *Synchronicité et Paracelsica*, Albin Michel, 1988.
48. Voir par exemple le livre de l'Australien Robert Moss, un auteur ésotérique à succès : *Jouer avec les synchronicités dans la vie quotidienne. Signes, symboles et coïncidences*, Véga, 2017.
49. Messages 350 et 354 de Q.
50. « *Hold-up* : "Si dénoncer un complot, c'est être complotiste, alors je le suis !" », Les Grandes Gueules, RMC, 13 novembre 2020.
51. « [Life] is a tale, told by an idiot, full of sound and fury, signifying nothing. » William Shakespeare, *Macbeth*, acte V, scène 5.
52. Dans un cas sur 2,7 millions, l'inoculation de la souche atténuée du virus de la polio lors de la vaccination provoque en effet la maladie au lieu d'en protéger, notamment chez les enfants immunodéprimés et les nouveau-nés. La France n'a dénombré que onze accidents de ce type entre 1979 et 1986, et plus un seul depuis. Mais Giuseppe a été vacciné dans les années 1960, quand le vaccin contre la polio était sensiblement moins fiable. Son autodiagnostic est donc possiblement exact. Pour autant, il n'a pas été confirmé par des experts.
53. Voir Catherine Perrin, « Le "terrorisme de papier" des *Freemen on the land* », *Radio-Canada*, 14 mars 2018.
54. Arcturus est une étoile de la constellation du Bouvier.

55. L'herpétologie est la branche de la zoologie qui s'intéresse aux reptiles. Par conséquent, n'est-ce pas à elle de se pencher également sur la question des reptiliens, ces homme-lézards qui, selon certaines mythologies ufologiques, dirigeraient le monde en secret ?
56. Cité par Sarah Sermondadaz, « "Il existe des dispositions psychologiques, sociales et culturelles au complotisme" », *Heidi News*, 19 septembre 2020.
57. Voir Mack Lamoureux, « This dude accidentally convinced the internet that Finland doesn't exist », *Vice*, 8 décembre 2016.
58. Réalisée en 1998 par Peter Weir, cette grande œuvre paranoïaque est emblématique du cinéma conspirationniste de la fin des années 1990. Voir Dusty Lavoie, « Escaping the panopticon : utopia, hegemony, and performance in Peter Weir's *The Truman Show* », in *Utopian Studies*, Penn State University Press, vol. 22, n° 1, 211, p. 52-53.
59. René Girard, *Le Bouc émissaire*, Grasset, 1982, p. 12.
60. L. Atlani-Duault, A. Mercier, C. Rousseau, P. Guyot, J.-P. Moatti, « Les rumeurs du blâme en temps d'épidémie », in Michel Wieviorka (dir.), *Mensonges et Vérités*, *op.cit*, p. 231-246.
61. Pour de nombreux conspirationnistes, cette société secrète bavaroise de la fin du XVIIIe siècle, dont les historiens assurent qu'elle a été dissoute vers 1785, aurait en réalité survécu et contrôlerait aujourd'hui le monde dans l'ombre.
62. Le « péril juif » dénoncé par les antisémites de l'entre-deux-guerres était à la fois renvoyé à son rôle d'Internationale des affaires (capitalistes) et d'Internationale de la Révolution (communiste), dans une étonnante « alliance de l'eau et du feu », comme l'écrit à l'époque l'intellectuel dreyfusard français Salomon Reinach. Voir « Lettre de M. Salomon Reinach » (1922), citée in Pierre-André Taguieff, *Les Protocoles des Sages de Sion. Faux et usages d'un faux*, Fayard, 2004, p. 116-117. Sur cette question, dans le même ouvrage, lire aussi p. 133-173.
63. Voir Pierre-André Taguieff, *ibid.*, p. 191.
64. Orelsan, « Basique », 2017.
65. Le panoptique a fait l'objet d'une célèbre et virulente critique

anti-autoritariste de la part du philosophe Michel Foucault dans son livre *Surveiller et punir*, publié en 1975. Il a aussi inspiré le dispositif de *The Truman Show*, le film américain déjà mentionné.

66. Voir Florent Poupart et Manon Bouscail, « Enjeux psychiques et psychopathologiques des croyances conspirationnistes : de la crise sanitaire du COVID-19 à la crise existentielle », in *Annales médico-psychologiques*, avril 2021, 179 (4), p. 311-316.

67. J'espère que vous lisez les notes, car voici qu'arrive ma théorie du complot préférée : les Français Cécile Prudent, Renaud Evrard et Claude de Tychey, trois psychologues cliniciens fort sérieux, soupçonnent l'American Psychiatry Association, qui édite ce dictionnaire psychiatrique de référence, le *DSM*, d'avoir cédé aux pressions de l'industrie pharmaceutique en supprimant la paranoïa de la liste des maladies psychiatriques. En effet, les laboratoires rechigneraient selon eux à financer des études permettant d'étudier la paranoïa, et de lui trouver d'éventuels remèdes, pour la simple et bonne raison que les paranoïaques étant ce qu'ils sont, ils ont une fâcheuse tendance à ne pas faire confiance aux médicaments qu'on leur donne, et, de ce fait, sont de très mauvais clients pour le business de l'industrie pharmaceutique. Il aurait donc été jugé plus commode de les rayer du catalogue des maladies psychiatriques, ou de les ranger dans d'autres cases. Voir Cécile Prudent, Renaud Evrard et Claude de Tychey, « La classification de la paranoïa dans la psychiatrie américaine contemporaine : une revue de la littérature », in *L'Évolution psychiatrique*, vol. 82, n° 1, janvier-mars 2017, p. 191-216. N'étant guère expert de la question, il ne m'appartient pas de dire si cette théorie est fondée ou non. L'influence de l'industrie pharmaceutique sur la taxinomie psychiatrique est en tout cas prouvée et documentée : sur le sujet, lire notamment Roland Gori et Marie-José Del Volgo, *Exilés de l'intime. Vers un homme neuroéconomique ?*, Les Liens qui libèrent, 2020.

68. Voir Florent Poupart et Manon Bouscail, « Enjeux psychiques

et psychopathologiques des croyances conspirationnistes : de la crise sanitaire du Covid-19 à la crise existentielle », art. cité.

69. Thierry Ripoll, *Pourquoi croit-on ? Psychologie des croyances*, Éditions Sciences humaines, 2020, p. 24.
70. Hannah Murphy et Siddharth Venkataramakrishnan, « Quitting QAnon : why it is so difficult to abandon a conspiracy theory », *Financial Times*, 14 avril 2021.
71. Pour une déconstruction de cette rumeur, lire Jean-Gabriel Fernandez, « L'adrénochrome : drogue la plus puissante du monde, récoltée sur des humains ? C'est faux », *AFP Factuel*, 18 juin 2018.
72. Adam D. I. Kramer, Jamie E. Guillory et Jeffrey T. Hancock, « Experimental evidence of massive-scale emotional contagion through social networks », in *Proceedings of the National Academy of Sciences of the United States of America*, vol. 111, juin 2014.
73. L'équivalent russe de Facebook, beaucoup moins regardant en matière de modération. Nombre de comptes QAnon influents s'y sont réfugiés après avoir été bannis de Facebook à l'automne-hiver 2020-2021.
74. Pilar Vazquez, « Horror en Chaco: investigan si una nena de 2 años fue asesinada en un rito satánico », *La Nación*, 10 mars 2021.
75. « Liberaron a la madre de la niña muerta en Quitilipi: "La mujer sigue imputada por homicidio agravado" », *Chaco día por día*, 11 mai 2021.
76. Voir Samuel Laurent, « Civitas, de l'intégrisme chrétien à l'opposition au passe sanitaire », *Le Monde*, 18 août 2021.
77. Ce juif américain d'origine hongroise, qui a fait fortune dans la finance, est une cible privilégiée des discours antisémites à travers la planète.
78. « Michael Blume : "Je ne crois pas à l'efficacité d'un discours d'apaisement face aux mouvements complotistes" », *Conspiracy Watch*, 28 avril 2021.
79. Salomé Kiner et Zineb Dryef, « Les juifs n'étaient pas prévenus : 300 à 500 d'entre eux sont morts dans les tours », *Rue89*, 26 janvier 2017.

80. « Ces théories du complot antisémites apparues après les attentats de Paris », *Conspiracy Watch*, 14 mai 2016.
81. Voir Marc Roche, « Une vieille rivalité entre banque protestante et banque juive », *Le Monde*, 7 octobre 2008.
82. *Ibid.*
83. Voir E. M. Rose, *The Murder of William of Norwich : The Origins of the Blood Libel in Medieval Europe*, Oxford University Press, 2015. Pour un résumé (en anglais), voir Ben Cohen, « A crime that echoes through the centuries », *Wall Street Journal*, 28 août 2015.
84. Thomas of Monmouth, *The Life and Miracles of St. William of Norwich*, édité par Cambridge University Press, 2011, xi. *The Fifth Argument*, p. 93.
85. « Celui qui mangera le sang d'une espèce quelconque sera retranché de son peuple », *Lévitique*, VII, 26-27.
86. Pain rituel juif.
87. Cité par Edmund Levin dans son livre *Un enfant de sang chrétien. L'affaire Beilis : meurtre et conspiration dans la Russie des tsars*, Belfond, 2016, p. 45.
88. Urbain Gohier, *« Protocols », Procès-verbaux des réunions secrètes des Sages d'Israël*, Édition de La Vieille-France, 1920, p. 85-86.
89. « Près de 100 000 enfants et cadavres ont été retrouvés dans un tunnel arrivant à la Fondation Clinton de New York ! », *La Table ronde*, blog Over-blog, 5 avril 2020.
90. Voir Sabina Loriga, « Une vieille affaire ? Les "Pâques de sang" d'Ariel Toaff », in *Annales. Histoire, Sciences sociales*, 63e année, n° 1, 2008, p. 143-172.
91. Un des partis pris de ce livre était de ne pas donner la parole à des idéologues de l'antisémitisme : si certains des témoins interrogés ont pu exprimer des vues antisémites, c'est, autant que je puisse en juger, sous l'influence et l'effet des théories du complot, davantage que par inclination personnelle.
92. Sur le sujet, voir Tristan Mendès France, « La permanence du fantasme complotiste autour de la famille Rothschild », *France Inter*, 9 avril 2021 ; et « Jewish "Control" of the Federal

Reserve : A Classic Antisemitic Myth », sur le site de l'Anti Defamation League (adl.org).

93. Mikhaïl Bakounine, *Aux compagnons de la Fédération des sections internationales du Jura* (manuscrit daté de février-mars 1872), cité par Henri Arvon, *Les Juifs et l'idéologie*, PUF, 1978, p. 50.
94. L'État chinois est l'actionnaire principal des trois plus grosses banques du monde, l'Industrial and Commercial Bank of China, la China Construction Bank Corporation et l'Agricultural Bank of China. Voir « Top 1000 World Banks 2020 », *The Banker*, consulté le 20 mars 2021.
95. Ariel Toaff, *Pasque di sangue. Eebrei d'Europa e omicidi rituali*, Il Mulino, 2007. Dans la seconde édition de ce livre, publiée l'année suivante, Toaff fait marche arrière sur plusieurs de ses affirmations.
96. Les « couilles », en espagnol.
97. Pour un aperçu de la réception critique de cet ouvrage, voir Riccardo Calimani, « La curieuse provocation d'Ariel Toaff », *Le Monde*, 12 avril 2007 ; ou Sabrina Loriga, *art. cité*, p. 143-172.
98. « L'histoire cachée de l'effroyable mafia khazare », blog Profession-gendarme, 23 janvier 2021 ; pour un décryptage du sous-texte antisémite de cette légende, voir « Khazars », *Conspiracy Watch*, dernière mise à jour le 11 juin 2020.
99. Les plus secrètes des réunions de dignitaires juifs, selon une théorie du complot de l'époque.
100. Sur le sujet, voir Pierre-André Taguieff, *Hitler, les Protocoles des Sages de Sion et Mein Kampf. Antisémitisme apocalyptique et conspirationnisme*, PUF, 2020.
101. Friedrich Nietzsche, *Par-delà le bien et le mal*, aphorisme 146.
102. Les citations sont extraites de l'article de Peter Jamison, Hannah Natanson, John Woodrow Cox et Alex Horton, « "The storm is here": Ashli Babbitt's journey from capital "guardian" to invader », *Washington Post*, 10 janvier 2021.
103. Ben Hall, Kevin WisniewskiI, « Nashville bomber's bizarre writings reveal belief in aliens and lizard people », *News Channel 5*, 2 janvier 2021.

104. Ben Quinn et Denis Campbell, « Hospital incursions by Covid deniers putting lives at risk, say health leaders », *The Guardian*, 27 janvier 2021.
105. Andrea Salcedo, « Wisconsin pharmacist who destroyed more than 500 vaccine doses believes Earth is flat, FBI says », *Washington Post*, 1er février 2021.
106. Matt Charnock, « Father Involved in Murder-Suicide That Left 9-Year-Old Dead Was "Cult-Like" Anti-Vaxxer », *Sfist*, 16 janvier 2021.
107. « Dirac : ses parents meurent du Covid, elle accuse sa sœur de complotisme », *Charente libre*, 7 avril 2021, mis à jour le 11 avril 2021.
108. Stephan Lewandowsky, Gilles Gignac et Klaus Oberauer, « The role of conspiracist ideation and worldviews in predicting rejection of science », *PLoS ONE*, 2013.
109. Daniel Jolley et Karen M. Douglas, « The social consequences of conspiracism: Exposure to conspiracy theories decreases intentions to engage in politics and to reduce one's carbon footprint », *British Journal of Psychology*, n° 105, 2013, p. 35-56.
110. Gregory J. Rousis, F. Dan Richard et Dong-Yuan Debbie Wang, « The truth is out there : the prevalence of conspiracy theory use by radical violent extremist organizations », in *Terrorism and Political Violence*, 2020.

TROISIÈME PARTIE

1. Cass R. Sunstein et Adrian Vermeule, « Conspiracy theories: Causes and cures », in *The Journal of Political Philosophy*, vol. 17, n° 2, 2009, p. 202-227.
2. Petter Bae Brandtzæg et Asbjørn Følstad, « Trust and distrust in online fact-checking services », in *Communications of the ACM*, vol. 60, n° 9 (août 2017), p. 65-71.
3. Natalie Jomini Stroud, « Media Use and Political Predispositions : Revisiting the Concept of Selective Exposure », in *Political Behavior*, vol. 30, n° 3 (sept. 2008), p. 341-366

4. Brendan Nyhan et Jason Reifler, « When Corrections Fail : The Persistence of Political Misperceptions », in *Political Behavior*, vol. 32, n° 2 (juin 2010), p. 303-330.
5. Voir par exemple, « De "Décodeurs de l'info" à "Décorateurs de l'info" : *Le Monde* a-t-il franchi le pas ? », FranceSoir, 22 juin 2020 ; ou « Réponse à *Libération*/CheckNews – *Libé* devient-il le "bœuf-carottes" de l'info ? », FranceSoir, 11 novembre 2020.
6. Voir « Florian Gouthière de CheckNews à FennecNews, auriez-vous franchi le pas ? », FranceSoir, 11 juin 2020 ; ou « Riposte de "Coordination santé libre" : Peiffer-Smadja, Audureau et *Le Monde* complotistes ? », FranceSoir, 6 février 2021.
7. Cité par Louis San et Benoît Zagdoun, « Que révèle le succès des thèses complotistes pendant l'épidémie de Covid-19 ? », *France Info*, 1er décembre 2020.
8. Clément Rosset, *Le Réel et son double*, Gallimard, 1976, p. 108-109.
9. Leon Festinger, *A Theory of Cognitive Dissonance*, Stanford University Press, 1957.
10. Assma Maad, « "Où est l'infirmière Tiffany Dover" » : la théorie complotiste qui obsède les sphères antivaccins », *Le Monde*, 14 février 2020.
11. Serge Michel, « Nous avons infiltré un journaliste chez les complotistes acharnés de Suisse romande », *Heidi News*, 28 septembre 2020.
12. Sur le sujet, voir Nicolas Bernard, « Le jour où le "Times" a révélé que "les Protocoles" étaient un plagiat », *Conspiracy Watch*, 15 août 2021 ; William Audureau, « "La source des Protocoles des Sages de Sion", enfin la vérité : quand le "Times" inventait le fact-checking », *Le Monde*, 16 août 2021.
13. Clément Rosset, *op. cit.*, p. 78.
14. Cité par Michael Hagemaster, « Qui était Sergueï Nilus ? », in *Politica Hermetica*, n° 9, *Ésotérisme et socialisme*, L'Âge d'homme, 1995, p. 141-158.
15. Pour un récit détaillé de cette soirée au sein de la communauté des DéQodeurs, voir William Audureau, « "Si rien ne se passe,

on va passer pour des cons" : comment une chaîne complotiste QAnon a vécu l'investiture de Joe Biden», *Le Monde*, 21 janvier 2021.

16. «Fin», blog QAnonFr, 22 janvier 2021.
17. Leon Festinger, *op. cit.*, p. 248-251.
18. Hiram Edson, *Fragment of Manuscript on His Life and Experience*, p. 8-9, cité par Francis D. Nichol, *The Midnight Cry : A Defense of the Character and Conduct of William Miller and the Millerites Who Mistakenly Believed that the Second Coming of Christ Would Take Place in the Year 1844*, Teach Services, 2013, p. 248.
19. Cet épisode a été analysé par Leon Festinger et deux autres spécialistes américains de psychologie sociale, Henry Riecken et Stanley Schachter, dans leur ouvrage *L'Échec d'une prophétie* (publication originale 1956 ; traduction française : PUF, 1993).
20. Patrick Clervoy, *Vérité ou Mensonge*, Odile Jacob, 2021, p. 107.
21. Clément Rosset, *op. cit.*, p. 46-47.
22. Pierre-André Taguieff, *Les Protocoles des Sages de Sion. Faux et usages d'un faux*, Fayard, 2004, p. 25.
23. William Miller, «Letter from Mr Miller – his position», *The Advent Herald and Signs of the Times Reporter*, 10 avril 1844.
24. Cette histoire a été racontée par le journaliste américain Eli Saslow dans son livre *Rising out of Hatred. The Awakening of a Former White Nationalist* (Doubleday, 2018), un ouvrage remarquable mais malheureusement non traduit en français, dont j'ai tiré l'essentiel de mes informations sur l'«éveil» de Derek Black.
25. Eli Saslow, *Rising out of Hatred. The Awakening of a Former White Nationalist*, Doubleday, 2018, p. 20.
26. Eli Saslow, *ibid.*, p. 32
27. Eli Saslow, *ibid.*, p. 80
28. Voir Jeffrey Jensen Arnett, *Emerging Adulthood. A Theory of Development From the Late Teens Through the Twenties*, University of Maryland College Park, 2000.
29. Peggy McIntosh, «White Privilege and Male Privilege : A Personal Account of Coming to See Correspondences Through Work in Women's Studies», 1988.

30. Eli Saslow, *ibid.*, p. 168.
31. Eli Saslow, *ibid.*, p. 203.
32. Mark Potok et Laurie Wood, « Leaving White Nationalism », Southern Poverty Law Center, 21 août 2013.
33. Eli Saslow, *ibid.*, p. 224.
34. Cité par Louis San et Benoît Zagdoun, « Que révèle le succès des thèses complotistes pendant l'épidémie de Covid-19 ? », France Info, 1er décembre 2020.
35. Jovan Byford, « I've been talking to conspiracy theorists for 20 years – here are my six rules of engagement », *The Conversation*, 22 juillet 2020.
36. Quand je converse avec une personne complotiste, il m'arrive ainsi souvent de parler des contradictions du gouvernement français sur le port du masque, des pratiques commerciales malhonnêtes de certains laboratoires ou encore des violences policières contre les Gilets jaunes. Le fait que nous déplorons tous les deux ces ratés et ces dérives aide à établir un dialogue.
37. Sur le sujet, lire l'accablant témoignage de Samuel Laurent, *J'ai vu naître le monstre. Twitter va-t-il tuer la #démocratie ?*, Les Arènes, 2021.
38. Cité par Louis San et Benoît Zagdoun, *art. cité*.
39. Cité par Mathieu Deslandes, « "Rien à foutre qu'on me traite de complotiste, je sais ce que je vaux" », *La Revue des médias*, 18 novembre 2020.
40. Cité par Brigitte Noël, « Comment d'anciens complotistes se sont libérés de QAnon », Radio-Canada, 19 novembre 2020.
41. Chaîne YouTube d'Anthony Magnabosco, https://www.youtube.com/channel/UCocP40a_UvRkUAPLD5ezLIQ
42. Voir Peter Boghossian, *A Manual for Creating Atheists*, Pitchstone Publishing, 2013.
43. Les développements suivants reprennent en partie, retravaillés et enrichis, deux de mes articles parus début 2021 : « "J'ai été un abruti sans esprit critique" : l'imprévisible déclic de la sortie du complotisme », *Le Monde*, 19 janvier 2021, et « "On est très en colère contre soi-même" : la difficile épreuve de l'après-complotisme », *Le Monde*, 20 janvier 2021.

44. Noel Joshua Hadley, *Everything That Was Beautiful Became Ugly. Escaping Flat Earth with Patricia Steere*, Firmament Avenue Press, 2019.
45. Enfilade de tweets datée du 3 janvier 2021, https://twitter.com/Acles__/status/1345675294066270208
46. Message privé du 2 janvier 2021, rendu public par Stalec le 1er février 2021, https://twitter.com/Acles__/status/1356289727348019200/photo/3
47. Interview dans « C Politique », France 5, émission du 10 janvier 2021, https://www.france.tv/france-5/c-politique/c-politique-saison-12/2179733-invite-gerald-bronner-antoine-levy-et-robert-malley.html
48. William Audureau, « La 4K, une norme télévisée flottante qui n'est pas encore prête à l'emploi », *Le Monde*, 11 mars 2015, mis à jour le 12 mars.
49. Disponible sur Internet : Archive WayBack Machine à l'adresse http://web.archive.org/web/20150311160313/https://www.lemonde.fr/pixels/article/2015/03/11/la-4k-une-norme-televisee-flottante-qui-n-est-pas-encore-prete-a-l-emploi_4590754_4408996.html
50. Depuis, certains de mes collègues ont notamment publié des articles sur les propriétés fiscales au Luxembourg de M. Niel, pourtant chantre autodéclaré du patriotisme fiscal, ou sur l'origine de la fortune d'un autre actionnaire – indirect – du groupe, le Tchèque Daniel Kretinsky, sur fond de collusion entre le monde des affaires et le pouvoir politique en République tchèque.

BIBLIOGRAPHIE

1. Monographies

Sur le complotisme et la pensée magique (ouvrages de sociologie, psychologie sociale, politologie et philosophie) :

- Peter Boghossian, *A Manual for Creating Atheists*, Pitchstone Publishing, 2013.
- Luc Boltanski, *Énigmes et complots. Une enquête à propos d'enquêtes*, Gallimard, 2012.
- Antoine Bristielle, *À qui se fier ? De la crise de confiance institutionnelle à la crise sanitaire*, L'Aube, 2021.
- Gérald Bronner, *Coïncidences. Nos représentations du hasard*, Vuibert, 2007.
- Gérald Bronner, *La Démocratie des crédules*, PUF, 2016.
- Patrick Clervoy, *Vérité ou Mensonge*, Odile Jacob, 2021.
- Jean-Pierre Dozon, *La Vérité est ailleurs. Complots et sorcellerie*, Maison des sciences de l'homme, 2017.
- Leon Festinger, *A Theory of Cognitive Dissonance*, Stanford University Press, 1957.
- Leon Festinger, Henry Riecken et Stanley Schachter, *L'Échec d'une prophétie* (publication originale : 1956 ; traduction française : PUF, 1993).
- Stéphane François et Emmanuel Kreis, *Le Complot cosmique. Théorie du complot, ovnis, théosophie et extrémisme politique*, Archè Milan, 2010.
- René Girard, *Le Bouc émissaire*, Grasset, 1982.

- Anthony Lantian, *Croyez-vous aux théories du complot ?*, PUG, 2018.
- Pascal Le Maléfan, *Folie et spiritisme. Histoire du discours psychopathologique sur la pratique du spiritisme, ses abords et ses avatars (1850-1950)*, L'Harmattan, Paris, 2000.
- Mehdi Moussaïd, *Fouloscopie. Ce que la foule dit de nous*, Humensciences, 2019.
- Marie Peltier, *L'Ère du complotisme. La maladie d'une société fracturée*, Les Petits matins, 2021.
- Marie Peltier, *Obsession. Dans les coulisses du récit complotiste*, Inculte, 2018.
- Rudy Reichstadt, *L'Opium des imbéciles*, Grasset, 2019.
- Thierry Ripoll, *Pourquoi croit-on ? Psychologie des croyances*, Éditions Sciences humaines, 2020.
- Clément Rosset, *Le Réel et son double*, Gallimard, 1976.
- Pierre-André Taguieff, *Court Traité de complotologie*, Mille et Une Nuits, 2013.
- Pierre-André Taguieff, *Les Théories du complot*, PUF, 2021.
- David Thomson, *Les Français jihadistes*, Les Arènes, 2014.
- Jonathan Vankin et John Whalen, *Conspirations*, Le Cherche midi, 2007.
- Michel Wieviorka (dir.), *Mensonges et Vérités*, Éditions Sciences humaines, 2016.

Sur l'histoire des théories du complot, de l'Antiquité au XXe siècle :

- Arnaud Blin, *Comment Roosevelt fit entrer les États-Unis dans la guerre*, André Versaille, 2011.
- Florent Brayard et Andreas Wirsching (dir.), *Historiciser le mal. Une édition critique de Mein Kampf*, Fayard/Institut für Zeitgeschichte, 2021.

- Jean-Yves Fournis, *Le Sacrifice humain dans la littérature latine. Mythes, légendes, historicité, représentations*, thèse de linguistique, Université Sorbonne nouvelle – Paris III, 2012.
- Edmund Levin, *Un enfant de sang chrétien. L'affaire Beilis : meurtre et conspiration dans la Russie des tsars*, Belfond, 2016.
- Agnès Anna Nagy, *Qui a peur du cannibale ? Récits antiques d'anthropophages aux frontières de l'humanité*, Brepols, 2010.
- E. M. Rose, *The Murder of William of Norwich : The Origins of the Blood Libel in Medieval Europe*, Oxford University Press, 2015.
- Pierre-André Taguieff, *Hitler, les Protocoles des Sages de Sion et Mein Kampf. Antisémitisme apocalyptique et conspirationnisme*, PUF, 2020.
- Pierre-André Taguieff, *Les Protocoles des Sages de Sion. Faux et usages d'un faux*, Fayard, 2004.
- Ariel Toaff, *Pasque di sangue. Eebrei d'Europa e omicidi rituali*, Il Mulino, 2007.

Divers :

- Elias Canetti, *Masse et puissance*, Gallimard, 1966.
- Collectif, *Pourquoi moi ? Le hasard dans tous ses états*, Belin, 2021.
- Renaud Évrard, *Folie et paranormal. Vers une clinique des expériences exceptionnelles*, PUR, 2014.
- Samuel Laurent, *J'ai vu naître le monstre. Twitter va-t-il tuer la #démocratie ?*, Les Arènes, 2021.
- Jean-Claude Maleval, *Logique du délire*, PUR, 2011.
- Fanny Nusbaum, Olivier Revol et Dominic Sappey-Marinier, *Les Philo-cognitifs. Ils n'aiment que penser et penser autrement*, Odile Jacob, 2019.
- Eli Pariser, *The Filter Bubble : What the Internet Is Hiding From You*, Penguin Press, 2012.
- Eli Saslow, *Rising out of Hatred. The Awakening of a White Nationalist*, Doubleday, 2018.

- Denis Thouard (dir.), *L'Interprétation des indices. Enquête sur le paradigme indiciaire avec Carlo Ginzburg*, Presses universitaires du Septentrion, 2007.

2. Articles scientifiques

Sur le complotisme, le mysticisme et le parapsychologique :

- Stanley Budner, « Intolerance of ambiguity as a personality variable », in *Journal of Personality*, année 30, vol. 1, 1962, p. 29-50, https://doi.org/10.1111/j.1467-6494.1962.tb02303.x
- Antoine Bristielle, « "Bas les masques !" : sociologie des militants anti-masques », Fondation Jean-Jaurès, 7 septembre 2020, https://www.jean-jaures.org/publication/bas-les-masques-sociologie-des-militants-anti-masques
- Renaud Evrard et Pascal Le Maléfan. « Une marge de la psychopathologie contemporaine : les "enfants indigo" », in *L'Information psychiatrique*, vol. 86, n° 5, 2010, p. 413-421, https://www.cairn.info/revue-l-information-psychiatrique-2010-5-page-413.htm
- Daisy Fancourt, Andrew Steptoe et Liam Wright, « The Cummings effect : politics, trust and behaviours during the Covid-19 pandemic », *The Lancet*, vol. 396, n° 10249, août 2020, p. 464-465, https://www.thelancet.com/journals/lancet/article/PIIS0140-6736(20)31690-1/fulltext
- Stéphane Gumpper et Franklin Rausky, « La modernité clinique face au sentiment religieux : la "mélancolie dévote" de Philippe Pinel (1790-1816) », in *Annales médico-psychologiques*, Elsevier, 168 (9), 2010, p. 680, https://www.sciencedirect.com/science/article/abs/pii/S0003448710002246
- Matthew J. Hornsey *et al.*, « To what extent are conspiracy theorists concerned for self versus others? A COVID-19 test case », in *European Journal of Social Psychology*, février 2021, https://onlinelibrary.wiley.com/doi/full/10.1002/ejsp.2737

- Giora Keinan, « Effects of stress and tolerance of ambiguity on magical thinking », in *Journal of Personality and Social Psychology*, année 67, vol. 1, 1994, p. 48-55, https://doi.org/10.1037/0022-3514.67.1.48
- Adam D. I. Kramer, Jamie E. Guillory et Jeffrey T. Hancock, « Experimental evidence of massive-scale emotional contagion through social networks », in *Proceedings of the National Academy of Sciences of the United States of America*, vol. 111, juin 2014, https://doi.org/10.1073/pnas.1320040111
- Daniel Jolley et Karen M. Douglas, « The effects of anti-vaccine conspiracy theories on vaccination intentions », *PLoS ONE*, 2014, https://doi.org/10.1371/journal.pone.0089177
- Daniel Jolley et Karen M. Douglas, « The social consequences of conspiracism : Exposure to conspiracy theories decreases intentions to engage in politics and to reduce one's carbon footprint », in *British Journal of Psychology*, 105, 2013, p. 35-56, https://doi.org/10.1111/bjop.12018
- Stephan Lewandowsky, Gilles Gignac et Klaus Oberauer, « The role of conspiracist ideation and worldviews in predicting rejection of science », *PLoS ONE*, 2013, https://doi.org/10.1371/journal.pone.0075637
- Florent Poupart et Manon Bouscail, « Enjeux psychiques et psychopathologiques des croyances conspirationnistes : de la crise sanitaire du COVID-19 à la crise existentielle », in *Annales médico-psychologiques*, Paris, avril 2021, 179 (4), p. 311-316, https://www.ncbi.nlm.nih.gov/pmc/articles/PMC7962031/
- Gregory J. Rousis, F. Dan Richard et Dong-Yuan Debbie Wang, « The Truth is out there : the prevalence of conspiracy theory use by radical violent extremist organizations », in *Terrorism and Political Violence*, 2020, https://doi.org/10.1080/09546553.2020.1835654
- James Rubin, Richard Amlôt, Lisa Page et Simon Wessely, « Public perceptions, anxiety and behaviour change in relation to the swine

flu outbreak: cross sectional telephone survey», *British Medical Journal*, juillet 2009, https://www.bmj.com/content/339/bmj.b2651

- Marcel Salathé et Shashank Khandelwal, «Assessing vaccination sentiments with online social media: implications for infectious disease dynamics and control», *PLOS Computational Biology*, 13 octobre 2011, https://doi.org/10.1371/journal.pcbi.1002199
- Cass R. Sunstein et Adrian Vermeule, «Conspiracy theories: causes and cures», in *The Journal of Political Philosophy*, vol. 17, n° 2, 2009, p. 202-227.
- Viren Swami, Rebecca Coles, Stefan Stieger et Jakob Pietschnig, «Conspiracist ideation in Britain and Austria: evidence of a monological belief system and associations between individual psychological differences and real-world and fictitious conspiracy theories», in *British Journal of Psychology*, août 2011, 102(3), p. 443-463, https://bpspsychub.onlinelibrary.wiley.com/doi/epdf/10.1111/j.2044-8295.2010.02004.x
- J. Joseph E. Uscinski *et al.*, «Why do people believe COVID-19 conspiracy theories?», *The Harvard Kennedy School Misinformation Review*, 28 avril 2020, https://misinforeview.hks.harvard.edu/article/why-do-people-believe-covid-19-conspiracy-theories/
- Michael J. Wood, Karen M. Douglas et Robbie M. Sutton, «Dead and alive: beliefs in contradictory conspiracy theories», in *Social Psychological and Personality Science*, 2012, 3 (6), p. 767-773, https://journals.sagepub.com/doi/10.1177/1948550611434786

Sur l'histoire des théories du complot, de l'Antiquité au XXe siècle:

- Michael Hagemaster, «Qui était Sergueï Nilus ?», in *Politica Hermetica*, n° 9, *Ésotérisme et socialisme*, L'Âge d'homme, 1995, p. 141-158.
- Michael Hagemeister, «The Antichrist as an imminent political possibility. Sergei Nilus and the apocalyptical reading of *The*

Protocols of the Elders of Zion», in Richard Landes et Steven T. Katz (dir.), *The Paranoid Apocalypse : A Hundred-Year Retrospective on The Protocols of the Elders of Zion*, New York University Press, 2011.

- Sabina Loriga, « Une vieille affaire ? Les "Pâques de sang" d'Ariel Toaff», in *Annales. Histoire, Sciences sociales*, 63e année, n° 1, 2008, p. 143-172.
- Heinz-Dietrich Löwe, « La Russie et l'antisémitisme russe, 1890-1917 », in *Cahiers du monde russe*, 1978, vol. 19, n° 3, p. 307-308.

Divers :

- Solomon E. Asch, « Effects of group pressure upon the modification and distortion of judgments », in H. Guetzkow (dir.), *Groups, Leadership and Men*, Carnegie Press, 1951.
- Petter Bae Brandtzæg et Asbjørn Følstad, «Trust and distrust in online fact-checking services », in *Communications of the ACM*, vol. 60, n° 9 (août 2017), p. 65-71, https://www.researchgate.net/publication/319254280_Trust_and_Distrust_in_Online_Fact-Checking_Services
- Dusty Lavoie, « Escaping the panopticon : utopia, hegemony, and performance in Peter Weir's *The Truman Show* », in *Utopian Studies*, Penn State University Press, vol. 22, n° 1, 211, p. 52-53, http://dx.doi.org/10.1353/utp.2011.0033
- Cas Muddle, «The populist zeitgeist », in *Government and Opposition. An International Journal of Comparative Politics*, vol. 38, n° 4, 2004, https://www.cambridge.org/core/journals/government-and-opposition/article/populist-zeitgeist/2CD34F8B25C4FFF4F322316833DB94B7
- Brendan Nyhan et Jason Reifler, «When corrections fail: the persistence of political misperceptions », in *Political Behavior*, vol. 32, n° 2 (juin 2010), p. 303-330, https://www.researchgate.net/publication/225336846_When_Corrections_Fail_The_Persistence_of_Political_Misperceptions

- Cécile Prudent, Renaud Evrard et Claude de Tychey, « La classification de la paranoïa dans la psychiatrie américaine contemporaine : une revue de la littérature », in *L'Évolution psychiatrique*, vol. 82, n° 1, janvier-mars 2017, p.191-216, consultable à l'adresse suivante : https://halshs.archives-ouvertes.fr/halshs-02137021/document
- Natalie Jomini Stroud, « Media use and political predispositions : revisiting the concept of selective exposure », in *Political Behavior*, vol. 30, n° 3 (sept. 2008), p. 341-366, https://www.jstor.org/stable/40213321?seq=1
- Martin Tik *et al.*, « Ultra-high-field fMRI insights on insight: Neural correlates of the Aha!-moment », in *Human Brain Mapping*, août 2018, vol. 39, n° 8, https://onlinelibrary.wiley.com/doi/pdfdirect/10.1002/hbm.24073

3. Articles de presse

Sur le complotisme :

- « Michael Blume : "Je ne crois pas à l'efficacité d'un discours d'apaisement face aux mouvements complotistes" », *Conspiracy Watch*, 28 avril 2021, https://www.conspiracywatch.info/michael-blume-je-ne-crois-pas-a-lefficacite-dun-discours-dapaisement-face-aux-mouvements-complotistes.html
- William Audureau, « "Je faisais partie des esprits supérieurs" : pourquoi le complotisme séduit autant », *Le Monde*, 18 janvier 2021, https://www.lemonde.fr/les-decodeurs/article/2021/01/18/je-faisais-partie-des-esprits-superieurs-pourquoi-le-complotisme-seduit-autant_6066685_4355770.html
- William Audureau, « "J'ai été un abruti sans esprit critique" : l'imprévisible déclic de la sortie du complotisme », *Le Monde*, 19 janvier 2021, https://www.lemonde.fr/les-decodeurs/article/2021/01/19/j-ai-ete-un-abruti-sans-

esprit-critique-l-imprevisible-declic-de-la-sortie-du-complotisme_6066827_4355770.html

- William Audureau, «“On est très en colère contre soi-même”: la difficile épreuve de l’après-complotisme», *Le Monde*, 20 janvier 2021, https://www.lemonde.fr/les-decodeurs/article/2021/01/20/on-est-tres-en-colere-contre-soi-meme-la-difficile-epreuve-de-l-apres-complotisme_6066964_4355770.html
- Jovan Byford, «I’ve been talking to conspiracy theorists for 20 years – here are my six rules of engagement», *The Conversation*, 22 juillet 2020, https://theconversation.com/ive-been-talking-to-conspiracy-theorists-for-20-years-here-are-my-six-rules-of-engagement-143132
- Mathieu Deslandes, «“Rien à foutre qu’on me traite de complotiste, je sais ce que je vaux”», *La Revue des médias*, 18 novembre 2020, https://larevuedesmedias.ina.fr/hold-up-complot-fact-checking-temoignages-spectateurs
- Nicolas Gastineau, «L’âge de la “gamification” du complotisme», *Philosophie Magazine*, 29 janvier 2021, https://www.philomag.com/articles/lage-de-la-gamification-du-complotisme
- Ifop, *Enquête sur le complotisme – Vague 2*, Fondation Jean-Jaurès, janvier 2019, https://www.ifop.com/publication/enquete-sur-le-complotisme-vague-2
- Damien Leloup, «“L’émotion qui fonde QAnon, c’est la méfiance contre les institutions et les élites”», *Le Monde*, 17 octobre 2020, https://www.lemonde.fr/pixels/article/2020/10/17/l-emotion-qui-fonde-qanon-c-est-la-mefiance-contre-les-institutions-et-les-elites_6056401_4408996.html
- Yann Quercia, «Sondage : 21 % des Français adhèrent à au moins cinq théories du complot», *Public Sénat*, 6 février 2019, https://www.publicsenat.fr/article/societe/sondage-21-des-francais-adherent-a-au-moins-cinq-theories-du-complot-137727

- Louis San et Benoît Zagdoun, « Que révèle le succès des thèses complotistes pendant l'épidémie de Covid-19 ? », France Info, 1er décembre 2020, https://www.francetvinfo.fr/sante/maladie/coronavirus/grand-entretien-que-revele-le-succes-des-theses-complotistes-pendant-l-epidemie-de-covid-19_4187415.html
- Sarah Sermondadaz, « "Il existe des dispositions psychologiques, sociales et culturelles au complotisme" », *Heidi News*, 19 septembre 2020, https://www.heidi.news/explorations/au-coeur-de-la-complosphere/il-existe-des-dispositions-psychologiques-sociales-et-culturelles-au-complotisme

Sur les mythes, récits et techniques conspirationnistes :

- « Ces théories du complot antisémites apparues après les attentats de Paris », *Conspiracy Watch*, 14 mai 2016, https://www.conspiracywatch.info/ces-theories-du-complot-antisemites-apparues-apres-les-attentats-de-paris_a1590.html
- « "Jewish Control" of the Federal Reserve : A Classic Antisemitic Myth », *Anti Defamation League*, https://www.adl.org/resources/backgrounders/jewish-control-of-the-federal-reserve-a-classic-antisemitic-myth
- « Les Guignols de l'info, la World Company et le complot capitaliste », *Conspiracy Watch*, 17 mars 2009, https://www.conspiracywatch.info/les-guignols-de-l-info-la-world-company-et-le-complot-capitaliste_a307.html
- « Khazars », *Conspiracy Watch*, dernière mise à jour le 11 juin 2020, https://www.conspiracywatch.info/khazars
- William Audureau, « Comment le site de commerce Wayfair s'est retrouvé accusé d'organiser un réseau pédophile », 16 juillet 2020, https://www.lemonde.fr/les-decodeurs/article/2020/07/16/wayfairgate-comment-un-site-de-commerce-en-ligne-s-est-retrouve-accuse-d-organiser-un-reseau-pedocriminel_6046413_4355770.html

- Reed Berkowitz, «A game designer's analysis of QAnon», Medium.com, 30 septembre 2020, https://medium.com/curiouserinstitute/a-game-designers-analysis-of-qanon-580972548be5
- Riccardo Calimani, «La curieuse provocation d'Ariel Toaff», *Le Monde*, 12 avril 2007, https://www.lemonde.fr/livres/article/2007/04/12/la-curieuse-provocation-d-ariel-toaff_894845_3260.html
- Ben Cohen, «A crime that echoes through the centuries», *Wall Street Journal*, 28 août 2015, https://www.wsj.com/articles/a-crime-that-echoes-through-the-centuries-1440796467
- Éric Conan, «Les secrets d'une manipulation antisémite», *L'Express*, 18 novembre 1999, https://www.lexpress.fr/culture/livre/les-secrets-d-une-manipulation-antisemite_817525.html
- Mack Lamoureux, «This dude accidentally convinced the Internet that Finland doesn't exist», *Vice*, 8 décembre 2016, https://www.vice.com/en/article/xyd48w/this-dude-accidentally-convinced-the-internet-that-finland-doesnt-exist
- Tristan Mendès France, «La permanence du fantasme complotiste autour de la famille Rothschild», France Inter, 9 avril 2021, https://www.franceinter.fr/emissions/antidote/antidote-09-avril-2021
- Clément Parrot, «Qui se cache derrière Thinkerview, la chaîne YouTube qui surfe sur le mouvement des "gilets jaunes" ?», France Info, 22 mai 2019, mis à jour le 25 mai 2019, https://www.francetvinfo.fr/economie/transports/gilets-jaunes/qui-se-cache-derriere-thinkerview-la-chaine-youtube-qui-surfe-sur-le-mouvement-des-gilets-jaunes_3441317.html
- Rudy Reichstadt, «Le détournement de l'étoile jaune», *K, la revue*, 10 mai 2021, https://k-larevue.com/le-detournement-de-letoile-jaune/

Sur les principaux réseaux et personnalités conspirationnistes :

- « Is Thomas Schoenberger the mastermind behind QAnon? », *Heavy*, 15 octobre 2020, https://heavy.com/news/thomas-schoenberger-qanon/
- William Audureau, « L'ode à la joie des antirestrictions à Annecy », *Le Monde*, 22 mars 2021, https://www.lemonde.fr/societe/article/2021/03/22/a-annecy-l-ode-a-la-joie-des-antirestrictions_6074056_3224.html
- William Audureau, « Jim Watkins, le dino du porno à la tête du forum extrémiste 8chan », *Le Monde*, 9 août 2019, https://www.lemonde.fr/pixels/article/2019/08/09/jim-watkins-le-dino-du-porno-a-la-tete-du-forum-extremiste-8chan_5497895_4408996.html
- William Audureau, « Les paradoxes de Louis Fouché, le docteur antivax », *Le Monde*, 8 juin 2021, https://www.lemonde.fr/planete/article/2021/06/08/les-paradoxes-de-louis-fouche-le-docteur-antivax_6083371_3244.html
- William Audureau et Assma Maad, « Une exploration de la "Raoultsphère" sur Facebook », *Le Monde*, 3 juillet 2020, https://www.lemonde.fr/les-decodeurs/article/2020/07/03/une-exploration-de-la-raoultsphere-sur-facebook_6045017_4355770.html
- William Audureau et Damien Leloup, « Attentat d'El Paso : 8chan, vivier en ligne du terrorisme d'extrême droite », *Le Monde*, 18 mars 2019, https://www.lemonde.fr/pixels/article/2019/03/18/attentat-de-christchurch-8chan-vivier-en-ligne-du-terrorisme-d-extreme-droite_5437847_4408996.html
- William Audureau, « "Si rien ne se passe, on va passer pour des cons" : comment une chaîne complotiste QAnon a vécu l'investiture de Joe Biden », *Le Monde*, 21 janvier 2021, mis à jour le 25 janvier 2021, https://www.lemonde.fr/les-decodeurs/article/2021/01/21/l-espoir-l-errance-la-foi-malgre-tout-

comment-une-chaine-complotiste-qanon-a-vecu-l-investiture-de-biden_6067090_4355770.html

- Quentin Baulier, Yves Couant, Léa Delfolie, Elodie Noiret, Simon Terrassier et Loïc Pialat, « Anti-masques, les activistes », BFM TV, 8 septembre 2020, https://www.bfmtv.com/replay-emissions/ligne-rouge/anti-masques-les-activistes-revoir-l-enquete-de-bfmtv_VN-202009080343.html
- Grégor Brandy et Damien Leloup, « Investiture de Joe Biden : les soutiens de QAnon face au difficile "mur de la réalité" », *Le Monde*, 20 janvier 2021, mis à jour le 21 janvier 2021, https://www.lemonde.fr/pixels/article/2021/01/20/investiture-de-joe-biden-les-soutiens-de-qanon-face-au-difficile-mur-de-la-realite_6066996_4408996.html
- Clea Chakraverty, « Complotisme et "gilets jaunes" : "Il y a que les riches qui sont au courant..." », *The Conversation*, 14 février 2019, https://theconversation.com/complotisme-et-gilets-jaunes-il-y-a-que-les-riches-qui-sont-au-courant-111362
- Armand Alexandre du Chayla, « Serge Alexandrovitch Nilus et les *Protocoles des Sages de Sion* (1909-1920) », in *La Tribune juive*, n° 72, 14 mai 1921, https://gallica.bnf.fr/ark:/12148/bpt6k6366728x/f1.item
- Anne Coldefy-Faucard, « Mystiques russes : chamans, starets et autres fols-en-Christ », *Le Courrier de Russie*, 11 octobre 2019, https://www.lecourrierderussie.com/2019/10/mystiques-russes-chamans-starets-et-autres-fols-en-christ/
- Ben Collins et Brandy Zadrozny, « How three conspiracy theorists took "Q" and sparked Qanon », *NBC News*, 14 août 2018, https://www.nbcnews.com/tech/tech-news/how-three-conspiracy-theorists-took-q-sparked-qanon-n900531
- Guillaume Gendron, « Thierry Casasnovas, la radicalisation d'un gourou pur jus », *Libération*, 23 mars 2021, https://www.liberation.fr/societe/thierry-casasnovas-la-radicalisation-dun-

gourou-pur-jus-20210323_7EFDKU5QIRFXJCF7GHJFIZSRRU/

- Daniel Gilbert, « Le leader de QAnon a accidentellement dévoilé son identité », *Vice*, 8 avril 2021, https://www.vice.com/fr/article/v7m58a/le-leader-de-qanon-a-accidentellement-devoile-son-identite
- Ben Hall et Kevin WisniewskiI, « Nashville bomber's bizarre writings reveal belief in aliens and lizard people », *News Channel 5*, 2 janvier 2021, https://www.newschannel5.com/news/newschannel-5-investigates/nashville-bombers-bizarre-writings-reveal-belief-in-aliens-and-lizard-people
- Thomas Hannen, « Is QAnon a game gone wrong ? », *Financial Times*, 16 octobre 2020, https://www.ft.com/video/372cac40-0f6f-498b-8c19-7b635142296e
- Peter Jamison, Hannah Natanson, John Woodrow Cox et Alex Horton, « "The storm is here" : Ashli Babbitt's journey from capital "guardian" to invader », *Washington Post*, 10 janvier 2021, https://www.washingtonpost.com/dc-md-va/2021/01/09/ashli-babbitt-capitol-shooting-trump-qanon/
- Samuel Laurent, « Civitas, de l'intégrisme chrétien à l'opposition au passe sanitaire », *Le Monde*, 18 août 2021, https://www.lemonde.fr/societe/article/2021/08/18/civitas-de-l-integrisme-chretien-a-l-opposition-au-passe-sanitaire_6091720_3224.html
- Anne-Sophie Leurquin, « La "raw food", ou le plaisir de manger tout cru », *Le Soir*, 3 avril 2018, https://plus.lesoir.be/149046/article/2018-04-03/la-raw-food-ou-le-plaisir-de-manger-tout-cru
- Stéphane Long, « Anti-masque, complotiste et adepte des médecines toltèques... Une généraliste du Bas-Rhin radiée de l'Ordre », *Le Quotidien du médecin*, 20 mars 2021, https://www.lequotidiendumedecin.fr/liberal/exercice/anti-masque-complotiste-et-adepte-des-medecines-tolteques-une-generaliste-du-bas-rhin-radiee-de

- Serge Michel, « Nous avons infiltré un journaliste chez les complotistes acharnés de Suisse romande », *Heidi News*, 28 septembre 2020, mis à jour le 9 octobre 2020, https://www.heidi.news/explorations/au-coeur-de-la-complosphere/nous-avons-infiltre-un-journaliste-chez-les-complotistes-acharnes-de-suisse-romande
- William Miller, « Letter from Mr Miller – his position », *The Advent Herald and Signs of the Times Reporter*, 10 avril 1844.
- Sylvain Monier-Leclercq, « Le Bohemian Club, la société secrète qui a inspiré les scénaristes de "House of Cards" », *Slate*, 11 octobre 2017, http://www.slate.fr/story/152348/bohemian-club-societe-secrete-house-cards
- Daniel Morrison, « Evidence of the people responsible for Qanon being responsible for Qanon », Medium.com, 26 janvier 2021, https://daniel-ed-morrison.medium.com/evidence-of-the-people-responsible-for-qanon-being-responsible-for-qanon-779c357da8ae
- Dan Olson, « In search of a flat Earth », Folding Ideas, vidéo YouTube, 11 septembre 2020, https://www.youtube.com/watch?v=JTfhYyTuT44
- Catherine Perrin, « Le "terrorisme de papier" des *Freemen on the land* », Radio-Canada, 14 mars 2018, https://ici.radio-canada.ca/ohdio/premiere/emissions/medium-large/segments/entrevue/63306/freemen-on-the-land-resistance-etat-langlois
- S. Poliakoff, « La lumière est faite (À propos des "Souvenirs" de M. A. du Chayla) », *La Tribune juive*, n° 73, 20 mai 1921.
- Mark Potok et Laurie Wood, « Leaving white nationalism », Southern Poverty Law Center, 21 août 2013, https://www.splcenter.org/fighting-hate/intelligence-report/2013/leaving-white-nationalism
- Gregory Stanton, « QAnon is a nazi cult, rebranded », *Just Security*, 9 septembre 2020, https://www.justsecurity.org/72339/qanon-is-a-nazi-cult-rebranded/

- Jennifer Valentino-DeVries, Grace Ashford, Denise Lu, Eleanor Lutz, Alex Leeds Matthews et Karen Yourish, « Arrested in Capitol Riot: organized militants and a horde of radicals », *New York Times*, 4 février 2021, https://www.nytimes.com/interactive/2021/02/04/us/capitol-arrests.html

Sur les conséquences du complotisme :

- « Dirac : ses parents meurent du Covid, elle accuse sa sœur de complotisme », *Charente Libre*, 7 avril 2021, mis à jour le 11 avril 2021, https://www.charentelibre.fr/2021/04/07/dirac-ses-parents-meurent-du-covid-elle-accuse-sa-soeur-de-complotisme,3729358.php
- « Police start probing anti-vaxxers encouraging public to fake appointments », *Times of Israel*, 5 février 2021, https://www.timesofisrael.com/police-said-probing-anti-vaxxers-encouraging-public-to-fake-appointments/
- « Vincent Quivy : “Le complotisme commence quand les doutes laissent place aux certitudes” », *Conspiracy Watch*, 7 décembre 2020, https://www.conspiracywatch.info/vincent-quivy-le-complotisme-commence-quand-les-doutes-laissent-place-aux-certitudes.html
- Cécile Bouanchaud, « “Mes enfants ne passeront pas Noël avec mamie, qui est embrigadée” : les fêtes de fin d’année à l’épreuve du complotisme », *Le Monde*, 23 décembre 2020, https://www.lemonde.fr/societe/article/2020/12/23/mes-enfants-ne-passeront-pas-noel-avec-mamie-qui-est-embrigadee-les-fetes-a-l-epreuve-du-complotisme_6064272_3224.html
- Matt Charnock, « Father involved in murder-suicide that left 9-year-old dead was “cult-like” anti-vaxxer », *Sfist*, 16 janvier 2021, https://sfist.com/2021/01/16/young-child-killed-in-possible-murder-suicide-has-been-identified/
- Patrick Lagacé, « Vie et mort d’un complotiste », *La Presse*, 12 mai 2021, https://www.lapresse.ca/actualites/chroniques/2021-05-12/vie-et-mort-d-un-complotiste.php

- Elsa Mari, « L'inquiétante mode des dérives alimentaires », *Le Parisien*, 8 octobre 2019, https://www.leparisien.fr/societe/l-inquietante-mode-des-derives-alimentaires-08-10-2019-8168934.php
- Hannah Murphy et Siddharth Venkataramakrishnan, « Quitting QAnon: why it is so difficult to abandon a conspiracy theory », *Financial Times*, 14 avril 2021, https://www.ft.com/content/5715176a-03b3-4ee9-a857-c50298ffe9da
- Brigitte Noël, « Comment d'anciens complotistes se sont libérés de QAnon », *Radio-Canada*, 19 novembre 2020, https://ici.radio-canada.ca/nouvelle/1750385/qanon-complotiste-liberation
- Ben Quinn et Denis Campbell, « Hospital incursions by Covid deniers putting lives at risk, say health leaders », *The Guardian*, 27 janvier 2021, https://www.theguardian.com/world/2021/jan/27/hospital-incursions-by-covid-deniers-putting-lives-at-risk-say-leaders
- Andrea Salcedo, « Wisconsin pharmacist who destroyed more than 500 vaccine doses believes Earth is flat, FBI says », *Washington Post*, 1er février 2021, https://www.washingtonpost.com/nation/2021/02/01/wisconsin-pharmacist-vaccine-flatearth/
- Romain Scotto, « Alimentation : manger sans cuire les aliments, ils y ont cru », *20 Minutes*, 21 juillet 2014, https://www.20minutes.fr/sante/1420679-20140721-alimentation-manger-cuire-aliments-cru
- Benoît Zagdoun, « "J'ai perdu ma mère" : ils racontent comment les thèses complotistes autour du Covid-19 ont contaminé leurs relations avec leurs proches », *France Info*, 24 décembre 2020, https://www.francetvinfo.fr/sante/maladie/coronavirus/temoignages-j-ai-perdu-ma-mere-ils-racontent-comment-les-theses-complotistes-autour-du-covid-19-ont-contamine-leurs-relations-avec-leurs-proches_4223483.html

Articles de vérification ou utilisés comme sources de vérification :

- « Des images inédites de l'attaque contre le Pentagone », *24 Heures*, 31 mars 2017, https://www.24heures.ch/monde/ameriques/images-inedites-attaque-pentagon/story/12939753
- « Liberaron a la madre de la niña muerta en Quitilipi : "La mujer sigue imputada por homicidio agravado" », *Chaco día por día*, 11 mai 2021, https://www.chacodiapordia.com/2021/05/11/liberaron-a-la-madre-de-la-nina-muerta-en-quitilipi-la-mujer-sigue-imputada-por-homicidio-agravado/
- « Notions de sécurité biologique », Université de Lausanne, https://www.unil.ch/unisep/files/live/sites/unisep/files/shared/Documents%20SSTE/DOC_009-18_SST_Notions_s%C3%A9curit%C3%A9_biologique_v01.pdf
- Tristan Berteloot, « Les gilets jaunes, étouffés par la gangrène antisémite », *Libération*, 18 février 2019, https://www.liberation.fr/france/2019/02/18/les-gilets-jaunes-etouffes-par-la-gangrene-antisemite_1710174/
- Jean-Gabriel Fernandez, « L'adrénochrome : drogue la plus puissante du monde, récoltée sur des humains ? C'est faux », *AFP Factuel*, 18 juin 2018, https://factuel.afp.com/ladrenochrome-drogue-la-plus-puissante-du-monde-recoltee-sur-des-humains-cest-faux
- Salomé Kiner et Zineb Dryef, « Les juifs n'étaient pas prévenus : 300 à 500 d'entre eux sont morts dans les tours », *Rue89*, 26 janvier 2017, https://www.nouvelobs.com/rue89/20090203.RUE2659/les-juifs-n-etaient-pas-prevenus-300-a-500-d-entre-eux-sont-morts-dans-les-tours.html
- Assma Maad, « Non, l'Institut Pasteur n'a pas inventé le coronavirus en 2004 comme le prétend une vidéo virale », *Le Monde*, 18 mars 2020, https://www.lemonde.fr/les-decodeurs/article/2020/03/18/non-l-institut-pasteur-n-a-

pas-invente-le-coronavirus-en-2004-comme-le-pretend-une-video-virale_6033576_4355770.html

- Assma Maad, « “Où est l’infirmière Tiffany Dover” : la théorie complotiste qui obsède les sphères antivaccins », *Le Monde*, 14 février 2020, https://www.lemonde.fr/les-decodeurs/article/2021/02/14/ou-est-l-infirmiere-tiffany-dover-la-theorie-complotiste-qui-obsede-les-spheres-antivaccins_6069912_4355770.html
- Ariane Nicolas, « Denis Kambouchner : “Les complotistes sont tout sauf cartésiens” », *Philosophie Magazine*, 20 novembre 2020, https://www.philomag.com/articles/denis-kambouchner-les-complotistes-sont-tout-sauf-cartesiens
- Ben Sales, « QAnon an old form of anti-Semitism in a new package, say experts », *Times of Israel*, 20 septembre 2020, https://www.timesofisrael.com/qanon-is-an-old-form-of-anti-semitism-in-a-new-package-say-experts/
- Pilar Vazquez, « Horror en Chaco : investigan si una nena de 2 años fue asesinada en un rito satánico », *La Nación*, 10 mars 2021, https://www.lanacion.com.ar/seguridad/horror-en-chaco-investigan-si-una-nena-de-2-anos-fue-asesinada-en-un-rito-satanico-nid10032021/

Divers :

- Caitlin Dewey, « Five of the Internet’s eeriest, unsolved mysteries », *Washington Post*, 2 mai 2014, https://www.washingtonpost.com/news/arts-and-entertainment/wp/2014/05/02/five-of-the-internets-eeriest-unsolved-mysteries/
- David Larousserie, « La phylodynamique, l’autre traque du coronavirus », *Le Monde*, 20 avril 2020, https://www.lemonde.fr/sciences/article/2020/04/20/la-phylodynamique-l-autre-traque-du-coronavirus_6037214_1650684.html

- Keith Stuart, «Video games aren't about power – they're about agency», *The Guardian*, 16 octobre 2015, https://www.theguardian.com/technology/2015/oct/16/video-games-power-agency-control

4. Principales publications complotistes et paracomplotistes consultées

Littérature complotiste, parapsychologique et fantastique :

- Pierre Barnérias, *M, la fin d'un Monde et MôA !*, Klistic, 2018.
- Jacob Brafgmann, *Livre du Kahal. Matériaux pour étudier le judaïsme en Russie,* Odessa, 1873.
- Carl Gustav Jung, *Synchronicité et Paracelsica*, Albin Michel, 1988.
- Noel Joshua Hadley, *Everything That Was Beautiful Became Ugly. Escaping Flat Earth with Patricia Steere*, Firmament Avenue Press, 2019.
- Louis Pauwels et Jacques Bergier, *Le Matin des magiciens. Introduction au réalisme fantastique*, Gallimard, 1960.
- Thomas of Monmouth, *The Life and Miracles of St. William of Norwich*, Cambridge University Press, 2011.
- Robert Moss, *Jouer avec les synchronicités dans la vie quotidienne. Signes, symboles et coïncidences*, Véga, 2017.
- Francis D. Nichol, *The Midnight Cry : A Defense of the Character and Conduct of William Miller and the Millerites Who Mistakenly Believed that the Second Coming of Christ Would Take Place in the Year 1844*, Teach Services, 2013.

Théories et témoignages complotistes :

- «28ème R-P des Streets : Fouché nous la paix !!», chaîne ROND POINT 2.0, YouTube, 10 novembre 2020, https://www.youtube.com/watch?v=lCvhi__Wt1g ;

- « Entretien avec le Dr Louis Fouché : "La maladie tente de résoudre une souffrance existentielle" », *Néo Santé*, 30 décembre 2020, https://www.neosante.eu/entretien-avec-le-dr-louis-fouche-la-maladie-tente-de-resoudre-une-souffrance-existentielle/
- « Fin », blog QAnonFr, 22 janvier 2021, http://web.archive.org/web/20210122093311/https://qanonfr.com/fin/
- « *Goldorak* en clair-obscur. 40 ans d'une série culte en France : l'aventure continue ! », Collectif Francorak, p. 1-12, http://www.insulaeuropea.eu/wp-content/uploads/2019/01/Goldorak-en-Clair-Obscur-1.pdf
- « Hold-up : "Si dénoncer un complot, c'est être complotiste, alors je le suis !" », Les Grandes Gueules, RMC, 13 novembre 2020, https://rmc.bfmtv.com/mediaplayer/video/hold-up-si-denoncer-un-complot-c-est-etre-complotiste-alors-je-le-suis-pierre-barnerias-1294081.html
- « L'histoire cachée de l'effroyable mafia khazare », blog Profession-gendarme, 23 janvier 2021, https://www.profession-gendarme.com/lhistoire-cachee-de-leffroyable-mafia-khazare
- « "Covid-19 : nous ne voulons plus être gouvernés par la peur" : la tribune de chercheurs et de médecins », *Le Parisien*, 10 septembre 2020, https://www.leparisien.fr/societe/covid-19-nous-ne-voulons-plus-etre-gouvernes-par-la-peur-la-tribune-de-chercheurs-et-de-medecins-10-09-2020-8382387.php
- « Près de 100 000 enfants et cadavres ont été retrouvés dans un tunnel arrivant à la Fondation Clinton de New York ! », La table ronde, blog Over-blog, 5 avril 2020, https://latableronde.over-blog.com/2020/04/pres-de-100.000-enfants-et-cadavres-ont-ete-retrouves-dans-un-tunnel-arrivant-a-la-fondation-clinton-de-new-york.html
- Leonardo Sojli, « On va y arriver », 2020, chanson de générique des *lives* des DéQodeurs, à écouter ici : https://soundcloud.com/deqodeurs/on-va-y-arriver

Critiques de l'anticomplotisme :

- « De "Décodeurs de l'info" à "Décorateurs de l'info" : *Le Monde* a-t-il franchi le pas ? », FranceSoir, 22 juin 2020, https://www.francesoir.fr/opinions-tribunes/de-decodeurs-de-linfo-a-decorateurs-de-linfo-le-monde-a-t-il-franchi-le-pas
- « Florian Gouthière de CheckNews à FennecNews, auriez-vous franchi le pas ? », FranceSoir, 11 juin 2020, https://www.francesoir.fr/mr-gouthiere-de-checknews-fennecnews-nauriez-vous-pas-franchi-le-pas
- « Réponse à *Libération*/CheckNews – Libé devient-il le "bœuf-carottes" de l'info ? », FranceSoir, 11 novembre 2020, https://www.francesoir.fr/societe-economie/reponse-liberationchecknews-libe-devient-il-le-boeuf-carotte-de-linfo
- « Riposte de "Coordination santé libre" : Peiffer-Smadja, Audureau et *Le Monde* complotistes ? », FranceSoir, 6 février 2021, mis à jour le 8 février 2021, https://www.francesoir.fr/societe-sante/la-riposte-des-medecins-de-coordination-sante-libre-william-audureau-et-le-monde
- Alain Leduc, « De l'urgence d'être complotiste », FranceSoir, 12 février 2021, https://www.francesoir.fr/de-lurgence-detre-complotiste
- Frédéric Lordon, « Le complotisme de l'anticomplotisme », *Le Monde diplomatique*, octobre 2017, https://www.monde-diplomatique.fr/2017/10/LORDON/57960
- Guillaume de Rouville, « Le génie du complotisme », *Réseau international*, 30 décembre 2020, https://reseauinternational.net/le-genie-du-complotisme/

TABLE DES MATIÈRES

DEUXIÈME PARTIE

L'ENFERMEMENT

TROISIÈME PARTIE

LE RETOUR DU RÉEL

Création graphique de la couverture : Raphaëlle Faguer

Ouvrage composé en Plantin
par Patrick Leleux PAO

www.allary-editions.fr

Cet ouvrage a été imprimé sur du papier issu
de forêts gérées de manière responsable.

MIXTE
Papier issu de
sources responsables
FSC® C003309

ISBN : 978-2-37073-389-4
Achevé d'imprimer par
Normandie Roto Impression s.a.s.
61250 Lonrai
--
N° d'impression : 2104995
Dépôt légal : octobre 2021.